普通高等学校"互联网+"立体化教材

大学体育俱乐部实践教程

主 编 樊 翔 等

北京体育大学出版社

前　言

　　《中共中央关于全面深化改革若干重大问题的决定》（以下简称《决定》）对学校体育工作做出重要部署，明确提出"深化学校体育改革，强化体育课和课外锻炼"，这是继《中共中央国务院关于加强青少年体育增强青少年体质的意见》（以下简称《意见》）颁布以来，党中央对学校体育工作明确提出的重点要求。做好学校体育工作，加快高校体育发展的步伐，是每个高校体育工作者的责任。

　　党的十八大以来，习近平总书记多次强调，"体育是提高人民健康水平的重要途径，是满足人民群众对美好生活向往、促进人的全面发展的重要手段""加快建设体育强国，就要坚持以人民为中心的思想，把人民作为发展体育事业的主体，把满足人民健身需求、促进人的全面发展作为体育工作的出发点和落脚点，落实全民健身国家战略，不断提高人民健康水平"。2022年10月16日，习近平总书记在党的二十大报告中指出："广泛开展全民健身活动，加强青少年体育工作，促进群众体育和竞技体育全面发展，加快建设体育强国。"大学生的体质健康水平不但关系到个人的健康和成长，而且关系到我国人才培养的质量，关系到整个民族的健康素质。

　　大学体育作为学校体育的最后阶段，肩负着培养大学生运动技能、锻炼习惯、健康生活方式的光荣使命。大学体育要坚持"以人为本，健康第一，素质教育"的指导思想，遵循"完善人格，强健体魄"的新理念，不断挖掘与创新，整合与拓展教学资源。根据《决定》和《意见》的文件精神及《全国普通高等学校体育课程教学指导纲要》的要求，针对高校公共体育的教学特点，我们认真总结目前普通高校体育教学现状，遵循体育课程建设的客观规律，参阅了众多的优秀教材，编写了本书。在党的二十大召开的大背景下，我们对本教材进行了修订。

　　本书主要内容包括田径俱乐部指导、大球俱乐部指导、小球俱乐部指导、形体塑身体育俱乐部指导、民族民俗民间体育俱乐部指导和其他体育俱乐部指导，力求成为在校大学生体育学习和满足其终身体育锻炼需求的指导性用书，力求成为教育性、实用性、系统性的体育教材，力求培养学生的终身体育锻炼习惯和能力，使学生经历"被动接受—主动接受—自觉锻炼"的体育锻炼过程，增强体质，为以后的工作与生活打下坚实的基础。

　　在编写过程中，我们参考和借鉴了众多的书籍、资料，在此向有关作者致以真诚的感谢。书中若有不妥之处，恳请专家和广大读者批评与指正，以便今后修订时不断加以完善。

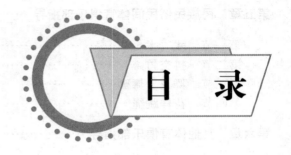

目 录

第一章

田径俱乐部指导

第一节　田径运动

一、跑

（一）短跑

短跑比赛项目包括 100 米跑、200 米跑和 400 米跑等。

1. 100 米跑

（1）起跑。

田径竞赛规则规定，短跑比赛运动员必须采用蹲踞式起跑，并使用起跑器，要按发令员的口令完成起跑动作。起跑器的安装方式主要有普通式和拉长式两种。运动员应根据个人的身高、体型、身体素质、技战术水平等情况来选择起跑器的安装方式。

普通式：起跑器放在起跑线后，前抵脚板距起跑线一脚半长，后抵脚板距前抵脚板一脚半长。前后抵脚板与地面夹角分别约成 45° 和 75°，两个抵脚板的中轴线间距约 15 厘米。

拉长式：起跑器放在起跑线后，前抵脚板距起跑线两脚长，后抵脚板距前抵脚板一脚长。前后抵脚板与地面的夹角及两个抵脚板的中轴线间距与普通式基本相同。

起跑技术包括"各就位""预备"和鸣枪三个阶段。

运动员听到"各就位"口令后，走到起跑器前，俯身，两手撑地，两脚依次蹬在前后起跑器的抵脚板上，脚尖应触及地面，后腿膝关节跪地。接着，两手收回到起跑线后撑地，两臂伸直，两手间距比肩稍宽，四指并拢与拇指成八字形，颈部自然放松，身体质量均匀地落在两手、前腿和后膝之间，注意听"预备"口令。

运动员听到"预备"口令后，逐渐抬起臀部和后腿膝关节，臀部要稍高于肩部，身体重心适当向前上方移动，肩部稍超出起跑线，身体重心落在两臂和前腿之间。两脚紧贴起跑器抵脚板，集中注意力听枪声。

运动员听到枪声后，两手迅速推离地面，两臂屈肘做积极有力的前后摆动，同时两脚快速用力蹬起跑器，后腿快速蹬离起跑器后迅速屈膝向前上方摆出，前腿快速有力地蹬伸。

（2）起跑后的加速跑。

起跑后的加速跑是从蹬离起跑器到途中跑之间的一个跑段，一般约为 30 米。在

1

这个跑段，运动员的任务是尽快加速达到自己的最高速度。

起跑后第一步约为三脚半长，第二步约为四脚至四脚半长，之后逐渐加大步伐，直至途中跑跑段。脚蹬离起跑器后，身体处于前倾角度较大的姿势，为了不使身体向前摔倒，运动员要积极加快腿的蹬伸与臂的摆动，保持身体平衡。

最初几步两脚着地点并非在一条直线上，随着速度的加快，两脚内侧着地点逐渐趋于一条直线上。

（3）途中跑。

途中跑在整个短跑中是距离最长的一个跑段。运动员在这个跑段的主要任务是继续提高和保持较长距离的最高速度。途中跑跑段的动作特点是前脚脚掌落在身体重心投影点的稍前面，脚掌触地后，膝关节微屈，脚跟下沉，使身体重心很快地移过垂直阶段；接着，后腿的髋、膝、踝关节依次迅速伸展，完成快速有力的后蹬。后蹬的角度约为50°，后蹬方向要正。随着腿的落地动作，摆动腿的大腿迅速前摆，小腿随惯性折叠。蹬地腿蹬地时，大腿积极向前上方摆动，并把同侧关节一起带出。落地前，大腿要迅速积极地下压，这时由于惯性，小腿自然前伸，接着前脚脚掌迅速且有弹性地向下、向后做"扒地"动作。

途中跑时，运动员的头要正对前方，两眼要向前平视，上体保持正直或微向前倾，以肩关节为轴，两臂轻松而有力地向前摆动。前摆时，手超过身体中线和下颌，上臂和前臂所形成的角度约为90°；后摆时，肘关节要稍微向外。摆臂动作应以自然协调为原则。

（4）终点跑。

终点跑是全程跑的最后一个跑段。运动员在离终点线15～20米处时，尽力加快两臂摆动速度，同时加强摆动力量，保持上体前倾角度。当离终点线一步距离时，上体急速前倾，两臂后摆，用胸部或肩部冲向终点线，跑过终点线后逐渐减速。

2. 200 米跑和 400 米跑

200米跑和400米跑，有一半以上的距离是在弯道上进行的。弯道跑与直道跑的技术有区别。

（1）弯道起跑和起跑后的加速跑。

为了便于运动员在弯道起跑后能有一段直线距离进行加速跑，比赛组织者应将起跑器安装在弯道跑道的右侧，起跑器对着弯道的切线方向。运动员在弯道起跑后，前几步应沿着内侧分道线的切线跑进。弯道起跑后的加速跑的距离适当缩短，上体抬起较早。在进入弯道时，运动员应尽可能地沿着跑道内侧跑，身体及时向内侧倾斜。

（2）弯道跑技术。

运动员从直道进入弯道时，身体应有意识地向内侧倾斜，加大右侧腿和臂的摆动力量和幅度，身体应向圆心方向倾斜。后蹬时，右脚用前脚掌内侧蹬地，左脚用前脚掌外侧蹬地。两腿摆动时，右腿膝关节稍向内摆动，左腿膝关节稍向外摆动。两臂摆动时，右臂前摆时肘关节稍偏向左前方，后摆时肘关节稍偏向右后方；左臂稍离躯干做前后摆动。弯道跑的两脚蹬地与摆动方向都应与身体向圆心方向倾斜趋于一致。运动员从弯道进入直道时，应在弯道最后几步逐渐减小身体的内倾程度，自然跑几步，然后调整身体准备进入直道，按直道途中跑技术跑进。

（二）中长跑

中长跑项目包括800米跑、1500米跑和3000米跑。

1. 起跑和起跑后的加速跑

中长跑一般采用站立式起跑，当听到"各就位"的口令后，运动员迅速走到起跑线后，一般将力量较大的一脚放在起跑线后，另一脚在距前脚约一脚长处，左右脚相距约半脚长，后脚脚掌触地，眼看起跑线 5～10 米处，两臂一前一后，身体保持稳定，集中注意听枪声。当听到枪声后，两脚迅速用力蹬地，两臂配合腿部动作做快速有力的摆动，使身体迅速向前冲出，在短时间内获得较快的跑速，然后进入匀速且有节奏的途中跑。

2. 途中跑

途中跑的距离最长，是中长跑的主要跑段。中长跑的运动强度小于短跑，跑速相对较慢，用力程度相对较小，除了根据战术需要而改变跑的节奏外，运动员一般多采用匀速跑，跑时要做到技术合理、速度均匀、节奏感强、全身动作协调有力。

3. 终点跑

中长跑的终点跑是运动员在十分疲劳的情况下，竭尽全力进行的最后一段距离的冲刺跑。在运动员实力接近的条件下，它将决定比赛的胜负。

什么时候开始进行终点冲刺，这要根据比赛项目、训练的水平、战术的要求、临场的情况等因素决定。一般情况下，800 米跑可在最后 200～300 米，1500 米跑在最后 300～400 米，5000 米以上的赛跑在最后 400 米或稍长的距离开始加速，长距离的项目加速距离可更长些。速度占优势的运动员可采取紧跟战术，在进入最后直道时，才开始做最后冲刺超越对手。

4. 中长跑的呼吸

中长跑时，运动员应注意呼吸的节奏。呼吸应自然且有一定的深度，一般跑两三步呼气，跑两三步吸气。随着跑速的提高，呼吸频率也相应加快。中长跑时，由于运动强度大、竞争激烈，为了提高呼吸效率可用半张的口与鼻子同时呼吸，以最大限度满足机体对氧气的需要。

中长跑时，跑一段距离后运动员会不同程度地出现胸部发闷、呼吸困难、动作无力的感觉，迫使跑速降低，这种生理现象叫作"极点"。当"极点"出现时，运动员应适当降低跑速，深呼吸，特别是加深呼气，同时要以顽强的意志坚持下去。

（三）接力跑

接力跑一般包括男、女 4×100 米接力跑和男、女 4×400 米接力跑。

1. 4×100 米接力跑技术

（1）起跑。

持棒起跑：第一棒运动员采用蹲踞式起跑，其基本技术类同短跑起跑，通常右手持棒，接力棒不得触及起跑线及起跑线前面的地面。持棒的方法一般是用拇指和食指握住棒的末端，用中指、无名指和小指分开撑地。（图 1-1-1）

接棒人起跑：第二、第三、第四棒运动员多采用半蹲式或站立式起跑。第二、第四棒运动员站在跑道外侧，第三棒运动员站在跑道内侧。接棒运动员起跑姿势的选择主要取决于能否快速起跑和进入加速，并能清晰地看到传棒运动员及设定的起动标志。

（2）传接棒。

传接棒时，一般采用不看棒的传接棒方法。传接棒可分为以下两种。

上挑式。接棒运动员手臂自然后伸，手臂与躯干成 40°～45°，掌心向后，虎口张开朝下。传棒运动员将棒由下向前上方"挑"送到接棒运动员手中。（图 1-1-2）

下压式。接棒运动员手臂后伸，与躯干成 50° ～ 60°，掌心向上，虎口向后，拇指向内。传棒运动员将棒的前端由上向下"压"送到接棒运动员手中。（图 1-1-3）

2. 4×400 米接力跑技术

4×400 米接力跑的传接棒技术相对简单，由于传棒运动员体力消耗快，最后跑速逐渐变慢，接棒运动员应目视传棒运动员，顺其跑速接棒，然后快速跑出。

图 1-1-1　　　　　　图 1-1-2　　　　　　图 1-1-3

（四）跨栏跑

1. 110 米跨栏跑技术

（1）起跑至第一栏技术。

起跑至第一栏要求步数固定，步长稳定，准确地踏上起跨点。如跑 8 步，则应将起跨腿的脚踩在前抵脚板上；如跑 7 步，则应将摆动腿的脚踩在前抵脚板上。与短跑相比，运动员跨栏跑时上体抬起较快，大约在第 6 步时身体姿势已接近短跑途中跑的姿势。

（2）跨栏途中跑技术。

跨栏途中跑是由 9 个跨栏周期组成的，每个跨栏周期由一个跨栏步和栏间三步跑构成。

过栏技术：由起跨攻栏、腾空过栏和下栏着地构成。（图 1-1-4）

图 1-1-4

栏间跑技术：跨过第一个栏之后用三步跑至下一个栏，其三步的步长分别为小步、大步、中步。

第一步：为使跨跑紧密结合，在下栏着地时，运动员应充分发挥踝关节及脚掌力量，借起跨腿的高抬快摆和两臂前后用力摆动，加速身体重心前移。

第二步：要高抬大腿用前脚掌着地，上体稍前倾，两臂积极前后摆动。

第三步：其动作特点与跨第一栏前的最后一步相同，形成一个快速的"短步"，摆动腿抬得不宜过高，放脚积极而迅速。

合理的栏间跑技术表现为栏间三步，步长比例合理，身体重心高、起伏小，频率快，节奏稳定，直线性强，更加接近平跑技术。

（3）全程跑过栏技术。

全程跑过栏技术与栏间跑技术要相结合，运动员跨过最后一个栏后，要像短跑一样冲刺。

2. 400 米跨栏跑技术

400 米跨栏跑距离较长，对运动员的节奏、速度、速度耐力有较高的要求。400米跨栏的起跑技术与 400 米跑起跑技术基本相同。全程跑，一般固定步数过栏较好，但由于运动员的身体疲劳，最后几个栏步数可能增加，运动员应掌握两腿过栏技术。好的跨栏跑技术表现为跑速均匀、节奏准确、动作轻松。

二、跳

（一）跳高

随着跳高技术的发展，在正式比赛中已经广泛采用背越式跳高。背越式跳高技术由助跑、起跳、过杆和落地四个部分组成。（图 1-1-5）

图 1-1-5

拓展：背越式跳高助跑步点丈量

拓展：背越式跳高助跑起跳

1. 助跑

助跑可分为前段直线跑和后段弧线跑。助跑开始时，运动员采用直线助跑，用前脚掌着地，富有弹性地跑，可以提高身体重心，步幅均匀，不断加速；进入弧线跑时，前脚掌沿弧线落地，外侧摆动腿有弹性地蹬地，上体逐步加大向弧线内侧倾斜的角度。助跑的节奏要快，特别是助跑最后两步髋关节前送幅度要大，迈步时上体保持较垂直的姿势，摆动腿积极、充分后蹬，起跳腿快速前伸，髋部自然前送。助跑时，两臂应积极有力地前后摆动；弧线跑时，外侧手臂的摆动幅度应大于内侧手臂的摆动幅度。

2. 起跳

起跳腿以大腿带动小腿积极下压着地，起跳脚脚后跟外侧先着地，接着通过脚的外侧滚动至全脚掌，脚尖朝向弧线的切线方向。随着身体由内倾转为垂直，迅速地完成缓冲和蹬伸动作，运动员顺势向上跳起。

摆动腿蹬离地面之后，身体以髋关节发力加速向前摆动大腿，同时以膝关节领先，屈膝折叠。当摆动腿摆过起跳腿前方后向里转，而小腿和脚稍外展。摆动腿沿着助跑弧线的延续方向加速上摆，直至减速制动。两臂的摆动要与摆动腿的摆动协调配合。

3. 过杆和落地

当起跳腿蹬离地面结束起跳之后，身体应保持伸展的姿势向上腾起，同时在摆动腿和同侧臂的带动下，围绕身体纵轴旋转，使身体转向，背对横杆。当头和肩越过横杆后，及时地仰头、倒肩和展体，并利用身体重心向上的速度，收腿挺髋，形成身体的背弓姿势。这时，两腿屈膝稍后收，两臂置于体侧。当身体重心移过横杆时，身体则应做相反的补偿，即含胸收腹，控制上体继续下旋，同时以髋部发力，带动大腿和小腿加速向后上方甩腿，使整个身体跃过横杆。保持屈髋伸膝的姿势下落，最后以上背部先落于海绵垫上。落在海绵垫上时要做好缓冲控制，防止受伤。

拓展：挺身式
跳远完整动作
示范

拓展：挺身式
跳远下放摆腿

拓展：挺身式
跳远起跳步

（二）跳远

跳远技术由助跑、起跳、腾空和落地四个部分组成。

1. 助跑

助跑是为了获得理想的水平速度，并为准确踏板和快速有力地起跳做好准备。助跑距离与运动员的年龄、运动水平和发挥速度的能力有关，助跑的距离一般为 28～50 米。男子助跑为 16～24 步，女子助跑为 14～18 步。在助跑过程中，运动员应注意对身体重心、节奏的把握，最后一步达到助跑最高速度。

2. 起跳

当助跑的倒数第二步摆动腿着地时，膝关节迅速前移，上体正直，起跳腿自然积极地前摆。在起跳腿的大腿前摆时，抬腿要比短跑时低些，并积极主动下压，用全脚掌踏上起跳板，然后，屈膝缓冲，身体重心稍降低。当身体重心移至起跳腿支点的垂直部位时，起跳腿迅速用力蹬伸，使髋、膝、踝三个关节迅速伸直，上体挺起，摆动腿的大腿积极向前上方摆至水平位置，小腿自然下垂，完成起跳动作。

起跳腿同侧臂屈肘向前上方摆起，异侧臂屈肘向侧摆起。当两臂肘关节摆至略低于肩或与肩同高时，突停，使身体借助于摆臂的惯性提肩、拔腰、挺胸、顶头，以辅助身体重心提起，增强起跳效果。

3. 腾空

起跳腾空后的空中动作主要有挺身式、蹲踞式和走步式三种，以下主要介绍挺身式。

起跳腾空后，摆动腿的大腿积极下放，小腿随之向下、向后方摆动，留在体后的起跳腿向摆动腿靠拢。当达到腾空最高点时，身体充分伸展，形成挺胸展髋姿势。两臂上举或后摆，然后收腹团身。

4. 落地

落地前，上体不要过分前倾，大腿要尽量上抬靠近胸部，将要落地时，小腿积极前伸，两脚接触沙面后，迅速屈膝缓冲，两臂积极向前挥摆，臀部前移，上体前倾，使身体重心迅速移过支撑面。为了避免落地时身体后坐，可采用以下两种落地姿势：前倒姿势，即当脚后跟着地后，前脚掌下压，两腿屈膝前跪，身体移过支撑点后继续向前移动，并向前倒下；侧倒姿势，即当脚后跟着地后，一腿紧张支撑，另一腿放松，身体向放松腿的前侧方倒下。

（三）三级跳远

三级跳远技术由助跑、单足跳、跨步跳和跳跃四个部分组成。

1. 助跑

助跑是为了获得最快的速度和准确地踏上起跳板。三级跳远的助跑技术与跳远的助跑技术基本相同。

2. 单足跳

起跳腿自然积极主动下压，用全脚掌踏上起跳板，然后，屈膝缓冲，身体重心稍降低。当身体重心移至起跳腿支点的垂直部位时，起跳腿迅速积极用力充分蹬伸，摆动腿的大腿积极向前上方摆至水平位置，然后开始做换腿动作，即摆动腿大腿带动小腿自然向下、向后摆动，同时起跳腿屈膝向前上方摆动，完成换步动作。

【准备】在场地上画一个边长为 10 米的正方形，再画两条正方形的对角线。标杆 4 根，分别插在正方形的顶角处。接力棒 4 根。

【方法】教师可将学生分成人数相等的 4 个队，各成纵队，分别对准顶角的标杆，站在对角线上，各队排头的学生手持接力棒做好准备。（图 1-2-2）

当教师发令后游戏开始。排头学生绕过标杆沿逆时针方向绕正方形跑一圈后，将接力棒传交给本队第 2 人后，站到队尾。第 2 人按同样方法进行，直到全队队员都跑完，以先跑完的队为胜。

图 1-2-2

【规则】

（1）绕四边形跑时，必须依次绕过标杆的外侧跑。

（2）递交接力棒后，要迅速离开跑动路线，不得妨碍他人。

（3）超越他人时，必须从其外侧越过，不得拉撞、挡人。

（4）如果掉棒，必须由本队队员将棒拾起，再继续跑。

【教法建议】此游戏可以进行运球形式的接力赛。

三、击球出城

【目的】发展手臂力量及投掷的准确性，培养团队合作的精神。

【准备】篮球 1 个、小橡皮球若干个。

在场地上画一个边长为 12 米的大正方形，再在中间画一个边长为 1 米的小正方形。将篮球放在小正方形的中间。

【方法】教师可将学生分成人数相等的 4 个队，成横队站在大正方形的边线外，面向小正方形，各队队员手持小橡皮球做好准备。（图 1-2-3）

当教师发令后游戏开始，学生手持小橡皮球投向小正方形中的篮球，使篮球滚出对面的边线，学生可以接住或捡取滚过来的小皮球，再次投击篮球，直到篮球被击出小正方形为止。各队的胜负，以将篮球击出界的边线方位来确定。

图 1-2-3

【规则】

（1）投掷小橡皮球的队员不得进入大正方形，否则按犯规处理，停止其进行游戏。

（2）篮球被击出界的边线对面的一队为胜。

（3）拾球的人只能就近拾球，不得乱抢球。

【教法建设】

（1）可根据学生的年龄和投掷能力，适当调整两个正方形的大小。

（2）可用两队对抗赛的方法进行。

体育思政课堂

趣味田径运动是以田径运动的跑、跳、投技术的基本特点和原理为基础，具有教育娱乐和比赛竞争功能的运动项目。它充分显示出田径运动本质的回归，使人们在趣味田径运动项目的娱乐活动中愉悦身心，达到全面发展各项身体素质的目的。

第二章

大球俱乐部指导

第一节　足球运动

一、足球运动基本技术

足球运动是一项技术动作相当复杂的运动。足球技术是运动员在足球比赛中所采用的合理动作的总称，包括颠球、踢球、停球、运球、运球过人、头顶球、抢截球、假动作、掷界外球等技术。

（一）颠球

颠球是指运动员用身体的各个有效部位连续地触击球，并加以控制，尽量使球不落地的技术动作。颠球是运动员熟悉球性的一种练习手段，用以增强对球的弹性、质量、旋转及触球部位、击球时用力轻重的感觉。

颠球包括脚背正面颠球，双脚内侧、外侧颠球，大腿颠球，头部颠球，各部位连续颠球。

1. 脚背正面颠球

脚向前上方摆动，用脚背击球，击球时踝关节固定，击球的下部；两脚可交替击球，也可一只脚支撑，另一只脚连续击球。击球时用力均匀，将球始终控制在身体周围。（图2-1-1）

2. 双脚内侧、外侧颠球

抬腿屈膝，用脚的内侧、外侧向上摆动，击球的下部，两脚内侧或外侧交替击球。（图2-1-2）

3. 大腿颠球

抬腿屈膝，用大腿的中前部位向上击球的下部，两腿可交替击球。（图2-1-3）

4. 头部颠球

两脚开立，膝关节微屈，用前额部位连续顶球的下部。颠球时，两眼注视球，两臂自然张开，以维持身体平衡。（图2-1-4）

脚背正面颠球

双脚内侧、外侧颠球

大腿颠球

头部颠球

图 2-1-1　　　　　　　图 2-1-2　　　　　　　图 2-1-3　　　　　图 2-1-4

5. 各部位连续颠球

根据上述单一颠球技术动作要领，用各部位配合连续颠球，配合的部位越多，难度越大。

（二）踢球

踢球是指运动员有目的地用脚的某一部位将球击向预定的目标的技术动作。

踢球包括脚内侧踢球、脚背正面踢球、脚背内侧踢球、脚背外侧踢球、脚尖踢球和脚跟踢球等。

踢球的方法很多，动作要领也有所不同，但从技术动作结构上分析，主要由助跑、支撑脚的位置、踢球腿的摆动、脚与球接触的部位和踢球后的随前动作这五个部分组成。

1. 脚内侧踢球

踢球时，助跑路线为直线，支撑脚踏在球的侧方约 15 厘米处，脚尖与球的前沿平行，膝关节微屈。在支撑脚落地的同时摆动腿由后向前摆动，在前摆过程中髋关节外展，小腿加速前摆，脚掌平行于地面，脚尖稍翘起，踝关节紧张，用脚内侧部位击球的后中部。触击球后，身体跟随球移动，髋关节向前送。（图 2-1-5）

脚内侧踢球

2. 脚背正面踢球

踢球时，直线助跑，最后一步稍大并积极着地，支撑脚踏在球的侧方 10 ～ 15 厘米处，脚尖与球前沿平行并指向出球方向。膝关节微屈，摆动腿以髋关节为轴，大腿带动小腿迅速前摆。脚背绷直，膝关节紧张，脚趾扣紧，用脚背正面击球的中后部，踢球腿随之前摆。（图 2-1-6）

脚背正面踢球

3. 脚背内侧踢球

踢球时，斜线助跑，助跑方向与出球的方向基本成 45°，支撑脚在球的侧后方 20 ～ 25 厘米处，膝关节微屈，在支撑的同时踢球腿已完成后摆，脚尖指向出球方向，身体向支撑腿一侧倾斜。在支撑腿着地的同时踢球腿以髋关节为轴，大腿带动小腿由后向前迅速摆动，触球一瞬间脚背迅速绷直，踝关节紧张，脚尖外转插向球的斜下方，用脚背内侧击球的后下部，踢球腿随球向斜上方前摆。（图 2-1-7）

脚背内侧踢球

4. 脚背外侧踢球

助跑、支撑脚站位及踢球腿摆动均与脚背正面踢球技术的三个环节相同，不同之处是脚触球时用脚背外侧部位。此时，膝关节和脚尖内转，脚背绷紧，脚趾紧屈并提膝，击球后身体随踢球腿的摆动前移。（图 2-1-8）

脚背外侧踢球

脚尖踢球

5. 脚尖踢球

脚尖踢球是一种用脚尖部位接触球的方法。由于脚尖踢球时出球非常迅速，雨天场地泥泞时多使用这种方法踢球。具体方法是用支撑腿跳跃上步，踢球腿屈膝前跨，髋关节尽量前送，两臂上摆协助身体向前，小腿前伸，在踢球脚落地前用脚尖捅球的后中部。（图 2-1-9）

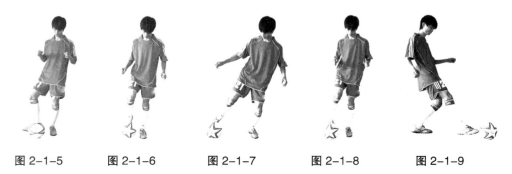

图 2-1-5   图 2-1-6   图 2-1-7   图 2-1-8   图 2-1-9

6. 脚跟踢球

脚跟踢球是用脚跟接触球的一种踢球方法。球在支撑脚外侧时，踢球脚在支撑脚前面交叉，摆到支撑脚外侧用脚跟击球。球在支撑脚内侧时，踢球脚后摆用脚跟踢球。

脚跟踢球

（三）停球

停球是指运动员用身体的合理部位将球停挡在自己的控制范围内的技术动作。停球包括脚内侧停球、脚背外侧停球、胸部停球、脚背正面停球、大腿停球、脚底停球等。

脚内侧停地滚球

1. 脚内侧停球

（1）停地滚球。

脚接触球的面积大，停球稳，运动员能准确地将球停在自己的控制范围内。

身体正对来球方向，支撑腿膝关节微屈，停球脚稍提起，脚尖跷起，膝关节外转，脚内侧正对来球。脚与球接触的一刹那，停球腿稍后撤以缓冲来球力量，将球停在自己的体前。（图 2-1-10）

脚内侧停反弹球

（2）停反弹球。

先判断好球的落点，支撑脚要在球落地的侧前方，膝关节弯曲。上体稍前倾对准球的反弹路线，停球腿放松，用脚内侧对准球的反弹角度，推压球的中上部，以缓冲来球力量，将球控制好。

图 2-1-10

脚内侧停空中球

（3）停空中球。

准确判断来球方向、力量和高度，前上迎球。提腿用大腿内侧对准来球，触球的一刹那，小腿放松、微撤，以缓冲来球力量，将球停在自己的控制范围内。

2. 脚背外侧停球

脚背外侧停地滚球

（1）脚背外侧停地滚球。

将接球点放在接球腿一侧，支撑腿膝关节微屈。接球腿提起屈膝，脚内翻使小腿和脚背外侧与地面成锐角，并对着接球后球运行的方向。脚离地面的高度应约等于球的半径，然后大腿向接球后球运行的方向推送，同时身体随球移动。

（2）脚背外侧停反弹球。

根据来球的落点及时移动到位，支撑脚站在来球落点的侧后方，除触球的部位不同外，其他环节均与脚背外侧停地滚球相同。

脚背外侧停
反弹球

3. 胸部停球

胸部既能停高球又能停空中直平球，胸部停球是足球运动中较常见的停球技术之一。

（1）缩胸式停球。

缩胸式停球主要停齐胸高的平直球。面对来球，两脚前后开立，两臂自然张开，挺胸迎球，在与球接触的一刹那，上体后移，迅速收胸、腹挡压球，以缓冲来球力量，将球准确地停在体前。

（2）挺胸式停球。

挺胸式停球主要停高于胸部以上的高空球。面对来球，两臂自然屈肘上举。当球与胸接触时，两脚蹬地，上体稍后仰，胸部向上挺出，将球弹起落在体前。（图2-1-11）

挺胸式停球

4. 脚背正面停球

脚背正面停球主要用于停空中下落的球。面对来球，停球脚提起，用脚背正面上迎空中下落的球的底部，踝关节及膝关节放松，接球的一刹那，脚背向后下撤，以缓冲来球力量，将球准确地停在体前。（图2-1-12）

脚背正面停球

5. 大腿停球

这里主要介绍大腿停下落球。大腿停下落球主要用于停高空下落的球及平行于大腿高度的球。面对来球，停球腿抬起，以大腿中部对准下落的球，肌肉放松。当大腿与球接触时，大腿迅速后撤，将球准确地停在体前。（图2-1-13）

大腿停下落球

6. 脚底停球

脚底停球技术便于掌握，易于将球停到适宜位置。

（1）脚底停地滚球。

身体正对来球方向，移动前迎，支撑脚站在球的侧面，脚尖正对来球方向，膝关节微屈；同时接球脚提起，膝关节微屈，脚略背屈，使脚底与地面的角度略小于45°，以前脚掌触球的上部为宜。（图2-1-14）

脚底停地滚球

图2-1-11　　　　图2-1-12　　　　图2-1-13　　　　图2-1-14

（2）脚底停反弹球。

根据来球落点，及时前移迎球，支撑脚站在落点侧后方，脚尖正对来球方向，球落地瞬间，用停球脚前脚掌去触球的中上部，膝微伸，用脚掌将球停在体前。

脚底停反弹球

（四）运球

运球是指运动员在跑动中，用脚间断性触球的技术动作，是运动员控球能力的集中体现。

运球技术包括脚背正面运球、脚内侧运球、脚背外侧运球及其他运球等。

1.脚背正面运球

脚背正面运球有利于向前跑动时快速运球。运球时，身体放松，上体稍前倾，两臂自然摆动，步幅不要太大，运球腿提起，踝关节稍屈，脚尖下指，在向前迈步着地前，用脚背正面向前推拨球。（图2-1-15）

2.脚内侧运球

在运球前进时，支撑脚始终领先于球，位于球的侧前方，肩部指向运球方向，支撑腿膝关节微屈，身体重心放在支撑腿上，另一条腿提起屈膝，用脚内侧推球前进。（图2-1-16）

3.脚背外侧运球

运球时，身体保持正常跑动姿势，上体稍前倾，步幅不宜过大，运球腿提起，膝关节稍屈，髋关节前送，提踵，使脚背外侧正对运球方向，在运球脚落地前用脚背外侧推拨球的后中部。（图2-1-17）

图2-1-15　　图2-1-16　　图2-1-17

4.其他运球

（1）拨球。

拨球是利用踝关节向侧的转动，使脚背内侧或脚背外侧触球，以达到将球拨向身体侧前方、侧方、侧后方目的的技术动作。

（2）拉球。

拉球是将前脚掌放在球的上部或侧上部，另一只脚在球的侧后方支撑，然后触球脚向后下方用力将球拉回的技术动作。

（3）扣球。

扣球技术与拨球技术基本相同，不同的是扣球的用力是突然的并伴随着突然转身或急停，使对手来不及调整身体重心，突然从反方向推送球，突破对手的防守。

（4）挑球。

挑球是用脚背部位触球的下部并突然向上方挑起，迅速随球跟进的技术动作。

（5）颠球。

根据对手抢截球时所处位置及实施时间，用合适的部位将球颠起，越过对手以达到过人的目的。

（五）运球过人

运球过人，即运动员掌握运球的基本方法之后，在运球过程中抓住对手瞬间出现的漏洞，以达到过人目的的技术动作。在运球过人时运动员要把握好时机、距离、速度和方向的变化。运球过人的方法有拨球、拉球、扣球、挑球、推球、捅球等。

恰当地组合拨、拉、扣、挑、推等动作过人：以单脚或双脚轮流选用上述动作，用组合起来的动作适时地变化运球的方向与速度，使对手难以判断过人的方向与时机，

脚背正面运球

脚背外侧运球

拨球

拉球

挑球

利用变速运球
过人

或者造成对手身体重心出现错误的移动，运球者抓住其漏洞而超越对手。

利用变速运球过人：持球者突然采用快速推拨球与快速的奔跑相结合法越过对手阻拦。

（六）头顶球

1. 原地前额正面头顶球

正对来球，两脚左右（或前后）开立，膝关节稍屈，上体后仰，身体重心放在后脚上，两臂自然张开，判断来球的速度和力量；两脚用力蹬地，上体前摆，收腹，颈部紧张，快速向前甩头，用前额正面击球中部，触球后上体继续随球前摆。（图 2-1-18）

图 2-1-18

原地前额正面头顶球

2. 跳起前额正面头顶球

膝关节稍屈，身体重心下降，判断来球的方向、速度和力量。两脚向上跳起的同时，展腹挺胸，两臂自然张开。当跳到最高点时，身体成背弓，快速收腹前摆甩头，用前额正面将球顶出，随后身体缓冲落地。

跳起前额正面头顶球

3. 向后蹭顶球

向后蹭顶球分原地蹭顶和跳起蹭顶。第一环节分别与原地前额正面顶球和原地跳起前额正面顶球相同，当球运行到身体上方时，挺胸、展腹、仰下颌，身体向后上方伸展，用前额正面击球下部，将球向后上方顶出。

向后蹭顶球

（七）抢截球

抢截球是指凭借争夺、堵截、破坏的办法，延缓和阻拦对手进攻的技术。

1. 正面跨步抢截球

两脚前后开立，两膝稍微屈，身体重心下降，落在两脚之间，面向对手。对手运球前进，当脚触球即将着地或刚着地时，一脚立即用力蹬地，抢球脚以脚内侧正对球并向球跨出一步，膝关节弯曲。如两方的脚同时触球，则要顺势向上提拉，使球从对手脚背滚过，身体要迅速跟上把球控制住。（图 2-1-19）

2. 正面铲球

两脚前后开立，两膝微屈，身体重心下降，落在两脚之间，面向对手。对手运球前进，当脚触球即将着地或刚着地时，一脚立即用力蹬地，另一脚前伸，然后蹬地腿迅速跟上，并以脚后跟着地，沿地面前滑铲球。（图 2-1-20）

拓展：同侧脚铲球

3. 侧面合理冲撞抢球

当与对手并肩跑动时，身体重心稍下降，同对手接触一侧的臂要紧贴身体。当对手靠近自己一侧的脚离地时，用肘关节以上部位冲撞对手的相应部位，使对手失去平衡而离开球，然后趁机将球控制过来。（图 2-1-21）

拓展：异侧脚铲球

图 2-1-19   图 2-1-20   图 2-1-21

（八）假动作

假动作是队员为了隐蔽自己做动作的意图，运用各种动作的假象迷惑和调动对手，使其产生错误的判断或失去身体的平衡，从而取得时间、位置、距离等有利条件，更好地实现自己的真正意图的一种技术动作。

1. 传球假动作

队员正要传球时，如对手迎面跑来抢球，可先摆动右腿向右假踢，使对手向右方堵截，再突然改用其他脚法将球从左前方传出或运球。

2. 停球假动作

在对手的紧逼下停球时，队员可先假装向左方停球，然后突然改变方向。

3. 过人假动作

背靠对手停球时，队员先向左侧做虚晃动作，使对手向左移动，然后用右脚脚背外侧把球向右轻拨并转身过人。

4. 抢截球假动作

作为防守者，当进攻者运球向自己跑来时，如果防守者能调动进攻者，就可以变被动为主动，而抢截球假动作就是达到此目的的一种手段。例如，防守者先使用假动作去堵截某一方向，使进攻者不敢从这一方向出球或运球，而从另一方向出球或运球，这正是抢截真动作实施的方向，如此就可将球截获。

由于高速运球较难抢截，稍一错移身体重心就会被运球者越过，防守者对于高速向自己运球而来的进攻者可采取假动作前扑，当对手看到防守者猛扑时会一拨而过，而防守者假扑后立即转身将运球者拨出的球夺下来。防守者使用这种假动作时应注意距离，离进攻者太远时对手不易上当，离进攻者太近时易弄巧成拙，反被进攻者突破。

（九）掷界外球

掷界外球时接球人不受越位规则的约束，它不仅可以用于恢复比赛，还可以为进攻创造有利条件，尤其是在前场 30 米内掷界外球，可将球直接掷向球门前，给对手造成很大威胁。

1. 技术动作结构分析

（1）掷界外球的动作是一个下端固定的爆发式的平摆运动，需要稳固的支撑。

（2）根据掷球者的身高和臂长掌握合理的出手角度（不超过 45°）。出手角度是影响掷出球远近的重要因素。

（3）球出手速度快则掷得远。这需要运动员有一定的力量基础和协调用力能力。

（4）充分利用助跑的初速度有助于将球掷远。

拓展：运球假动作过人

2.掷界外球的方法

（1）原地掷界外球。

面对出球方向，两脚前后或左右开立，膝关节弯曲，上体后仰成弓形，身体重心移到后脚上（左右开立时，身体重心在两脚之间），两手自然张开，拇指相对，持球的侧后部，屈肘将球置于头后。

掷球时，后脚用力蹬地，两腿迅速伸直，身体重心由后脚移到前脚，屈体收腹，同时两臂急速前摆。当球摆到头上时用力甩腕将球掷入场内。掷球时，后脚可沿地面向前滑动，两脚均不得离地或踏入场地（但允许踏在线上）。（图2-1-22）

（2）助跑掷界外球。

两手持球于胸前，在助跑迈出最后一步时，两脚左右开立，上体后仰成背弓形，同时将球上举至头后（图2-1-23）。掷球时的动作与原地掷界外球的动作相同。

图2-1-22　　　　　图2-1-23

二、足球运动基本战术

（一）足球战术概念

在足球比赛攻守过程中采取的个人行动和集体配合战术，称为足球战术。足球战术可分为进攻战术和防守战术两大类。进攻战术和防守战术都包含着个人和集体的战术。

（二）足球战术中常用的比赛阵型

比赛阵型是指比赛场上队员的基本位置排列，是本队攻守力量分配和分工的形式。选择阵型要以本队队员的特长、体能与技术水平的特点为依据。

根据队员的职责和排列的层次不同，比赛阵型分为后卫线、前卫线和前锋线。阵型的人数排列原则是从后卫数向前锋，守门员不计算在内。

目前，足球队普遍采用的阵型有"4-3-3""4-4-2""4-1-2-3""3-5-2"等。在以上阵型中，除"4-4-2"阵型以防守为主、反击为辅外，其他阵型均以进攻为主，尤以"3-5-2"阵型最为突出。

（三）进攻战术

1.个人进攻战术

个人进攻战术包括摆脱、跑位、运球过人等。个人进攻战术是在对手紧逼防守的情况下采取的有效措施，以摆脱对手，跑到有利的位置，接应控制球的同伴巧妙的传球配合以达到进攻的目的。

2.局部进攻战术

局部进攻战术是指两人以上的战术配合行动。此战术可以丰富和完善全队的进攻战术，是实施全队战术的基础。常用的两人配合战术如下。

（1）斜传直插二过一：如图2-1-24所示，⑦横传给⑨，⑨斜线传球，⑦直线插入接球；⑥斜线传球给⑩的斜传直插。

（2）直传斜插二过一：如图2-1-25所示，⑦横传给⑨后立即斜线插上接⑨的直传；⑩运球过人后传给⑧再斜线插上接⑧的直传。

（3）反切二过一：如图2-1-26所示，⑦回撤接⑨的传球，如防守跟上紧逼时，

跑动方向迈出。起动的前两三步要短促地连续蹬地。

动作要领：上体迅速前倾，蹬地短促有力。

3. 跑

跑是队员在场上常采用的运动方法。跑包括变向跑、侧身跑、变速跑等。

（1）变向跑。

变向跑是队员跑动时突然改变方向的一种方法。例如，向左变向跑，用右脚蹬地后，右脚随着向左侧前方跨出，继续加速前进。

动作要领：右脚蹬地，屈膝内扣，转移身体重心，左脚快迈，上体前倾，加速跑动。

（2）侧身跑。

侧身跑是队员在跑动中接球或抢位的一种方法。队员向前跑时，脚尖指向前进方向，头部和上体扭转至朝向来球的方向，观察场上的变化。

动作要领：脚尖向前，上体侧身转肩，看球跑动。

变向跑

（3）变速跑。

变速跑是队员在跑动中利用速度变换争取主动的一种方法。加速时，上体前倾，前脚掌短促有力地向后蹬地；减速时，上体直立，前脚掌抵地，以缓解冲力，降低速度。

动作要领：加速时，上体前倾，蹬地快速有力；减速时，上体直立，步幅放大并缓冲抵地。

变速跑

4. 滑步

滑步是队员防守时的主要移动方法，它可分为侧滑步、前滑步和后滑步三种。

向左（右）侧滑步时，右脚（左脚）前脚掌内侧蹬地，左脚（右脚）向左跨出落地，同时右脚（左脚）紧随左脚（右脚）滑动。移动时，两臂张开，保持屈膝，身体重心降低。移动中，身体平稳，不要起伏。前滑步与后滑步的技术要点类似，只是方向相反。

动作要领：蹬跨要协调有力；滑动时身体要平稳，两臂要伸展。

侧滑步

5. 急停

急停是队员在场上突然制动的一种方法。常用的急停方法有跨步急停和跳步急停。

（1）跨步急停。

急停时，一只脚先向前跨一大步，后脚脚后跟先着地，上体后仰，身体重心降低，控制身体向前冲；另一只脚向前跨一步，脚尖稍向内转，脚掌内侧蹬地，身体重心落在两脚之间，两臂抬起，保持身体平衡。

动作要领：第一步脚掌抵地屈膝，上体侧转移动身体重心；第二步用力抵地内转，膝关节下沉以降低身体重心。

跨步急停

（2）跳步急停。

急停时，用单脚跳起，稍离地，上体稍后仰，两脚同时落地（平行或前后）屈膝身体重心降低，保持身体平衡。

动作要领：屈膝收腹，两脚轻跳离地，转体屈膝落地。

跳步急停

6. 转身

转身是以一脚为轴，另一脚向不同方向跨移以改变身体的位置和方向的一种方法。转身可分为前转身和后转身。

动作要领：转身时，身体重心转向中枢脚，移动脚的前脚掌蹬地跨步，同时中枢脚以前脚掌为轴蹬地，上体随移动脚转动，向前或向后改变身体的方向。身体重心要平稳。

（二）传接球

传接球是进攻队员在场上相互联系和组织进攻的纽带，是实现各种技术的桥梁和战术配合的具体手段。

1. 双手胸前传球

双手胸前传球是一种基本的、常用的传球方法，具有准确性高、容易控制、便于变化的特点。

动作要领：两手五指自然张开，拇指相对成八字形，用指根以上部位握住球的后侧部，掌心空出。两肘自然弯曲于体侧，将球置于胸前。身体成基本站立姿势。传球时，后脚蹬地、身体重心前移的同时前臂迅速向传球方向伸出，翻腕，拇指用力下压，手腕前屈，食指、中指用力拨球将球传出。出球后，身体迅速还原成基本站立姿势。

动作要点：持球动作正确，蹬（地）、伸（臂）、翻（腕）、拨（食指、中指）球动作连贯，用力协调。

双手胸前传球

2. 双手头上传球

双手头上传球的特点是出手点高，便于内线策应。

动作要领：两手持球置于头顶，肘关节微屈，传球时前臂前摆，手腕前扣并外翻，同时拇指、食指、中指用力拨球，将球传出。距球较远时，队员要用脚蹬地和腰腹力量带动手臂发力。

动作要点：前臂前摆、手腕前扣要迅速有力，手指用力拨球。

双手头上传球

3. 反弹传球

反弹传球是将球击地反弹给同伴的传球方法，具有较强的隐蔽性，不易被对手抢断。

动作要领：反弹传球的方法与胸前传球的方法基本相似，只是球传出时手指向下用力，使球碰地面反弹后，到达接球队员的腰部位置。反弹球的击地点一般应在距接球队员 2/3 处。（图 2-2-1）

动作要点：传球力量和球的反弹高度要适当。

图 2-2-1

拓展：单手击地反弹传球

4. 单手肩上传球

单手肩上传球的动作特点是用力大，球飞行速度快，适用于中远距离的传球，以利于抢到篮板球后迅速组织快攻。

动作要领：两手持球于胸前，两脚平行开立，右手传球时，左脚向传球方向迈出半步，同时将球引至右肩上方，右手手腕后仰托球的后下部，肘关节外展，左肩对着

单手肩上传球

出球方向，传球时利用蹬地扭腰、转肩动作，向前甩臂、扣腕，同时拇指、食指、中指用力拨球，将球传出。

动作要点：跨步与传球配合协调，前臂挥摆积极。

5. 单手体侧传球

单手体侧传球是一种隐蔽的传球方法，常用于外线向内线传球的情况。

动作要领：以右手传球为例，两脚开立，两腿微屈，两手持球于胸前；传球时，左脚向左跨步的同时将球移至右手引到身体右侧，出球的一刹那，持球手的拇指在上，掌心向前，手腕背伸；出球时，前臂向前做弧形摆动，当球摆过身体右前方时，迅速收前臂，用手腕、手指的力量将球传出。（图2-2-2）

动作要点：当持球手引球到体侧时，前臂摆动要快，幅度要小，手腕、手指急促用力抖动，将球传出。

图 2-2-2

6. 双手接球

双手接球是一种基本的接球方法，其特点是握球较牢固，易于转换动作。

动作要领：两眼注视来球，接胸部以上高度的来球时，用灵活的脚步调整好位置，手指自然张开，拇指相对成八字形，两手成半圆形。来球时，手臂自然向前伸出主动迎球，肘关节微屈，上体稍向前倾。当手指触及球时，两臂随球后引缓冲来球的力量，将球置于胸腹部之间，将球接稳，身体成基本站立姿势。如果来球较低，队员则要及时上步，以屈膝来调整位置。

7. 单手接球

单手接球的动作特点是控制范围大，能接不同方向的来球，比双手接球的稳定性稍差。

动作要领（以右手接球为例）：两眼注视来球，右臂微屈，手掌成勺形，手指自然分开，迎着来球的方向伸出，手腕和手指要放松。当手指触球时，手臂顺势向后下引球，左手及时扶球，以帮助将球转置于体前或体侧，保持身体平衡，以便衔接下一动作。

（三）运球

运球是持球队员在原地或移动中用单手连续拍击由地面反弹起来的球的技术动作。运球是篮球比赛中进攻的重要手段之一，它不仅是个人摆脱防守进行攻击的有效方法，还是组织配合的手段之一。运球技术包括高运球、低运球、急停急起运球、体前变向换手运球、转身运球、背后变向运球等。

1. 高运球

高运球一般在没有防守阻挠的情况下，用于行进间快速运球。

动作要领：运球时，两腿微屈，上体稍前倾，目视前方。运球手臂自然伸屈，以肘关节为轴，用手有力地按拍球的后上方。球的落点控制在运球手臂同侧脚的外侧前方，使球的反弹高度在胸腹之间。

动作要点：在原地运球时，手要控制在球的正上方。在行进间运球时，手要控制在球的后侧上方，以肘关节为轴做上下的按拍动作。

高运球

2. 低运球

当受到防守队员紧逼时，进攻队员常采用这种运球方法保护球或摆脱防守。

动作要领：运球时，目视前方，两腿屈膝，身体重心下降，上体前倾，用上体、腿和另一手臂保护球。进攻队员按拍球的节奏要快速、短促有力，球从地面向上反弹的高度控制在膝关节以下。

动作要点：屈膝降低身体重心，上体前倾，用手腕、手指的力量短促有力地按拍球。

低运球

3. 急停急起运球

急停急起运球是进攻队员利用速度的突然变化摆脱防守的一种运球方法。

动作要领：运球急停时，利用跨步急停动作，手按拍球的正上方。运球急起时，身体重心迅速前移，后脚突然用力蹬地，按拍球的后上方，加速运球超越对手，向前推进。

动作要点：停得稳、起得快，注意用身体和腿保护球。

急停急起运球

4. 体前变向换手运球

体前变向换手运球是当防守堵截了进攻队员运球前进的路线时，进攻队员突然向左或向右改变运球方向，借以摆脱防守的一种运球方法。

动作要领：运球队员从对手右侧突破时，先向对手左侧变向运球。当对手向左侧移动时，运球队员突然向右侧变向运球。变向时，右手按拍球的右后上方，把球从自己的右侧按拍到左侧前方，同时，右脚向左前方跨出，上体左转探肩，以右臂和身体保护球，然后换手运球，按拍球的后上方，加速突破对手。（图2-2-3）

动作要点：蹬跨快速有力，队员按拍球后要转体探肩护球，变向换手后加速。

体前变向换手运球

图 2-2-3

5. 转身运球

当运球队员被防守队员逼近，不能用直线运球体前变向突破时，可以用转身运球突破。

动作要领：以右手运球为例，运球队员以左脚为中枢脚，做后转身的同时，右手

转身运球

将球拉至身体的左侧前方，然后换手运球，加速前进。（图2-2-4）

动作要点：最后一次按拍球要加力，后转身迅速，身体重心不起伏，拉球和转身动作连贯。

图 2-2-4

6. 背后变向运球

当对手距离较近，无法采用体前变向运球时，可采用背后运球突破防守。

动作要领：以右手运球为例，变向时，右手将球拉到身后，迅速按拍球的右侧后方，将球从身后拍至左侧前方，同时，右腿向左前方跨出，上体左转侧肩，换左手按拍球的后上方，加速突破对手。

动作要点：右手将球拉至右侧身后时要以肩关节为轴，按拍球的部位正确，换手迅速。

（四）持球突破

持球突破是控球队员以脚部动作与运球技术相结合，快速超越防守队员的一项进攻技术。突破与投篮、传球等结合运用，其灵活性和攻击性更为强大。持球突破技术由假动作吸引、脚步蹬跨、转体探肩和推放球加速几个环节组成。以下介绍两种常用的突破方法。

1. 交叉步突破

交叉步突破方法的优点是控球队员跨步后与防守队员接触面较小，能更好地利用跨步抢位保护球。

动作要领：以从防守队员左侧突破为例。两脚左右开立，两膝微屈，身体重心降低，持球于胸腹部之间。突破时，左脚前脚掌内侧迅速蹬地，向右侧前方跨一大步，上体稍右转，左肩向前下压，身体重心向右前方移动，将球推引至右侧，右手推按球于左脚右侧前方，接着右脚蹬地加速超越对手。（图2-2-5）

动作要点：蹬跨积极，转身探肩保护球，中枢脚离地前球要离手。动作快速连贯。

背后变向运球

交叉步突破

图 2-2-5

2. 同侧步突破

同侧步突破也称顺步突破，其优点是突破时起动突然，初速度快，但球暴露面积较大，球容易被对手打掉。

动作要领：以从防守队员左侧突破为例。准备姿势和突破前的动作要求与交叉步持球突破的动作要求相同。突破时先做假动作。当对手身体重心前移时，右脚向右前方跨出一大步，向右转体探肩，身体重心前移，右手运球。左脚前脚掌迅速蹬地，向右前方跨步抢位，用右手推拍球，加速超越对手。

动作要点：起动要突然，脚迅速积极蹬地，身体重心及时跟上，跨步、放球要快速连贯，中枢脚离地前球要离手。

同侧步突破

（五）投篮

投篮是进攻队员为了将球投入篮筐而采用的各种专门动作方法的总称，是得分的重要手段，是一切进攻技战术的最终目的和全部攻守矛盾的焦点。投篮按持球的方法不同可分为双手投篮和单手投篮两大类。具体介绍以下几种。

1. 原地双手胸前投篮

原地双手胸前投篮是基本的投篮方法。它的优点是投篮力量大，距离远，便于与传球、运突相结合，适用于力量较小的队员及中远距离投篮；其缺点是出手点较低，容易被对手封盖。

动作要领：两手持球于胸前，肘关节自然下垂，两脚前后或左右开立，两膝微屈，身体重心落在两脚之间，眼睛注视瞄准点。投篮时，下肢蹬地发力，两臂向前上方伸直，前臂内旋，拇指下压，手腕前屈，食指、中指用力拨球，通过指端将球投出。球出手时身体随投篮出手方向自然伸展，脚后跟微提起。

动作要点：自然屈肘，投篮时，下肢蹬地发力，前臂内旋，手指拨球，左右手用力要协调。

原地双手胸前投篮

3."1-2-1-1"全场区域紧逼防守

"1-2-1-1"全场区域紧逼防守是把区域联防和人盯人防守两种战术融为一体的防守战术，比人盯人防守更具有集体性，且比区域联防防守更具有针对性。"1-2-1-1"全场区域紧逼防守的防守形式分为全场区域紧逼、半场区域紧逼和3/4场区域紧逼。

（四）全队进攻战术配合

1."1-3-1"进攻战术配合

"1-3-1"进攻布局是针对"2-1-2"区域联防的薄弱地区而组成的，其有效的方法是动起来打，采用穿插、溜底、换位等进攻方法来调动对手，从而破坏对手的防守阵线。

2."2-1-2"进攻战术配合

"2-1-2"进攻战术是进攻半场人盯人防守的一种主要进攻战术。它是由2～3个人的掩护挡拆配合来破坏对手防守阵型的人盯人战术。

体育思政课堂

1895年，篮球运动传入中国。中华人民共和国成立后，篮球运动在中国得到广泛发展和普及。中国国家男子篮球队在2004年雅典奥运会篮球赛和2008年北京奥运会篮球赛上均获得第8名；中国国家女子篮球队在1992年巴塞罗那奥运会篮球赛上获得亚军，在2008年北京奥运会篮球赛上获得第4名，在2020年东京奥运会篮球赛上获得第5名。2021年7月28日，在东京奥运会女子三人篮球比赛中，中国队击败法国队，历史性夺得铜牌。2021年4月，国家体育总局授予中国国家女子篮球队"中央和国家机关三八红旗集体"荣誉称号，以表彰其顽强拼搏的精神。

篮球是一项对抗激烈、竞争性较强的团队运动项目。经常参加篮球运动，不仅可以培养学生不畏困难、勇敢顽强的意志品质，还可以培养他们积极参与竞争的意识和团队协作能力。

第三节　排球运动

一、排球运动基本技术

（一）准备姿势和移动

准备姿势和移动是排球基本技术，属于无球技术，是完成发球、垫球、传球、扣球、拦网等各项有球技术的前提和基础，并对各项有球技术的运用起到串联和纽带作用。

1. 准备姿势

为了便于完成各项技术而采取的合理身体姿势称为准备姿势。为完成某项有球技术之前的准备姿势称为专项技术准备姿势。例如，拦网、传球、垫球等都采用不同的准备姿势。

准备姿势

按照身体重心的高低不同，准备姿势可分为半蹲准备姿势、稍蹲准备姿势和低蹲准备姿势。

2. 移动

从起动到制动的过程称为移动。移动的目的主要是及时接近球，保持好人与球之间的位置关系，以便击球。移动由起动、移动步法和制动三个环节组成。

（1）起动。

起动是移动的开始，是在准备姿势的基础上，变换身体重心，使身体向目标方向移动。

为了做各种击球动作，并控制好球的方向、落点等，击球前身体重心必须相对稳定，因此在移动后必须有良好的制动过程。

（2）移动步法。

起动后应根据临场技战术的需要，灵活地采用各种移动步法进行移动。

并步与滑步：如向前移动，则后腿蹬地，前脚向来球方向跨出一步，后腿迅速跟上做好击球准备，即并步；连续并步，即滑步。

跨步与跨跳步：如向前移动，则后腿用力蹬地，前脚向来球方向跨出一大步，膝部弯曲，上体前倾，身体重心移至前腿上，即跨步。在跨步过程中的跳跃腾空动作，即跨跳步。

交叉步：以向右交叉步为例，上体稍向右转，左脚从右脚前面向右迈出一步，然后右脚向右跨出并内扣，身体转向出球方向。身体重心水平移动，移动到位后，保持击球前的准备姿势。

跑步：跑步时两臂要配合摆动，身体重心逐渐降低，如球在侧后方时应边转身边跑。

综合步：以上各种步法的综合运用。

（3）制动。

一步制动法：移动的同时向一侧跨出一大步并降低身体重心，全脚掌着地以抵抗身体的惯性，使身体重心控制在两脚构成的支撑面上。

两步制动法：两步制动时，以倒数第二步做第一次制动，紧接着跨出最后一步做第二次制动，同时身体后仰，两膝弯曲，身体重心降低，用脚内侧蹬地以抵抗向移动方向的惯性，使身体处于有利于做下一个动作的姿势。

（二）垫球

通过手臂或身体其他部位的迎击动作，使来球从垫击面上反弹出去的击球动作，称为垫球，垫球是排球的基本技术之一。

1. 正面双手垫球

正面双手垫球是两手在腹前垫击来球的一种击球方法，适合于接有一定速度和力量的各种发球、扣球和拦回球，也适合于接不同方向的各种来球。按来球力量不同，正面双手垫球可分为垫轻球、垫中等力量球和垫重球。

正面双手垫球的手型一般有抱拳式、叠掌式和互靠式。其中，初学者用叠掌式最为适合。（图2-3-1）

动作方法：采用半蹲准备姿势，当球飞来时，两手成垫球手型，肘关节伸直，前臂靠拢稍外展，形成一个平面，手腕下压；当球飞到距腹前一臂处时，两臂夹紧，插到球下，向前上方蹬地抬臂，迎击来球，同时身体重心随球前移；击球点保持在距腹前约一臂

移动步法

垫球

处；触球部位为腕关节以上 10 厘米左右处的桡骨内侧平面；击球的后下部。（图 2-3-2）

图 2-3-1

图 2-3-2

2. 体侧垫球

体侧垫球是身体侧面垫球的一种垫球方法。其特点是控制面宽，但较难掌握垫击的方向、弧度和落点。

动作方法：以左侧垫球为例，右脚前脚掌内侧蹬地，左脚向左跨出一步，身体重心移至左腿，并保持左膝弯曲，两臂夹紧，左臂高于右臂，右肩向下倾斜，再用向左转腰和收腹的力量，配合两臂在体侧截击球的后下部。（图 2-3-3）

图 2-3-3

3. 背垫球

背对出球方向垫球的方法称为背垫球。

动作方法：背垫球时，首先判断球的落点、方向和离网的距离，迅速移动到球的落点处，背对出球方向，击球点保持在胸前一臂左右的高度和距离，两臂夹紧伸直，伸到球下；击球时，蹬地、抬头挺胸、展腹，直臂向后上方展臂击球。在垫低球时，球员也可利用屈肘、翘腕动作，以虎口处向后上方垫起。（图 2-3-4）

4. 跨步垫球

在球的落点离身体一步左右距离时运用的垫球方法称为跨步垫球。

动作方法：跨步垫球时，球员首先要判断来球方向和落点，及时向前、侧跨出一大步，屈膝制动，身体重心落在跨出腿上，上体前倾，身体重心下降，两臂插入球的后下方。

图 2-3-4

（三）传球

传球是排球的基本技术之一，主要由手指和手腕发力来完成，通过两手来控制球的方向、速度及路线。传球的特点是便于控制球、准确性高，是进行比赛和组织战术的基础。

1. 正面传球

面对出球方向传球的动作称为正面传球。

动作方法：正面传球时，两臂自然抬起，击球点在距额头前约一球处，两手自然张开成球形，手腕稍后仰，两拇指相对成一字形，两食指相对成八字形，传球靠蹬地、伸臂和手指、手腕的协调用力完成。正面传球时球员要重点把握击球点和协调用力。

2. 背传

背对传球方向传球的动作称为背传。

动作方法：传球前背对目标，迅速移动到球的落点，上体基本保持正直，两臂抬起，两手置于面前。传球时，抬上臂，挺胸后仰，击球点保持在额上方。触球时，手腕后仰并适当放松，掌心向上，击球的下部。背传手型与正面传球的手型相同。（图 2-3-5）

传球

图 2-3-5

3. 跳传

跳起在空中传球的动作称为跳传。跳传有原地跳传、助跑跳传、双脚跳传和单脚跳传等。

动作方法：掌握好起跳时机向上垂直起跳，在空中，两臂上摆至面前，身体在空中保持平衡。当身体上升到最高点时，球员靠伸臂动作和手腕、手指的弹力将球传出。（图 2-3-6）

图 2-3-6

（四）发球

发球是排球的基本技术之一，是1号位发球队员在发球区内抛球后，用单手或手臂将球直接击入对方场区的一种击球方法。发球方法主要有正面上手发球、正面上手发飘球、正面下手发球、勾手发飘球、侧面下手发球、跳发球等。

1. 正面上手发球

正面上手发球是正面对网站立，用全手掌击球，使球上旋的一种发球方法。

动作方法：面对球网，两脚前后自然开立，左脚在前，左手托球于体前，用抬臂和手掌的平托向上送球，将球平稳地垂直抛于右肩前上方，高度适中。在左手抛球的同时，右臂抬起，屈肘后引，上体稍向右转。击球时，利用蹬地、转体和收腹的力量带动手臂挥动，在右肩前上方以全手掌击球的中下部，手腕要迅速主动做推压动作，使球成上旋飞行。

2. 正面上手发飘球

正面上手发飘球是采用正面上手的形式，使球不规则地飘晃飞行的一种发球方法。

动作方法：面对球网，两脚自然开立，左脚在前，左手托球于体前。身体略右转，用抬臂和手掌平托向上送球，将球抛于右肩前上方约80厘米处，右臂抬起，屈肘后引。击球前，手臂自后向前做直线运动。击球时，五指并拢，手腕稍后仰，用掌根平面击球的中下部，作用力通过球的中心。击球瞬间，手指、手腕紧张，手型固定，手臂的挥动有加速突停动作。

3. 正面下手发球

正面下手发球是正面对网站立，从腹前将球击入对方场区的一种发球方法。

动作方法：面对球网，两脚前后开立，左脚在前，两膝微屈。上体稍前倾，身体重心落在后脚上。左手持球置于腹前，将球轻轻抛于体前右侧，离手约30厘米处；在抛球的同时右臂伸直，以肩为轴向后摆动，身体重心移至前脚上，在腹前以全手掌、掌根或虎口击球的后下部。

4. 勾手发飘球

勾手发飘球是侧对球网站立，利用勾手的形式，使发出的球不规则地飘晃飞行的一种发球方法。

动作方法：身体侧对网，两脚自然开立，左手持球于胸前，将球平稳地抛在左肩上方约一臂处。击球时，右脚蹬地，上体左转发力，带动手臂挥动。挥动时，手臂伸

正面下手发球

直在右肩的左上方，用掌根击球的中下部。在击球前，突然加速挥臂，手臂挥动轨迹保持一段直线运动。在击球瞬间，五指并拢，手腕后仰，并保持紧张，手臂挥动有突停动作，作用力通过球的重心。（图 2-3-7）

图 2-3-7

5. 侧面下手发球

侧面下手发球是侧面对网站立，转体腹前击球进入对方场区的一种发球方法。

动作方法：左肩对网，两脚左右开立（右手发球），两膝微屈，上体稍前倾。左手将球平稳地抛送到胸腹之间距身体约一臂距离的位置，同时右臂向后下方摆动。击球时，发球队员用蹬地、转体的力量带动右臂自后向前摆动，用手掌、掌根或虎口击球的后下部。

6. 跳发球

跳发球是一种为了增加球的攻击性，发球队员采用助跑起跳的方式，跳起在空中击球的一种发球方法。跳发球分为发飘球和旋转球两种，以下只介绍发旋转球。

动作方法：发球队员面对球网站立，距端线 2～4 米，用单手或双手将球抛向前上方 4～5 米高度处，落点在短线附近，随着抛球离手的同时，向着抛球的方向助跑起跳。踏跳时，脚在左右开立的同时，后落地的脚一定要超过先落地的脚。起跳时两臂要协调摆动，并且摆幅要大。击球时利用收腹转体动作带动手臂快速挥动。击球点保持在右肩前上方，手臂伸直，以全手掌击球的中下部，并且有甩腕推压动作，使球成上旋飞行。击球后两脚落地，屈膝缓冲，随之迅速进场。

（五）扣球

扣球是排球的基本技术之一，是队员跳起在空中，将高于球网上沿的球用力地击入对方场区的一种击球方法。扣球在比赛中占有重要的地位，是得分的主要手段，是进攻中最积极有效的武器，是一个队摆脱被动、争取主动的主要途径。扣球的质量，体现着队伍的战术质量，是夺取胜利的关键。扣球效果好，可以鼓舞士气，振奋精神，从而挫伤对方的锐气，给对方造成强大的心理压力。要想扣好球，就要做到准确判断二传球落点、助跑充分、踏跳有力、空中击球点高、动作迅速等。

扣球技术以动作方法可分为正面扣球、单脚起跳扣球、小抡臂扣球、勾手扣球等；以扣球的节奏可分为强攻和快攻；以扣球的区域可分为前排进攻（包括 3 号位、4 号位、2 号位进攻）和后排进攻。下面主要介绍正面扣球和快攻中的近体快球扣球。

扣球

1. 正面扣球

（1）助跑。

步法：采用一步、两步、三步或多步法。助跑前在限制线附近观察接发球落点和二传的传球情况，根据二传传出球的弧线、速度和球距球网的远近选择助跑的角度、步法和速度。以右手扣球两步助跑为例，在进攻线附近以准备姿势判断来球，二传传出球后，根据球的弧度和速度决定起动和助跑的速度，来球低且速度快时，起动和助跑的速度也要相应快。助跑的角度一般与球网保持约45°为宜。助跑时，左脚先向前迈出一小步，右脚随后向前跨出一大步，右脚脚后跟着地制动，左脚随后跟上落在右脚的稍前位置。

节奏：步幅由小到大，速度由慢到快，最后一步用后脚脚跟触地制动，两脚踏跳迅速有力，两臂前后摆动，协调配合身体动作。

（2）起跳。

左脚跨出一大步制动后，右脚迅速跟上，两脚几乎同时着地和用力蹬地，屈膝降低身体重心，两臂经体侧向后摆动，起跳时两臂由身体后方向前上方摆动，带动身体向空中伸展。（图2-3-8）

图2-3-8

（3）空中击球。

起跳后在空中展腹，身体成反弓形且稍向右转。击球时腰发力，以收腹、收胸转体的动作带动手臂迅速向击球点用力抛甩，用鞭甩动作击球的后中上部。击球时手掌包满球，用推压抛甩动作击出上旋球。（图2-3-9）

（4）落地自我保护。

落地时前脚掌先着地，顺势屈膝收腹，以缓冲下落的力量，进行自我保护。同时，身体重心降低，保持准备姿势，随时准备衔接下一个动作。

2. 近体快球扣球

在距二传约有一臂处扣出的球称为近体快球。近

图2-3-9

体快球扣球时扣球队员应随一传助跑到网前的踏跳点，当二传传球时，扣球队员迅速起跳，起跳后在空中用迅速收胸、挥臂、甩腕的动作将球击过球网。近体快球的高度一般高出球网1～2个球，击球动作强调挥臂的鞭打抛甩，并要以全手掌击球的后中上部。（图2-3-10）

图 2-3-10

（六）拦网

拦网是排球的基本技术之一，是队员靠近球网，将手伸向高于球网处阻拦对方来球的技术。

拦网技术动作包括准备姿势、移动、拦网判断、起跳、空中击球和落地。

1. 准备姿势

当球在对方组织进攻时，拦网队员面对球网站立，两脚离中线 20～30 厘米，两脚平行开立，约同肩宽，两膝稍屈，两臂自然屈肘置于胸前。身材高大的队员两手可上举过头，随时准备起跳或移动。

2. 移动

拦网的移动方向主要是向两侧和斜前方。移动步法一般可分为并步移动、跨步移动、滑步移动、交叉步移动和远跑步移动。

3. 拦网判断

拦网判断是拦网技术的关键环节，拦网判断贯穿于拦网的全过程。拦网判断包括以下几个方面：判断对方的战术打法；判断对方一传情况；判断对方二传的传球方向、弧线、速度和落点；判断对方扣球队员的助跑方向、起跳时间、起跳后人与球的关系、空中挥臂击球动作及扣球队员的个人技术特点等。

4. 起跳

起跳有原地起跳和移动起跳两种类型。原地起跳是从拦网准备姿势开始的，两脚用力蹬地，两臂在体侧画小弧用力上摆，带动身体向上垂直起跳，起跳后稍收腹，控制平衡，争取延长腾空时间。移动起跳要注意移动后的制动，使身体正对球网，或者在起跳过程中使身体转向球网，争取扩大阻拦面。

拦网

5. 空中击球

空中击球是在起跳的同时，两手从胸前向头前上方伸出，身体贴近球网，两臂伸直并有提肩动作，两臂之间的距离要小于一个球。两手尽量伸过网去接近球。两手自然张开，屈指、屈腕成勺形。当手触球时，两手张开并保持紧张，手腕迅速下压，用力捂盖球的前上方。

6. 落地

落地是自然动作，如已将球拦回，则可面向对方落地；如未拦到球，则在身体下落的同时要随球转身，向着球飞出的方向落地做出准备姿势，注意屈膝缓冲。

排球基本战术

二、排球运动基本战术

排球战术是运动员在比赛中根据排球规则、排球运动规律及临场竞赛情况的发展变化，采用合理技术，相互之间有意识、有目的、有组织的个人和集体行动。排球战术包含着个人战术和集体战术两大部分。

（一）个人战术

个人战术是运动员在集体战术配合的基础上，根据临场情况的变化，主动灵活地根据个人的特点和战术需要，巧妙地运用个人技术的变化，以达到有效的进攻和防守的目的。个人战术有发球、一传、二传、三击、扣球、拦网及防守等。

1. 发球

（1）找对方的弱点，找刚上场的队员，找连续失误的队员，找准备插上的队员，找对方的空隙、死角等。

（2）利用自然条件，如风、阳光、光线等给对方接发球造成困难。

（3）发攻击性很强的球，利用线路和落点的变化破坏对方的一传，破坏对方组织的进攻战术直接得分。

2. 一传

利用平快一传加快进攻速度；利用高一传制造两次球；利用直接垫过网，垫到对方空当。

3. 二传

利用假动作，球速加快或减速，造成对方判断错误或反应不及时；利用突然吊球到对方空当。

4. 三击

第三次击球不能扣球时，突然把球传到对方空当或有意识地给对方高球，造成对方接球困难或为本方布防争取时间。

5. 扣球

利用斜直变线、轻打重扣、抹吊空当、打手出界、时间差、位置差等变化，形成有效进攻。

6. 拦网

利用突然改变线路和空中拦网位置，以及各种假动作，造成对方扣球队员失误。

7. 防守

选择最有利的防守位置防守，有意识地让出空当使对方向空当击球，形成有准备的防守空当。

（二）集体战术

集体战术是指在比赛中，运动员为突破对方防守或抑制对方进攻所采用的有组织、有目的、有针对性的集体配合行动。

在比赛中，排球运动是集体性很强的竞赛项目，不仅要求每名队员有比较熟练的基本技术和灵活的个人战术，还要求全队必须运用一定的集体战术，才有机会在比赛中取胜。

1. 阵容配备、交换位置、信号联系

（1）阵容配备。

根据队员的特长、本队的战术思想安排队员的场上位置，以最大限度地阵容配备发挥该队的技战术水平。阵容配备一般有"四二"配备、"五一"配备和"三三"配备3种类型。（图2-3-11）

图 2-3-11

（2）交换位置。

为了充分发挥队员的特长，加强攻防力量，弥补缺陷，在规则允许的条件下可交换位置。

前排队员之间的换位方法：为了便于组织进攻，二传队员换到2号位或3号位；为了加强进攻力量，进攻力量强的队员换到便于扣球的位置上；为了加强拦网，抑制对方的重点进攻，身材高大或弹跳能力强及拦网能力强的队员换到3号位，或者换到与对方主攻队员相对的位置上。

后排队员之间的换位方法：为了发挥个人特长，后排队员各自换到自己熟练的防守区进行专位防守；为了在比赛中便于应用行进间"插上"战术，二传队员换到1号位或6号位，以缩短插上时的距离；根据临场情况，防守能力强的队员换到防守任务较重的区域，防守能力弱的队员换到防守任务较轻的区域。

前后排队员之间的换位方法：后排的二传队员插上时，可从1号位、6号位或5号位插上到2号位、3号位之间的位置，准备做二传，前排的2号位、3号位、4号位队员后退，准备接球或进攻。

（3）信号联系。

为了实现快速多变的进攻战术，运动员必须使用信号联系来统一新行动。进攻战术的信号由教练员和运动员事先商定好，联系时可采用简明语言、手势来传递。

2. 进攻战术

进攻战术由一传、二传和扣球三个环节组成，包括进攻形式和进攻打法两个方面。

（1）进攻形式。

"中一二"进攻战术：由前排中间的 3 号位队员担任二传，将球传给 2 号位或 4 号位队员进攻（图 2-3-12）。二传在 2 号位、4 号位时，在发球后可换到 3 号位。这种形式进攻简单，便于组织，但战术变化少，易被对方识破。

"边一二"进攻战术：由前排中间的 2 号位队员担任二传，将球传给 3 号位或 4 号位队员扣球进攻（图 2-3-13）。二传在 3 号位、4 号位时，在发球后可换到 2 号位。这种形式对一传、二传的要求较高，战术配合也比较复杂，除组织两人定位、定点扣球外，还可组织"快球""掩护""拉开""前交叉""围绕"等战术变化。

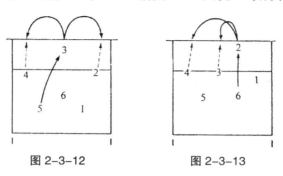

图 2-3-12　　　　　　　图 2-3-13

"插上"进攻战术：后排一个队员在对方发球后，从后排跑到网前作二传，把球传给 2 号位、3 号位或 4 号位进攻。

（2）进攻打法。

进攻打法是指在排球比赛中，一传队员、二传队员和扣球队员之间所进行的各种进攻战术配合的方法。进攻打法主要有强攻、快攻、两次攻、主体攻等。

强攻是指在没有快攻掩护的情况下，利用队员个人的身高、弹跳力、扣球力量和个人扣球战术强行突破对方防御的一种进攻方法。它可分为集体进攻、拉开进攻、围绕进攻和调整进攻 4 种。

快攻是指各种平快扣球及平快扣球掩护同伴进攻或自我掩护进攻所组成的各种快速多变进攻战术的总称，是我国排球的传统特长打法，主要有平快扣球、自我掩护进攻、快球掩护进攻等。

平快扣球：二传球低或平，与扣球队员的配合节奏快，从时间上造成对方的拦网困难，又分为前快、短平快、背快、背平快、平拉开、调整快、运网快和后排快 8 种；

自我掩护进攻：进攻队员利用自己打平快球的助跑、起跳、假动作来掩护自己所进行的第二个真扣球进攻的动作，又分为"时间差"进攻、"位置差"进攻和"空间差"进攻；

快球掩护进攻：一名进攻队员利用各种平快球进行掩护，然后二传队员将球传给其他队员扣球进攻，快球掩护进攻除了中间快球掩护、两边拉开进攻外，还有交叉进攻、梯次进攻、夹塞进攻、双快一跑动进攻等。

两次攻是指当一传弧度较高，落点又在网前，前排队员可直接将球扣或吊对方场区，或者佯扣将球在空中转移传给其他前排队员的进攻。

主体攻是指前排队员运用各种快变战术组织进攻，同时掩护后排队员从进攻线后跳起进攻，形成横向、纵向全方位进攻。

3. 防守战术

防守战术通常是指接对方扣、传、垫或处理过来的球所组织的进攻。它包括拦网、后排防守、调整二传、反击扣球及保护等几个技术环节，主要运用接发球防守

（一攻）、接扣球防守（防攻）、接拦回球防守（保攻）、接传垫球防守（推攻）等阵型。

（1）接发球的站位阵型。

根据接发球的不同人数可分为5人、4人、3人和2人接发球4种站位形式。其中，5人和4人接发球应用最为普遍。

5人接发球：除1名二传队员（前排或后排）外，其余5名队员均参加接发球，根据本方战术及对方发球情况，通常有"一三二"形站位、"一二一二"形站位和"一字"形站位。（图2-3-14）

4人接发球：二传和上快球队员在网前站立不接发球，其余4人在后场成一字形或弧形站立。接发球一般要求前排队员距中线4～5米，距边线1～1.5米，后排队员站在前排队员之间的后边位置距端线2.5～3米，重视"中间"地带和"三角"地带的配合，注意安排一传好的队员对一传差的队员的保护。

"一三二"形站位　　"一二一二"形站位　　"一字"形站位
图2-3-14

（2）接扣球的防守阵型。

根据参加拦网的人数不同防守阵型可分为无人拦网防守阵型、单人拦网防守阵型、双人拦网防守阵型和三人拦网防守阵型四种。

无人拦网防守阵型：适用于初学排球者或对方进攻无力时采用。其站位方法与五人接发球的站位方法基本相同。根据二传队员的站位不同，无人拦网防守阵型有"中一二"防守阵型和"边一二"防守阵型两类。（图2-3-15）

单人拦网防守阵型：一般在对方进攻力量较弱、线路变化不多或来不及组织进攻时采用。不过，当对方攻击力强时，单人拦网就显得第一道防线力量薄弱。

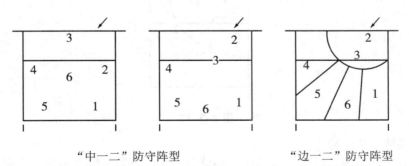

"中一二"防守阵型　　　　　"边一二"防守阵型
图2-3-15

双人拦网防守阵型：当对方进攻的威力较大、线路变化较多、单人拦网不足以阻挡对方进攻时，球队应采用双人拦网防守阵型。它是接扣球防守中主要的战术阵型，可分为"心跟进"防守阵型、"边跟进"防守阵型、"内撤"防守阵型、"双卡"防守阵型。

·"心跟进"防守阵型。固定由6号位队员跟防吊球及前区球称为"心跟进"防守阵型或"6号位跟进"防守阵型，其特点是加强了网前的防守，但后场人少，空隙较大，力量相对较弱。

·"边跟进"防守阵型。由1号位和5号位队员跟防吊球及前区球称为"边跟进"防守阵型，也称为"1号位、5号位"防守阵型，其有"死跟"基本站位阵型和"活跟"基本站位阵型两种不同的运用形式。

以对方4号位队员进攻为例，"死跟"的基本站位阵型（图2-3-16）：1号位队员跟进到拦网队员身后防吊球及前区球，6号位队员向右转移补防扣向1号区的直线球，5号位队员防后场6号区，4号位队员后撤防斜线球。"活跟"的基本站位阵型（图2-3-17）：1号位队员防后场直线球，同时6号位队员注意弥补1号区的空当。4号位、5号位队员防斜线，4号位队员还要负责防守吊到前场左区的球。

·"内撤"防守阵型。由前排不拦网的队员后撤防守为内撤保护的一种方法。

·"双卡"防守阵型。由前排对不拦网队员后撤和后排1号位或5号位队员跟进相结合的一种防守形式。

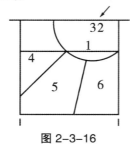 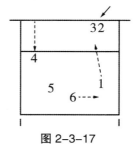

图2-3-16　　　　　　图2-3-17

三人拦网防守阵型：在对方扣球攻击力比较强、线路变化多、吊球少的情况下使用。三人拦网加强了第一道防线，但增加了后排防守的困难，使组织反攻也有所不便。三人拦网防守阵型有"三二一"防守阵型和"三一二"防守阵型两种。

（3）接拦回球阵型。

在本方进攻时对方拦网的情况下采用。例如，本方4号位队员进攻，5号位和6号位队员向前移动，3号位队员向左后方移动形成半弧形保护圈，2号位队员内撤，1号位队员保护后场（图2-3-18），其他位置进攻时，保护阵型也可按同样方法布局。

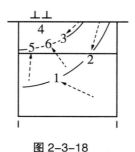

图2-3-18

（4）接球、垫球防守。

在对方无法组织进攻，被迫用传、垫球时采用。其防守阵型与无人拦网防守阵型基本相同，前排除二传队员外，其他队员都迅速后撤，准备接球后组织反攻。

（三）攻防转换

1. 由进攻转入防守

当球扣入对方区后，进攻的一方应立即转入防守状态。在球扣过网或二传不慎传球过网后，前排队员应迅速靠网前站位，准备拦网；后排队员由上前保护扣球，迅速退守原位，准备防守。其阵型一般有"三一二"站法和"三二一"站法两种。前者适用于"心跟进"防守阵型，后者适用于"边跟进"防守阵型。

2. 由防守转入进攻

在对方扣球过网后，防守一方在防守的一刹那就转入了进攻。这是由于后排队员在防守来球时，必须根据本队所采用的进攻战术，有目的地将球传到预定目标，并根据保护扣球的部署，立即跟进保护前排队员进攻。前排参加拦网的队员，在完成拦网动作之后，必须立即转身或后撤，准备接应或反攻扣球。前排未参加拦网的队员，在后撤防守后，转入接应或反攻扣球。

（四）战术的练习方法

1. 个人战术的练习

个人战术的练习可安排在基本技术的练习中或穿插在集体战术中结合练习。

2. 集体战术的练习

（1）确定战术形式，设想完成战术过程的全貌。

（2）掌握战术所需要的技术，不断掌握和提高符合战术要求的技术，同时培养战术意识。

（3）技术串联预先配合练习，可做 2～3 人到 4～5 人的小配合练习。

（4）全队战术练习，在掌握技术与小配合的基础上，进行全队战术练习。

（5）在比赛中，练习、巩固和提高战术水平。

体育思政课堂

中华人民共和国成立后，排球运动在我国得到快速发展。1954 年，国际排球联合会接纳中国排球协会为正式会员。此后，中国排球队参加了一系列国际重大比赛，并创造了平拉开、前飞、背飞等新技术。1981—1986 年，中国女排包揽了世界三大排球赛事的金牌，创造了"五连冠"的奇迹，为祖国争得了荣誉。中国女排又在 2003—2019 年的世界大赛中五度夺冠，极大地振奋了中国人的精神。2019 年 9 月 30 日，习近平总书记在会见中国女排代表时提出了"祖国至上、团结协作、顽强拼搏、永不言败"的新时代女排精神。2021 年 9 月，党中央批准了中央宣传部梳理的第一批纳入中国共产党人精神谱系的伟大精神，其中就包括"女排精神"。中国女排所体现出来的不怕苦、不怕累、顽强拼搏、永不放弃的奋斗精神激励着一代代中国人不断奋斗。

第三章

小球俱乐部指导

第一节　乒乓球运动

一、乒乓球运动基本技术

（一）握拍法、基本站位与基本姿势

1. 握拍法

握拍法如图 3-1-1 所示。

（1）直拍握法。拇指第一指节和食指第二指节分别压住球拍两肩，拍柄压住虎口（两指指间距离适中）；中指、无名指和小指自然弯曲成斜形重叠，中指第一指节侧面顶住球拍背面上端 1/3 处。

（2）横拍握法。中指、无名指和小指自然地握住拍柄，拇指在球拍的正面轻贴于中指旁边，食指自然伸直斜贴在球拍的背面。深握时，虎口紧贴球拍；浅握时，虎口轻微贴拍。

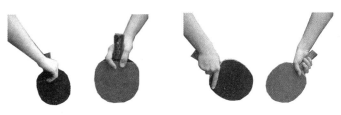

直拍握法　　　　　　横拍握法

图 3-1-1

2. 基本站位

（1）快攻打法和弧圈球打法的基本站位。距离球台 50 厘米以内，左脚稍前或两脚平行站立，位于球台中间偏左处。

（2）两面攻打法的基本站位。距离球台 50 厘米以内，两脚平行站立，位于球台中间位置处。

（3）攻削结合打法的基本站位。距离球台 70 ～ 100 厘米，两脚平行站立，位于球台中间稍偏左处。

3. 基本姿势

两脚开立，比肩稍宽，适度收腹含胸，两腿膝关节微屈，两脚脚跟稍提起，均以前脚掌内侧着地，上体略前倾，身体重心置于两脚之间。下颌稍向内收，两眼注视来球。持拍手臂自然弯曲，置于身体右侧，手腕适当放松。

（二）发球技术

发球是乒乓球比赛中唯一不受对方来球限制的技术，它可以让参与者最大限度地实现自己的战术意图，具有较强的主动性。因此，发球成了乒乓球竞赛中创造得分机会的主要技术。

1. 正手平击发球

身体距离球台约 40 厘米，两脚开立，略宽于肩，左脚稍前。左手将球向上抛起，上体稍右转，同时右臂内旋，使拍面稍前倾，向右后方引拍。当球从高点下降至稍高于球网时，击球的中上部，向左前下方挥动，以向前发力为主。击球后迅速还原。（图 3-1-2）

图 3-1-2

正手平击发球

2. 反手平击发球

身体距离球台约 40 厘米，两脚开立，略宽于肩，右脚稍前。左手将球向上抛起，上体稍左转，同时右臂外旋，使拍面稍前倾，向左后方引拍。当球从高点下降至稍高于球网时，击球的中上部，向右前下方挥动，以向前发力为主。击球后迅速还原。（图 3-1-3）

图 3-1-3

反手平击发球

3. 正手发奔球

靠近球台站立，左手将球向上抛起，同时右臂内旋，使拍面稍前倾，前臂手腕自然下垂，肘关节高于前臂，上体略向右转，身体重心移至右脚，向右后方引拍。当球从高点下降至近于球网高度时，击球的右侧中部向右侧上方摩擦，触球瞬间拇指压拍，

正手发奔球

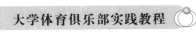

手腕从右后方向左上方抖动。击球后，挥拍手臂尽可能制动，停止随挥动作。

4. 反手发奔球

靠近球台站立，右脚稍前，左脚稍后，身体略向左偏斜，左手掌心托球置于身前偏左侧。左手将球向上抛起，同时右臂外旋，使拍面稍前倾，上臂自然靠近身体左侧，向身体左后方引拍，身体重心在右脚。当球从高点下降至低于网高时，击球的左侧中上部，触球瞬间前臂加速向左前上方横摆，手腕弹击摩擦球，腰部配合向右转动，球击出后第一落点接近自己端线。手臂继续向右前上方挥动，调整身体重心，迅速还原。

5. 正手发下旋加转球与不转球

身体靠近球台，左脚稍前，左手掌心托球置于身体右前方。左手将球抛起的同时，腰向右后转，右臂向后上方引拍，使拍面后仰，直握拍手腕伸展，横握拍手腕略向外展。当球从高点下降至稍高于网或与网同高时，以腰带动前臂加速向左前下方挥动，同时手腕作屈并内收，以球拍远端（拍头）触球，击球的中下部向底部摩擦。不转球与下旋加转球的区别：手臂外旋幅度小，减小拍面后仰角度，以球拍中后部偏右的地方触球，击球的中部或中下部，减少向下摩擦球的力量，近似将球向前推出，使击球的作用力接近球心，从而形成不转球。球发出后，挥拍动作尽可能停住，以利于还原。（图3-1-4）

反手发奔球

正手发下旋加转球与不转球

图3-1-4

6. 反手发下旋加转球与不转球

身体靠近球台，右脚稍前，左手掌心托球置于身体左前方。左手将球抛起的同时，腰向左后转，右臂向左后上方引拍，使拍面后仰，直握拍手腕屈曲，横握拍手腕略向外展。当球从高点下降至稍高于网或与网同高时，以腰带动前臂加速向右前下方挥动，同时直握拍手腕作伸，横握拍手腕内收，以球拍远端（拍头）触球，击球的中下部向底部摩擦。反手发下旋加转球与不转球的动作区别与正手发下旋加转球与不转球的动作区别类似。控制动作幅度，迅速还原。

7. 正手发左侧上（下）旋球

站位近台，左脚在前，右脚在后，身体侧向球台，身体重心下降。左手将球向上抛起，同时右臂向右后方引拍，直握拍手腕略后伸，横握拍手腕略外展，腰部略向右转动。当球下降至接近网高时，前臂加速向左前方挥摆，触球时手臂、手腕发力，直握拍手腕略屈，横握拍手腕略内收，腰部配合向左转。发侧上旋球时，拍面略微立起，击球的中部向左侧上方摩擦。发侧下旋球时，拍面略后仰，击球的中下部向左侧下方摩擦。控制随势挥拍，迅速还原。

反手发下旋加转球与不转球

正手发左侧上旋球

反手发右侧上旋球

8. 反手发右侧上（下）旋球

站位近台，左脚在前，右脚在后（或两脚平行）。左手将球向上抛起，同时右臂向左后方引拍，拍面适当后仰，腰部向左转动。左脚稍抬起，身体重心移至右脚。当球下降至接近网高时，前臂加速向右上方挥摆，直握拍手腕伸展，横握拍手腕内收，腰部配合向右转。发侧上旋球时，拍面略微立起，击球的中部向右侧上方摩擦。发侧下旋球时，拍面略后仰，击球的中下部向右侧下方摩擦。控制随势挥拍，迅速还原。

（三）攻球技术

攻球技术是乒乓球技术中最重要的得分技术之一。它在击球方式上以撞击为主，因此具有击球速度快、动作幅度小、进攻性强的特点。攻球技术可分为正手攻球技术和反手攻球技术。现代乒乓球技术中每一部分又进一步细化为快攻、快点、快拉、快带、突击、扣杀、挑打、滑板等技术。每种技术有着不同的特点和战术目的，要掌握全面的攻球技术，首先必须掌握好基本的攻球技术。下面重点介绍正手、反手攻球的基本技术。

1. 正手攻球技术

（1）正手快攻。

左脚稍前，身体距离球台约40厘米。持球手臂自然弯曲并做内旋，使拍面稍前倾，身体重心移至右脚，前臂横摆引至身体右侧后方。右脚稍用力蹬地，腰、髋略向左转动，右臂以上臂带动前臂快速向左前方挥动迎球，在球的上升期（或高点期）击球的中上部，触球瞬间前臂迅速收缩，以向前打为主，略带摩擦，手腕辅助发力，身体重心由右脚移至左脚。注意击球后迅速还原。

（2）正手扣杀。

左脚稍前，站位距离球台远近视来球时间长短而定。持球手臂自然弯曲并做内旋，使拍面稍前倾，球拍成半横状，随着腰、髋的转动，手臂向后移动将球拍引至身体右后方，适当加大引拍距离。借助腰、髋的转动及腿的蹬力，带动手臂向前迎球。当来球跳至高点期（位置合适可在上升期），右臂以上臂带动前臂同时加速向左前下方发力，拍面前倾击球的中上部。以撞击为主，略带摩擦（近网除外），击球后身体重心由右脚移至左脚。扣杀后，迅速还原，准备连续扣杀。（图3-1-5）

图 3-1-5

2. 反手攻球技术

（1）直拍反手快攻。

身体距离球台40～50厘米，右脚稍前。身体略左转，使腰部扭紧，右肩略下沉，右前臂后引球拍至身体左侧，略高于来球。以腰、髋的突然转动的力量，带动前臂向右前方用力。上臂贴近躯干，肘部内收，在球的上升期或高点期击球的中上部。手腕和食指压拍，中指在拍后，选定用力方向后将球击出。击球后迅速还原。

（2）横拍反手快攻。

靠近球台，右脚稍前。身体略左转，右肩前顶略下沉，拍向左侧后引至腹前，肘部

正手近台攻球

正手扣杀

拓展：反手近
台攻球

前顶，手腕稍后屈，拍面前倾，拇指抵住球面。腰、髋略向右转动，右臂以前臂带动上臂由左后向右前上方挥动，击球点在体前偏左侧方，在球的上升后期或高点期击球的中上部，击球以前臂发力为主。击球后迅速还原。（图 3-1-6）

图 3-1-6

（四）推挡技术

推挡是我国直拍快攻打法的基本技术之一，特别是在左推右攻打法中占有极其重要的地位。推挡可分为平挡、快推、加力推、减力挡、推下旋、推侧旋等。下面主要介绍前 4 种。

1. 平挡

上臂自然贴近身体，拍面稍前倾，将球拍引至身体前方，在球的上升期触球的中部或中上部。击球瞬间以前臂和手腕轻轻用力向前上推出，主要借助来球的反弹力将球挡回（回击弧圈球时，球拍须高于来球，在球的上升后期击球）。

平挡

2. 快推

上臂和肘部内收，自然靠近身体右侧，以肩为轴，将球拍引至身体前方。当来球跳至上升期时，前臂和手腕迅速向前略向上推出，拍面稍前倾，击球中上部。以前臂和手腕发力为主，并适当借力。

快推

3. 加力推

以肩为轴，屈肘引拍向后，将球拍引至身体前方较高处。拍面稍前倾略收腹。当来球处于上升后期或高点期时，上臂、前臂和手腕加速向前下方推压，腰、髋向左转动配合发力，击球中上部，中指的第二指节用力顶拍。

加力推

4. 减力挡

击球前身体重心略升高，稍屈前臂，球拍保持合适的前倾角度。当来球刚刚弹起就触击球的中上部，触球瞬间有意识地做手臂和手腕后收的动作，在削弱来球反弹力的同时，借来球的力量将球挡回去。

（五）搓球技术

搓球技术是近台还击下旋球的一种基本技术，可用该技术为拉弧圈球创造条件。将搓球技术与攻球技术结合起来可以形成搓攻战术。搓球在接发球时可以有效地过渡，为自己下一板创造进攻机会。

1. 慢搓

（1）反手慢搓。

右脚在前或两脚平行站立，身体距离球台 40～50 厘米。手臂外旋使拍面后仰，

反手慢搓

前臂向左上方引拍至胸前，横握拍手腕适当外展，直握拍手腕稍屈，拍头指向斜上方。当来球跳至下降前期，前臂带动手腕加速向右前下方用力摩擦球，拍面后仰击球中下偏外侧的部位。击球后，前臂顺势前送，并迅速还原。（图3-1-7）

（2）正手慢搓。

正手慢搓的动作与反手慢搓的动作相同，只是方向相反。

图3-1-7

正手慢搓

2.快搓

（1）反手快搓。

两脚平行或右脚稍前站立，身体靠近球台。肘部自然靠近身体，后引动作幅度较小，拍面稍后仰。当来球跳至上升期，利用上臂前送的力量，前臂和手腕配合，借力结合发力，触球的中下部并向前下方用力摩擦。击球后，迅速还原，准备下一板击球。（图3-1-8）

图3-1-8

反手快搓

（2）正手快搓。

正手快搓的动作与反手快搓的动作相同，只是方向相反。

（六）弧圈球技术

弧圈球技术是现代乒乓球技术中最主流的进攻技术之一，其特点是将球的速度和旋转有效地结合起来。

1.正手弧圈球

判断来球，确定拉球时间和拉球部位。两脚开立，左脚稍前，收腹、含胸、屈膝使身体重心降低，身体重心落在两脚之间。腰、髋向右转动，身体重心置于右脚前脚掌，右肩略下沉，左肩自然转向来球方向，右腿屈膝程度加大，前臂自然下垂，通过转腰带动上臂、前臂经腹前向右侧下方移动，将球拍引至身体右侧腰部下方稍后处。手臂自然放松，肘关节夹角保持在150°～170°。右脚蹬地，髋关节适当前顶，腰部带动上臂向左转动，前臂向左前上方挥动击球。通常击球的中部或中上部（如果增加

正手快搓

正手削加转
弧圈球

侧旋可向球略偏右处击，并带侧向摩擦），前臂和手腕在即将触球时迅速内收，手指在触球瞬间抓紧球拍。来球下旋强烈或击球点较低时，多向上摩擦；在保证击出必要飞行弧线的前提下，可增加撞击的力量以增强球的前冲力。击球后，手臂继续顺势挥动，身体重心移至左脚后，迅速还原。

2. 反手弧圈球

反手弧圈球的动作原理与正手弧圈球的动作原理类似。除左右方向相反外，还需注意两点：① 近台反手拉球时，站位基本上以左脚在前为主；中远台拉球时，站位多以两脚平行或右脚稍前为主。② 反手拉球时，在引拍阶段，肘部要稍微离开身体，放在身体外侧，以确保球拍在身体前有一定的击球空间。近台拉球时，引拍动作幅度不宜过大。

反手削加转
弧圈球

二、乒乓球运动基本战术

（一）发球抢攻战术

1. 侧身正手发左侧上旋或下旋球后抢攻

侧身正手发左侧上旋或下旋球后抢攻，通常发左侧旋球至对方反手位近网、反手底线大角、中路偏反手底线或追身，以及正手小三角短球，再配合一板直线急长球。对方侧身轻拉至本方反手，本方可用推挡加力或快压直线，也可侧身攻（以速度为主）直线，迫使对方扑救正手位，再寻机发力攻。若对方用反手推、拨或轻挂至本方反手位，本方可压制其中路，打追身球。若对方直接回至本方正手位，本方可用正手快带一板斜线到对方正手大角，然后等正手位做连续进攻的准备。

2. 正手发转与不转球后抢攻

正手发转与不转球后抢攻，通常可发至对方中路或发正手近网短球，配合反手长球。开始以发加转下旋为宜，以使对方不敢轻易抢攻，待对方缩手缩脚后，再转为发不转球与加转球配合，令对方无所适从。如果对方接加转球技术差，则可多发加转，反之，可多发不转。不转球一般先发短距离的，或者发至对方进攻能力较差的一侧，如果对方接得不好，还可尝试发至对方正手位或适当发些长距离的。如果能发成似出台非出台的球，效果最佳。

3. 反手发右侧上旋或下旋球后抢攻

如果本方的正反手都有一定的进攻能力，不妨掌握反手发右侧上旋或下旋球后抢攻战术，以增加球路的变化。可用反手发至对方中路偏正手为主，配合两大角长球。当发球落点偏对方正手位时，对方常会轻拉直线，这时本方可用反手抢攻两大角。如果发球落点偏对方反手位，还可伺机侧身抢攻。

（二）搓攻战术

1. 先搓反手大角再变直线

当对方不擅长反手进攻时，本方可以盯住对方这一弱点，连续用快搓或加转搓将球击至对方反手大角。当对方注意力完全集中在反手位或准备侧身抢攻时，突然搓直线到对方正手位大角，再伺机抢攻。

2. 交替搓转与不转后抢攻

如果本方对搓球的旋转感觉很好，可以先搓强烈加转下旋球，再配合假动作搓不转球，待对方回击出机会球时再上手抢攻。通常来说，只用旋转的变化很难完全压制对方，最好再配合球落点的变化。

3. 搓对方薄弱环节后抢攻

一般来讲，虽然对方拥有一定的搓球能力，但是不可能每个环节的搓球都能应对自如，总会有某些薄弱环节存在，如近网短球、底线长球或正手位的搓球等。即使单项环节上没有漏洞，组合环节中也难免会有相对薄弱之处，如短球与长球交替的搓球等。因此，本方可以在对方薄弱环节出现后进行抢攻，以获得主动或直接得分。

（三）对攻战术

1. 连压反手，伺机抢攻

当对方反手能力较差或进攻能力不强时（如直拍），可用推挡、反手快拨或弧圈球连续压对方反手，伺机压一板中路、大角或加力，迫使对方回球质量不高，然后再突然用正手进攻。

2. 压反手变正手

如果对方侧身的意识和能力很强，这时再连压其反手位就可能适得其反，而要主动采取伺机变正手的方式，既可偷袭对方的正手位空当，又可牵制对方的侧身抢攻，一举两得。如果自己的反手能力不如对方，而自己的正手进攻能力较强，则可主动变线形成正手对攻。如果自己的反手能力明显强于对方，可在变对方正手位时直接得分或占据明显主动。

3. 调正手压反手

当对方左半台进攻能力较强，压对方反手位不见效果时，或者对方正手位进攻能力不强时，再或者对方的反手位只能近台不擅离台，只有速度缺乏旋转时，可先主动进攻对方正手位，将其调动到正手位后，再进攻其反手位。

4. 压中路配合压两大角

压中路配合压两大角战术在对阵横拍选手或横打使用率高的直拍选手时极为有效。压中路时最好能轻重结合，先加力将对方逼退至台后，再减力将对方诱到台前。当对方正手或反手实力明显偏弱时，可将压其中路与压其相对较弱的一面相结合。如果对方擅长侧身抢攻，可将压其中路与调其正手相结合。

（四）接发球战术

1. 接发球抢攻

接发球抢攻是最积极主动的接发球方法，在无遮挡发球规则下，世界各国的优秀乒乓球选手越来越重视接发球抢攻战术的重要性。其中，短球可用快点来抢攻，长球或半出台球可用抢攻或抢冲来抢攻。两面攻的选手则可发挥其两面抢攻的特长。

2. 用拉、拨或快推的方法将球回击至对方弱点处，争取形成对攻的相持局面

在难以完成高质量的接发球抢攻时，可先将球拉（或拨与快推）至对方不易反攻处，继而形成相持局面。相持能力强的选手常采用此战术。

3. 以摆短为主，结合劈两大角长球，争取下一板的主动上手或反攻

此战术主要用于接对方发过来的强烈下旋球或下旋短球，以控制对方的直接抢攻和抢拉。运用此战术时，接发球后要尽量主动上手，避免连续搓过多板。对于对方发来的侧上旋球或不转球，本方不宜用搓接回球，以免回球过高被对方抢攻。

体育思政课堂

　　乒乓球被誉为中国的"国球"。中国国家乒乓球队成立于1952年，经历了由弱到强、持久昌盛的发展历程。中国国家乒乓球队是中国体育军团的王牌之师。在2008年北京奥运会上包揽全部4枚金牌之后，在2012年伦敦奥运会和2016年里约热内卢奥运会上再次包揽全部金牌。在2020年东京奥运会上，中国国家乒乓球队不仅取得了4金3银的佳绩，还创造了男子单打四连冠、女子单打九连冠以及男子团体、女子团体四连冠的新纪录。

　　我国乒乓球运动有完备的人才培养体系，有强大的人才储备，也有强大的教练队伍，涌现了容国团、刘国梁、马琳、王励勤、王皓、马龙、许昕、樊振东、邓亚萍、张怡宁、王楠、李晓霞、丁宁、陈梦等一大批优秀运动员。这些优秀的乒乓球运动员顽强拼搏，在历次世界大赛中获得众多冠军头衔，持久地激发着人们的爱国热情，提升着人们的民族自豪感。大学生学习乒乓球是一项很好的爱国主义教育活动。

第二节　网球运动

一、网球运动基本技术

（一）握拍方法

　　现代网球运动的握拍方法有东方式握拍法、大陆式握拍法、西方式握拍法和反手双手握拍法。（图3-2-1）

1. 东方式握拍法

　　（1）东方式正手握拍法。

　　以右手持拍为例。左手先握住拍颈，使拍面与地面垂直，然后右手手掌也垂直于地面，在齐腰的高度与拍柄相握。手指朝下，拇指置于中指旁边，食指稍分开。

　　（2）东方式反手握拍法。

　　以右手持拍为例。在东方式正手握拍法的基础上，手掌移到拍柄上部，食指关节跨在右斜面上部，拇指放在拍柄左侧，以在击球时起到稳定作用。

2. 大陆式握拍法

　　以右手持拍为例。与东方式握拍法不同之处是，大陆式握拍法正反手击球都无须换握拍，手掌大部分放在拍柄顶部的小右斜面上。

3. 西方式握拍法

　　西方式握拍法俗称"大把抓"。以右手持拍为例。将球拍平放在地面上，用手在拍柄顶端顺手一把抓起，便是西方式握拍法。正反拍均不换握法，且用同一拍面击球。

4. 反手双手握拍法

　　以右手作主力手为例。右手用东方式正手握拍法，左手握拍柄于右手上方。

　　上面介绍的几种握拍法，各有特点，运动员可根据不同的击球技术，采用不同的

西方式握拍法

握拍方法。无论采用哪种握拍法，都要根据个人情况，在实践中加以试验和应用，从而确定最适合自己的握拍法。

东方式正手握拍法　东方式反手握拍法　大陆式握拍法　　西方式握拍法　　反手双手握拍法

图 3-2-1

（二）正手击球

1. 准备动作

面对对方场区，两脚开立略宽于肩。两膝微屈，上体略前倾，两脚脚跟稍抬起，身体重心位于两脚之间。右手握拍柄，左手扶着拍颈部位，持拍于体前。两眼注视来球。

2. 击球动作

以左脚为轴开始向右后方转身并向后拉拍，拍头高于手腕，左臂自然前伸以保持身体平衡。在开始向前挥拍时，左脚向击球方向迈步，以肩为轴向前挥拍，拍面在击球时与地面垂直，并尽量使拍面和球有较长时间的接触。在击球后，球拍应继续随球挥动，随挥动作结束在左肩后方，右腿摆动跟进，身体随即恢复成准备姿势。（图 3-2-2）

图 3-2-2

（三）反手击球

1. 单手反手击球

（1）准备动作：同正手击球的准备动作。

（2）击球动作：击球者向左侧转体、转肩并变换成东方式反手握拍法，向后引拍，右脚向左前方跨步，右肩对网，身体重心前移。球拍先向前再向上挥拍击球，击球点在右腿前腰部高度，击球时拍面垂直于地面，挥拍轨迹朝目标方向由下至上。随挥动作结束在身体的右前方。（图 3-2-3）

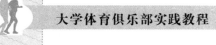

图 3-2-3

2. 双手反手击球

（1）准备动作：同单手反手击球的准备动作，只是两手握在拍柄上。

（2）击球动作：击球者转肩、向后拉拍并变换握拍。身体重心转移到左脚上。球拍拉向后方并低于来球高度，右脚向来球方向迈出。两手向前挥动并击球，击球点比单手反手击球的击球点略靠后，击球时右臂伸直，拍面垂直于地面。击球后球拍应沿目标方向继续挥出，动作完成时两手高于肩。

（四）截击球

截击球是指来球在空中飞行、还没有落地就被击回的一种打法。通常，击球者在球网和中场之间进行截击。

1. 正手截击球

打截击球应该采用大陆式握拍法，不需要换握拍，能配合截击球所需的速度。

肩部稍做转动，球拍与肩平行，向后引拍动作要稳定，位置不得超过肩。在向前挥拍的同时，用左脚朝球飞行的方向迈步，保持手腕固定，并在身体前方击球。随挥动作时间要短，以便快速归位准备接下一个球。

2. 反手截击球

肩部稍做转动，球拍与肩平行；向后引拍动作要稳定，在向前挥拍时右脚朝球飞行的方向迈出；保持手腕固定，并在身体前方击球。随挥动作时间要短，以便快速归位准备接下一个球。

（五）发球

在现代网球运动中，发球是重要的技术之一，是唯一由自己掌握的击球技术，一分的得失常与发球质量的好坏有直接关系。发球既可以直接得分，又可以为进攻创造条件。（图 3-2-4）

1. 握拍

采用大陆式握拍法。

2. 准备动作

两脚开立，与肩同宽，在端线后侧身站立。右脚与端线基本平行，左脚脚尖正对右网柱。手腕和手臂放松，握拍于身体前，左手在拍颈处握住拍。

3. 抛球

左臂放松，左手持球，自然、平稳地向上抛球，抛球和挥拍几乎是同时进行的；

反手截击球

发球技术

手臂达到肩部高度时，手指自然松开，让球借助惯性自然上升。抛球的高度要合适，在最高点击球最好。

4. 击球动作

两手臂同时向下和向上运动，球从伸展的左手中向上竖直抛出，在身体前面和左脚上部，持拍臂弯肘上举。抛球后，身体开始向前转动，球拍在身后做绕环动作，接着向前挥动击球。尽量伸展身体，在最高点击球，击球的后部（拍面与球垂直）。击球时，身体重心前移。手臂的随挥动作结束在身体左侧。

图 3-2-4

（六）高压球

高压球是击球者对对方挑来的高球加以扣杀的一种技术。

采用大陆式握拍法，抬头注视来球，侧身转体，用短促的垫步调整位置，左手高举，使拍头指向击球点，右手举起球拍向后引拍，球拍后摆做搔背动作，球拍在右肩的前上方对准球心挥出，击球臂继续伸直跟进摆动，随挥动作结束在身体左侧下方。

高压球

（七）挑高球

挑高球可分为防守性挑高球和进攻性挑高球两种。防守性挑高球是为了赢得时间，摆脱困境。进攻性挑高球是在对方上网时，将球挑到对方后场较深处，使之被动防守或出现失误。

准备时，将球拍充分地后摆。击球时，向上挥拍击打球的下部，手腕绷紧，挥拍动作要尽可能地向前、向上送出。

挑高球

（八）放小球

放小球通常采用大陆式握拍法。放小球的准备动作同正反手击球的准备动作。侧身对网，利用前臂带动手腕的力量使球拍摩擦球的下部，缓冲球的前冲力量，使球随着球拍的下切动作向后旋转。正反拍都可以放小球，动作方法相同，要领是突然性和隐蔽性，不能让对方看出自己的意图。

（九）接发球

接发球是网球运动中较难掌握的一项技术。一次错误的回击常常会使自己失去一分，相反，一个巧妙的接发球则可以打掉发球者进攻的锐气，减少被动，甚至可以化被动为主动。

在接发球的全程中，眼睛要始终注视来球，直到完成回击动作。接发球时不要做大幅度的后摆动作，主要是控制好拍面的角度，并紧握球拍以免球拍被振而转动。选择好的落点，对控制对手发球后抢攻有重要意义。

二、网球运动基本战术

（一）单打比赛基本战术

通常在单打比赛开始时，双方都会用自己最擅长的技术迎战。在摸透对方的战术后，则改变战术策略，使对方失去节奏、大量消耗体力，以达到最终赢得比赛的目的。

1. 发球战术

发球是最不受对方制约的战术，要充分利用，争取拿下自己的发球局，掌握主动权。一成不变的发球战术会使对方很容易适应，并找到应对的方法。因此，发球战术应内角、外角、中路三种路线相结合，上旋球、侧旋球、平击球变化使用。

2. 接发球战术

面对对方的高速发球，不要急于加力回球，以免造成较多失误。如果对方反手较弱，那就打对方的反手；对方发球动作幅度较大，那就打追身球，令其没有时间调整步法。最终化被动为主动。

3. 发球上网战术

如果发球员能准确、快速地发出外角球，那就要快速准备上网。注意不要直接冲到近网处，造成己方没有回旋的余地，可在发球线附近停顿一下，仔细观察对方回击球的情况，再采取下一步行动。上网的要点是选择适当的时机，把球发到外角时，对方接球的另一侧是空场，也就是说，对方要想把球回到场内，就必须把球从靠近发球区一侧的球网上方回过来，否则球一定出界，只需防住发球的这个区域的来球就可以；如对方的回球质量不高，可以截一个深球或放一个小球到对方的空场区轻松得分。

（二）双打比赛基本战术

双打比赛和单打比赛有很大的差别，双打更多地依赖配对的两个球员的默契配合及网前的截击技术。网球双打比赛通常有以下两种常用的战术。

1. 双上网进攻型

双上网进攻型战术是近年来职业网球双打比赛中出现最多的战术。发球方发球后上网，接发球方也采用积极的进攻型接发球上网，双方四人均来到网前，通过小斜线截击或其他方式得分。① 发球者：发出刁钻的一发后上网，在发球线处截击，将球打到接发球方脚下，待接发球方回球时跟进到网前，在网前打出直接得分球。② 接发球者：用进攻型的接发球方法将球回到发球者脚下，同时迅速上网，在发球线处截击，把球打到对方两名球员站位的中间，再来到网前，找机会打出得分球。③ 发球者搭档：根据发球落点，适时调整网前位置，盯住接球方，判断回球方向，及时上前抢网，同时注意防守双打边线和单打边线之间区域的直线穿越球。④ 接发球搭档：在发球线附近，防守发球者搭档的截击球，同时要提防发球方第一次截击球，根据来球，来到网前打出小斜线或高压球得分。

2. 双上网防守型

男子职业选手多采用此战术。在双上网进攻型中，两人若太靠近球网，则无法照顾到挑高球，因此该类型重点是接发球方接发上网后，来到发球线附近，防守发球方的挑高球，且大部分球由此人处理，接发球搭档则伺机打出截击球或高压球得分。① 发球者：发出角度刁钻的一发后上网，在发球线处截击，将球打到接发球方脚下，待接发球方回球时跟进到网前，在网前打出直接得分球。② 接发球者：选择进攻型的接发球，回到发球者脚下，同时迅速上网，在发球线处截击，并把球打到对方中间结合部，同时防守对方打出的挑高球，把得分机会让给网前搭档。③ 发球者搭档：根据发球落点，适时调整网前位置，盯住接球方，判断回球方向，及时上前抢网，同时注意防守双打边线和单打边线之间区域的直线穿越球。④ 接发球搭档：在发球线附近，防守发球者搭档回击的截击球，同时要提防发球方第一次截击球，根据来球，来到网前打出小斜线或高压球得分。

体育思政课堂

网球运动在 19 世纪后期传入中国。中华人民共和国成立后，网球运动得到了进一步发展。1953 年，中国网球协会成立，并在天津市举办了首届全国网球表演赛。1986 年，中国国家女子网球队在第 10 届亚运会的团体赛中夺冠，从此结束了中国在亚运会上无网球金牌的历史。2004 年雅典奥运会，李婷、孙甜甜经过奋勇拼搏，取得了中国体育史上第一个网球双打奥运冠军。2006 年，郑洁、晏紫在澳大利亚网球公开赛女双比赛中击败赛会头号种子选手，夺得中国网球在四大网球公开赛成年组双打比赛中的第一个冠军。在 2008 年北京奥运会网球比赛上，李娜夺得女子单打第四名。在 2011 年法国网球公开赛和 2014 年澳大利亚网球公开赛上，李娜获得女子单打冠军，创造了中国网球运动的历史。

网球运动对运动员在场上的着装和行为都有着严格的要求。大学生参与网球运动和欣赏网球比赛，可以使自己的言谈举止在潜移默化中变得更加得体。

第三节 羽毛球运动

一、羽毛球运动基本技术

（一）握拍法

握拍是打羽毛球的第一个动作，从开始到完成每一个击球动作，握拍的方式都会有所不同。下面以右手执拍为例，介绍两种握拍方法：正手握拍法和反手握拍法。

1. 正手握拍法

左手握住拍杆，使拍框与地面垂直。右手张开，用近似握手的手型，虎口对准拍框，拇指与食指成 V 字形，然后五指自然地贴到拍柄上。（图 3-3-1）

2. 反手握拍法

左手握住拍杆，使拍框与地面平行。拇指上提，顶贴拍柄的宽拍棱上。食指连同

正手握拍法

反手握拍法

其余三指自然贴靠在拍柄上，留有一定的发力空间。（图3-3-2）

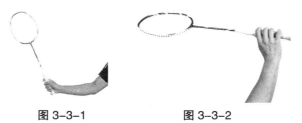

图3-3-1　　　　　　　　图3-3-2

（二）发球

发球不仅是羽毛球运动中一项很重要的基本技术，也是战术的重要组成部分。发球质量的好坏往往直接影响一个比赛回合的主动与被动。羽毛球的发球方法有两种：一种是正手发球；另一种是反手发球。按照发出的球在空中飞行的弧度与落点，发球可以分为后场高远球、后场平高球、后场平射球和网前球。（图3-3-3）

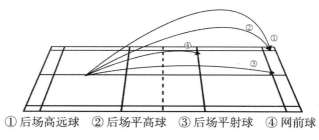

①后场高远球　②后场平高球　③后场平射球　④网前球

图3-3-3

1. 正手发球

正手发球以正手发后场高远球动作为基础。正手发后场高远球是用正手握拍法，以正拍拍面将球击得又高又远，使球飞到对方端线上空后突然改变方向，成直线下落至对方端线附近的一种发球方法。

2. 反手发球

基于动作结构、解剖因素、力量等原因，一般只是通过反手来发网前球和平球。反手发球多见于双打比赛当中。

（三）接发球

1. 单打站位

单打站位一般是在距离发球线1.3～1.5米处，站在右发球区靠近中线的位置（图3-3-4）；在左发球区则站在中间的位置。该站位可以更好地防守自己的反手位置。一般左脚在前，右脚在后，两膝微屈，收腹含胸，身体重心放在左脚上，右脚脚跟稍抬起。身体半侧向球网，球拍举在身前，两眼注视对方。

2. 双打站位

由于双打发球区比单打发球区短0.76米，发高远球易被对方扣杀，双打发球多以发网前球为主。接发球时要站在靠近前发球线的地方（图3-3-5）。双打接发球准备姿势和单打接发球准备姿势基本相同。只是身体前倾程度较大，身体重心可前可后，球拍举得高些，在球飞行到网上最高点时击球，争取主动。但要注意对方在右场

正手发后场高远球

区发平快球突袭反手部位。

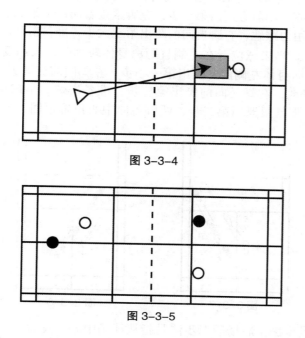

图 3-3-4

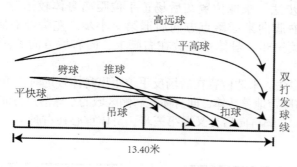

图 3-3-5

3. 接各种发球

对方发来高远球或平高球时，可用平高球、吊球或杀球还击。一般来说，接高远球可以看作一次进攻的机会，还击得好，就掌握了主动。但一些初学者常因后场技术没掌握好，还击球的质量较差，以致遭到对方的攻击。（图3-3-6）

高远球
平高球
劈球 推球
平快球
吊球 扣球
双打发球线

13.40米

图 3-3-6

（四）基本步法

步法在羽毛球运动中占有十分重要的地位，快速、灵活、合理的步法是打好羽毛球、全面提高羽毛球技术水平的重要环节。

1. 步法的组成

羽毛球步法是由垫步、并步、交叉步、小碎步、蹬转步、蹬跨步、腾跳步等组成的。通常，每种步法的移动都是从球场中心开始的。

2. 羽毛球步法的分类

（1）前场上网步法：从中心位置移动到网前击球的步法，称为前场上网步法，可以根据个人习惯采用交叉步、并步、垫步或蹬跨步。

正手接杀球

反手接杀球

接平快球

垫步

并步

正手上网步法。当来球在右侧且距离身体较远时，采用正手三步上网步法。起动后，右脚迅速向身体右侧前方迈出第一步，左脚紧接着向前垫第二步并至右脚脚跟处，同时左脚的前脚掌用力蹬地，右脚再向前跨出第三大步，准备击球。（图3-3-7）

反手上网步法。当来球位置在左侧且距离身体较远时，采用反手三步上网步法。起动后，右脚迅速向身体左侧前方迈出第一小步，左脚向前交叉迈出第二小步，同时左脚前脚掌用力蹬地，右脚又向前跨出第三步，准备击球。击球后，右脚向中心位置撤回第一步，左脚紧跟退回第二步，两脚再向中心位置迈回，最后一小跳步回位。（图3-3-8）

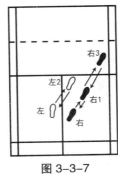
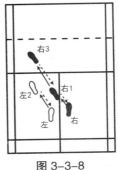

图3-3-7　　　　　　　　图3-3-8

（2）后场后退步法：后场后退步法是指从球场中心位置后退到端线的移动步法，是羽毛球步法中最常用的、也是难度较大的步法动作。基于人的解剖、生理结构等原因，向前总比向后移动容易些，特别是向左场区端线后退，对灵活性和协调性的要求更高。后场后退步法可分为后场正手后退步法、后场头顶后退步法和后场反手后退步法。

后场正手后退步法。来球位置在后场正手位距离身体较远时，采用后场正手后退步法。起动后，右脚向来球落点方向后退第一小步，左脚经右脚往后交叉退第二步，右脚再交叉退第三步，身体重心放在右脚上，向右后方向斜步起跳，准备击球。（图3-3-9）

后场头顶后退步法。来球位置在后场反手位距离身体较远时，可以采用后场头顶后退步法。起动后，右脚蹬地，转体，向身体左后侧区域的来球落点方向后退第一小步，左脚后交叉退第二步，右脚再向后交叉退第三步，身体重心在右脚上，交叉步起跳，准备击球。（图3-3-10）

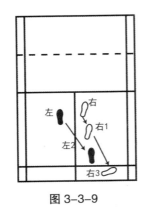
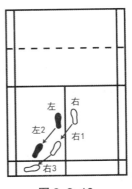

图3-3-9　　　　　　　　图3-3-10

后场反手后退步法。当来球距离身体位置较远，不能采用后场头顶后退步法时，可采用后场反手后退步法。后场反手后退步法以左脚的前脚掌为轴心,右脚蹬地向身体左后侧来球落点方向转体迈出第一小步,左脚紧接其后向左后侧迈出第二步,右脚再交叉向来球落点方向跨出第三步,准备击球。完成击球后,身体重心移至右脚,迅速蹬地转体向中心位置方向迈出第一小步,左脚随即交叉迈出第二步,右脚再向中心位置迈出第三步,迅速回位。(图3-3-11)

(3)中场步法:中场步法是指还击中场球时所使用的左右移动步法。中场两侧移动步法用于接杀球较多,分为向右移动的正手移动步法和向左移动的反手移动步法。中场步法可分为中场正手蹬跨步接杀球步法和中场反手蹬跨步接杀球步法。

中场正手蹬跨步接杀球步法。判断来球方向后,脚掌触地起动,左脚向身体右侧场区边线一侧蹬地,右脚向来球方向转动的同时向前跨一步接球,右脚触地动作与前场交叉步上网步法相似,接球后右脚迅速向中心蹬跳回位。(图3-3-12)

中场反手蹬跨步接杀球步法。起动后,右脚用力向来球方向蹬地,向左侧转髋的同时,左脚向来球方向跨步接球,左脚脚尖外展,脚跟触地,接球后左脚向中心迅速蹬地回位。(图3-3-13)

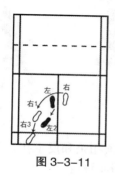
图3-3-11

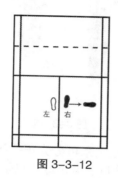
图3-3-12

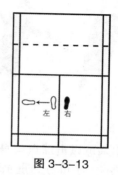
图3-3-13

(五)击球技术

1. 后场击球

发球是一个回合的开始,真正激烈的争夺是在发球后的接发球或发球抢攻及这之后的对拉击球上。因此,合理、协调、有效的击球是运动员夺取最后胜利的最基本的保证。(图3-3-14)

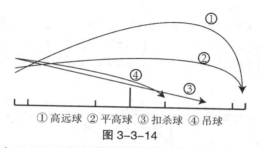
①高远球 ②平高球 ③扣杀球 ④吊球
图3-3-14

(1)后场正手击高远球:用正手握拍以正拍面击出,击球点在右肩前上方的后场。

(2)后场反手击高远球:用反手握拍,以反拍面在后场击高远球。

(3)后场吊球:把对方击来的高球,从后场轻击、轻切或轻劈到对方的近网附近的击球方法。吊球根据其动作方法及球的飞行弧线的不同可分为劈吊、拦吊和轻吊

正手吊球

反手吊球

（其中每一项都包括正手、头顶、反手等方法）。

劈吊击球前动作和打高远球动作相似。击球时用力较轻，带有劈切动作（落点一般距离网较远），当球落到右手臂向上自然伸直的高度时，手腕快速做切削动作，使拍面与球托的右侧或左侧接触而把球击出去就完成了劈吊动作。

拦吊通常是把对方击来的平高球拦截回去。击球时，拍面正对来球，当拍面和球接触时，只要轻轻拦切或点击，球就会以较平的弧线、较慢的速度越过球网垂直下落。

轻吊击球前动作和打高球动作相似。击球时，拍面正对来球，在接触球的一刹那，突然减速轻点或轻切来球，使球刚一过网就下落。

（4）扣杀球：把高球用力向前下方重击、重切或重"点"击球，这种球速度快、力量大。在比赛中，杀球可以直接得分，也可以使对方处于被动防守地位。这一技术是羽毛球进攻中的主要技术之一。（图3-3-15）

图3-3-15

扣杀球以击球点与身体的位置关系可分为正手扣杀、头顶扣杀和反手扣杀；以击球力量的大小可分为重杀球、轻杀球、劈杀球、点杀球、追身杀球等。

头顶扣杀直线球准备姿势同头顶击高球准备姿势。不同之处是挥拍击球时，靠腰腹带动手臂、手腕的鞭打动作，全力往直线下方击球。球拍面和击球方向水平面的夹角小于90°。

头顶扣杀对角线球准备姿势同头顶击高球准备姿势。不同之处在于挥拍击球时，靠腰腹带动手臂、手腕的鞭打动作，全力向对角线下方击球。球拍面和击球方向水平面的夹角小于90°。

2. 前场击球

前场击球技术包括网前的放球、搓球、推球、勾球、扑球、挑球等。其中，搓球、推球、勾球、扑球属进攻技术，要求击球前期动作具有一致性，击球刹那产生突变，握拍要灵活，动作细腻，手腕、手指要灵巧，以控制好球的落点。（图3-3-16）

正手扑球

反手扑球

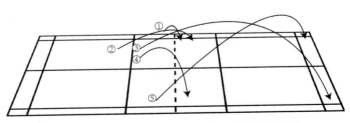

① 前场搓球 ② 放小球 ③ 前场推斜线球 ④ 挑斜线球
图3-3-16

正手推球

网前进攻威胁较大，因球的飞行距离短，落地快，常会令对方措手不及而使己方直接得分。即使己方不能直接得分，也能迫使对方被动回球，创造下一拍的进攻机会。若网前进攻和中场进攻能紧密地配合起来，则能发挥前后场的连续进攻，掌握主动权。

（1）放网前球。

放网前球是将网前区域低手位置的来球击至对方网前区域的前场击球技术。放网前球的来球一般处于低手位，击出的球没有旋转和翻滚，但落点比较贴近球网，这样可以创造有利的进攻形势，营造转机。放网前球可分为正手放网前球和反手放网前球。

正手放网前球：用正手握拍法握拍以正拍面将网前区域或低手位置的来球击至对方网前区域，称为正手放网前球。

反手放网前球：用反手握拍法握拍以反拍面将网前区域或低手位置的来球击至对方网前区域，称为反手放网前球。击球前的动作要领同正手放网前球的动作要领，只是方向相反。反手握拍，以反拍面迎球，击球时，主要靠前臂的前伸、外旋和手腕由内收至外展的合力，轻托球的底部将球轻送过网。击球后，整个动作还原成下次击球的准备姿势。（图 3-3-17）

图 3-3-17

（2）网前搓球。

网前搓球可分为正手网前搓球和反手网前搓球。

正手网前搓球是用正手握拍法握拍，以正拍面将网前位置的来球运用"搓""切"等动作回击到对方网前区域附近的击球方式。

击球前，前臂稍外旋，手腕由后伸至稍内收闪动。击球时，在正手放网前球动作基础上，加快挥拍速度，搓切来球的右下部，使球旋转滚过网。（图 3-3-18）

图 3-3-18

反手网前搓球是用反手握拍法握拍，以反拍面将网前位置的来球运用"搓""切"等动作回击到对方网前区域附近的击球方式。

击球前，前臂前伸外旋，手腕由内收至外展状；搓击球的右侧后底部，使球侧旋滚动过网。另外，还可以前臂稍伸直，手腕由外展到内收，带动球拍向前切送，击球托的后底部，使球下旋滚动过网。

（3）网前勾球。

网前勾球可分为正手勾对角线勾球和反手勾对角线勾球。

正手勾对角线勾球一般采用并步加蹬跨步上网的步法。在步法移动的同时，球拍随着前臂往右前上方举起，前臂前伸的同时，稍外旋，手腕微后伸，这时将拍柄稍向外捻动，使拇指贴在拍柄的宽面上，食指的第二指节贴在与其相对的另一个宽面上，拍柄不触及掌心。击球时，靠前臂稍右内旋往左拉收，手腕由稍后伸至内收，球拍拨击球托的右侧下部，由手腕和手指控制拍面角度，击球后，球拍回收至胸前。

反手勾对角线勾球随着步法移动的同时，手臂向左侧前方平举（注意手臂不要伸直，稍弯即可）。击球时，随着肘部下沉，前臂回收外旋的同时，食指和拇指协调用力捻动拍柄，使拍面拨击球托的左侧后部，将球沿对角线飞越过网。击球后，球拍回收至胸前，为下次来球做积极的准备。

（4）挑球。

正手挑球准备动作同正手放网前球准备动作。击球前，前臂充分外旋，手腕尽量后伸。击球时，从右下向右前方至左上方挥拍击球。在此基础上，若球拍向右前上方挥动，挑出的则是直线高球；若球拍向左前上方挥动，挑出的则是对角高球。（图3-3-19）

图 3-3-19

反手挑球准备动作同反手放网前球准备动作。击球前，右臂向后拉，抬肘引拍。击球时，前臂充分内旋，手腕由屈至后伸闪动挥拍击球。若球拍由左下向左前上方挥动，则球向直线方向飞行；若球拍由左下向右前上方挥动，则球向对角线方向飞行。

3. 中场击球

在羽毛球技术中，除后场击球技术和前场击球技术外，还有介于前后场之间的中场击球技术，其中常见的是中场平抽球技术和中场接杀球技术。中场区域是比赛双方攻守转换的主要区域，双方运动员之间的距离比较近，球在空中滞留的时间比较短。因此，中场击球技术对挥拍击球时球拍的预摆幅度要相对小一些，要突出体现"快"字。

（1）平抽球是将位于身体左右两侧，高度在肩部以下、腰部以上位置的球，用抽击的动作使其过网的技术。平抽球飞行的线路既平又快，是双打的主要技术之一。

（2）接杀球是羽毛球实战中由守转攻的重要环节，较好地掌握接杀球技术，可以从防守反击中得到更多的进攻主动权或直接得分的机会。积极有效的接杀球可以化解对手进攻，达到化被动为主动的目的。接杀球技术可分为接杀放网前球、接杀挑后场高球、接杀勾对角球等。每项技术又可分为正手和反手两种击球方法。

二、羽毛球运动基本战术

（一）单打战术

1. 发球抢攻战术

发球不受对方干扰，发球者可以在规则允许的范围内，以任何方式将球发到对方接球区的任意合理位置；善于利用多变的发球术，先发制人，取得主动；以发平快球和网前球配合，争取创造第三拍的主动进攻机会，这就是发球抢攻战术。

2. 攻后场战术

在比赛中，队员采用重复打高远球或平高球的技术，压对方后场两点，迫使对方处于被动状态，一旦其回球质量不高，便伺机杀球、吊球，一击取胜。

3. 逼反手战术

一般来说，后场反手击球的进攻性不强，球路也较简单。对于后场反手较差的对手要毫不放松地加以攻击。先拉开对方的位置，使其反手区露出空当，然后把球打到其反手区，迫使对方使用反拍击球。例如，先吊球到对方正手网前，对方挑高球，己方便以平高球攻击对方反手区。在重复攻击对方反手区迫使其远离中心位置时，突然吊对角网前球。

4. 四方球突击战术

在比赛中，队员以快速的平高球、吊球准确地打到对方场区的四个角落，迫使对方前后左右奔跑。当对方来不及回中心位置或失去身体重心时，抓住空当和弱点进行突击。

5. 吊、杀上网战术

在比赛中，队员先在后场以轻杀配合吊球把球下压，落点要选择在场地两边，使对方被动回球。对方还击网前球时，便迅速上网搓球或勾对角快速平推球；若对方在网前挑高球，则可在其后退途中把球直接杀到对方身上。

发平射球抢攻战术

（二）双打战术

1. 攻人（二打一）战术

攻人（二打一）战术是一种经常运用且行之有效的战术。当发现对方有一个人的防守能力或心理素质较差，失误率比较高或防守时球路单调，我方可采用这种战术，把球攻到对方技术较差者的一边。这种战术可集中优势兵力以多打少，以优势打劣势，获得主动或得分；有利于打乱对方防守站位；有利于我方突击另一线而成功；有利于造成对方思想上的矛盾而互相埋怨，影响其士气。

2. 攻中路战术

攻中路战术是指，不论对方把球打到什么位置，攻球的落点都应集中在对方两人之间的结合部，且靠近防守能力较差者一侧或在两人中线上。攻中路战术可以造成对方抢球或漏球，也可以限制对方挑出大角度的球，有利于我方网前的封网。

3. 攻直线战术

攻直线战术即杀球路线和落点均为直线，没有固定的目标和对象，只依靠杀球的力量和落点来取得得分。当对方的来球靠边线时，攻球的落点在边线上；当对方的来球在中间区时，就朝中路进攻。这个战术在使用上较易记住和贯彻。杀直线球虽然难

发前场区球抢攻战术

度高一些，但效果不错，便于网前同伴的封网。

4. 后攻前封战术

当我方取得主动攻势时，后场队员逢高球必杀，前场队员积极移动封网扑打。

5. 防守反击战术

防守时，对方攻直线球，我方挑对角平高球；对方攻对角球，我方挑直线平高球，以达到调动对方移动的目的。然后，可采用挡或勾网前球的精巧网前技术迫使对手起球，创造后场进攻机会，达到反守为攻的目的。

体育思政课堂

20世纪初，羽毛球运动传入我国。中华人民共和国成立后，羽毛球项目很快成为我国体育运动的重点项目之一。在我国羽毛球运动的发展进程中，李玲蔚、葛菲、顾俊、张宁、王琳、李雪芮、夏煊泽、鲍春来、谌龙、陈雨菲等一批世界羽坛顶尖高手纷纷涌现，从而奠定了我国羽毛球技术水平在世界羽坛的领先地位。在一系列世界羽毛球大赛中，这些优秀的运动员为我国夺得了众多的金牌，创造了我国羽毛球运动历史上的辉煌。

大学生经常参加羽毛球运动，可以使自己的反应更加灵敏，协调性变得更好，提高自己在日常生活中的应急应变能力，更好地应对困难和挫折。

第四节　高尔夫球运动

一、基本技术

（一）握杆

握杆是指球员手握住球杆的位置和方法。可以说握杆的正确方法，取决于杆面瞄准的方向，而球击出后飞行的方向，取决于杆面瞄准的方向。因此，想要精准地击球，就一定要建立正确的握杆方式。初学高尔夫球者绝对不可忽视握杆。

拓展：棒球式握杆

（二）击球准备姿势

1. 侧面动作

侧面动作：① 抬头挺胸，两脚打开，垂直拿着球杆；② 慢慢放下球杆，在腋下碰到身体时停止动作；③ 慢慢倾斜髋关节以上的上体；④ 维持手臂的角度，身体再度前倾，两膝轻松舒适的弯曲。保持腋下和膝关节的位置在拇指肚之上。（图3-4-1）

拓展：重叠式握杆

2. 正面动作

正面动作：① 左臂保持放松，自然下垂握住球杆；② 右手从旁握出，轻松地握杆；③ 两脚的宽度因杆而宜，球杆越短，两脚距离越小，如握6号铁杆时，两脚开立与肩同宽。（图3-4-2）

击球准备姿势

图 3-4-1

图 3-4-2

（三）挥杆

1. 起杆

开始拉动球杆的动作是挥杆的关键。注意运用肩部的力量带动手臂挥杆。

2. 上杆

上杆时，左脚、左膝和左肩成一条直线，要大幅度转动上体。注意挥杆的节奏，不可以突然变快，不可以用手挥杆。脸稍微右转，大幅旋转上体，用开始挥杆时的速度将球杆带到上杆顶点，感觉将左肩从左脚拉开般大幅旋转。

3. 下杆

上杆顶点是挥杆的回转点，在回转点时不要转动腰部，要保持腰部平行移动。接下来要做下杆，但这时不能用手臂的力量挥杆。要先让腰部平行移动到目标方向，左膝回到准备动作的位置，让身体重心移到左脚后再挥杆。

4. 击球瞬间

集中精神将速度传到目标方向。在身体向左移动的过程中，想象将球径直地击到目标方向是一种有效提高球杆动作效率的方法，这和理想的击球姿势与杆头的加速度有关。如果是想象将球杆推到锐角或是想象把球打高，则会使速度分散。

5. 送杆

送杆是将球杆加速挥向因腰部转动而产生的左边空间。击球后的瞬间，杆头会像是要超越两手般加快速度，腰部持续保持转动，这时身体左侧会产生空间，使球杆在击球后继续向内侧挥动。但不能过度挥动造成左腋下产生空间。在右手不勉强的情况下，将右手放在左手前挡住左手的力量，肩膀便会顺畅地跟着转动。

6. 收杆

左脚站立，身体重心全放在左脚上。收杆是挥杆的终点。这时，保持身体平衡是决定击球效果的关键。右脚脚尖着地，胸部、右膝和右脚脚背朝向目标方向做好动作。收杆的动作稳定，挥杆也会随之稳定。

（四）开球

开球不但要将球打远，而且要根据赛场的情况，采取不同的方法击球入洞。对于高尔夫爱好者来说，开球杆杆身最长，能够提高杆头速度，将球击得更远，但也最难控制。开球可以使用 1 至 4 号木杆，许多职业选手选用 1 号木杆来开球，但 1 号木杆杆头最小，几乎没有倾斜面，容易出现失误。因此，初学者可以选用 2 号木杆来开球。

挥杆

开球

二、铁杆

铁杆是进攻目标的球杆。球员想要打好铁杆，必须先形成稳定的击球准备姿势，然后找出每支铁杆的站姿及球位。

1. 铁杆的站姿

理想的两脚站立位置取决于所使用球杆的杆身长度。使用 3 号铁杆时，两脚与球的距离最远，背部较挺直；使用更短的 6 号铁杆时，站立位置要离球近些，弯腰的幅度也相对较大；使用杆身更短的 9 号铁杆时，则须站得离球位更近，弯腰幅度加大，以击出陡直的高挥杆轨道。

2. 铁杆的球位

使用击远距离球效果最好的 3 号铁杆时，球位和使用木杆时相似。9 号铁杆触击时的击球面倾斜角度须较小，因此球位要往后移一些，才能扎实地击出球。6 号铁杆需要的击球面倾斜角度介于两者之间，球位的选择也位于两者之间。参考上述步骤，初学者便能找出其使用他铁杆时的最佳球位。

三、劈起球

劈起球

劈起球是用于进攻果岭的高飞球，球落地后滚动幅度不大。劈起杆使用的范围是距果岭 20 ～ 60 码（18.288 ～ 54.864 米）外，适用于旗杆在沙坑前，或者是果岭太陡，而球员想把球打在旗杆附近时使用，可以使用高抛挖起杆、沙坑挖起杆、劈起杆或 9 号铁杆，但根据杆面角度的不同，使用距离会有所改变。使用角度大的杆击球，球会飞得高且落地柔和，但距离比不上角度小的杆击出来的球。

四、起扑球

起扑球

起扑球是被击出后先低飞再滚动的球，通常适用于果岭边缘地区的球洞。与劈起球不同的是，起扑球在空中停留的时间相对较短，落地后在地面上滚动的距离比较长。（图 3-4-3）

1. 击球准备动作

球杆要短握，杆身和左臂约成一条直线，杆面对准目标，开放式站姿，身体重心偏左脚，球位偏右后。

2. 上杆

以杆头上杆的幅度来控制距离。上杆幅度小时，球低飞，滚地距离长。上杆幅度稍大时，球往上飞，滚地距离短。如果想让球飞得更高，可用开球杆击球。

3. 击球与送杆

击球时，手腕伸直，用肩膀的旋转来挥杆，上杆的角度和收杆的角度要一致。身体要随着手臂的摆动而转动，这样才能保证动作的协调。

图 3-4-3

五、沙坑球

沙坑球

沙坑球是高尔夫球场专为增加球场难度而设置的障碍，一般都设在果岭的周围或球道途中，这些沙坑被设置成大小不一、沙质各异、深浅不同的样子。打沙坑球用的是沙坑挖起杆。

1. 击球准备动作

眼睛瞄准球后方 2～5 厘米的点，打开杆面，可以少挖一些沙，短握球杆。在身体的正面用两手握杆，以开式杆面进行握杆。两脚稳固地站在沙中。

2. 击球与送杆

击球时用起扑球 2～3 倍的力量挥杆。在击球的瞬间要充满力量，把周围的沙一起打起来。

六、推杆

推杆

推杆是球员在果岭上将球送入球洞的关键技术，也是球杆中使用频率最高的技术。

1. 击球准备动作

眼睛置于球正上方，杆面与目标线垂直。将手腕固定，用肩膀的旋转来击球。

2. 击球与送杆

保持肩膀、手臂和推杆成为一体，然后以匀速击球。由上而下会让球路不稳定，降低准确率。推杆的动作与钟摆相似，即水平移动匀速击球。

体育思政课堂

19 世纪 20 年代，高尔夫球运动传入亚洲。1896 年，高尔夫球运动传入中国，其标志是中国上海高尔夫球俱乐部的成立。2015 年，第 21 届沃尔沃中国公开赛在上海落幕，吴阿顺获得冠军，这是中国内地球手第一次获得欧巡赛月份最佳球手的奖项。我国知名高尔夫选手冯珊珊，2012 年在获得美国举行的世界女子职业高尔夫球四大满贯赛之一的 LPGA 锦标赛冠军，以及迪拜女子大师赛等另外五项冠军；2016 年，获得里约热内卢奥运会女子高尔夫季军。

高尔夫球场随着时间早晚、季节转换、气候不同，更呈现各种变化和挑战性。大学生参加高尔夫球运动，除了锻炼充沛的体能和纯熟的技巧，还需要不断地思考、判断和集中注意力。高尔夫球不仅是对体能素质的训练，更是对个人心理素质的训练。

第五节　台球运动

一、身体姿势

击球的方向是由站位和身体姿势来决定的，其中，保持正确的身体姿势有助于正确完成击球动作。

学习和掌握正确的身体姿势是学习台球运动的关键。击球的方向和瞄准点的确定，决定了站位和身体的位置。明白这点十分重要，这样可以防止随意站位导致身体姿势与击球实际要求不相符的情况发生。

（一）站立位置

在右手（或左手）握好球杆后，面对球台上要击打的主球方向直立站好，杆头指向主球，并确定目标球的瞄准点。球杆始终保持在体侧。

（二）脚的位置

身体站立位置确定后，握杆手保持不动，两脚平行开立，约与肩同宽，或者左脚稍向前约半个脚长的距离。左膝稍微弯曲，右腿直立，并保持右脚的位置在握杆手的内侧，这样才不会影响到握杆手的运杆。右脚脚尖自然向前，左脚脚尖可以向前也可以稍向外侧。

（三）上体姿势

脚的位置确定后，上体向右侧稍转后以髋关节为轴前俯。由于台面比较大，一般上体姿势多采用平视瞄准击球姿势，上体前倾较大与台面很近，头抬起，球杆与下颌正中处轻轻相贴，两眼顺球杆方向平视。

（四）肩与肘的位置

从正面看，右肩被挡于头后，右肘部提起与肩保持在一个垂直面上。握杆手与肘关节点处在同一条与地面相垂直的线上，这也就是击球的准备动作。在握杆手运杆时，以肘关节为轴，像钟摆一样稳定地前后摆动。

（五）面部位置

头要正，将下颌轻贴于球杆上，两眼保持水平前视，使面部中线与球杆和右臂处在一个垂直面上。尽量使球杆保持在额头的中轴线上，两眼保持水平前视，使面部之中与球杆和上臂处在一个较为垂直的平面上。

二、握杆方法

握杆方法的正确与否将直接影响出杆质量的好坏。正确的握杆方法：拇指和食指在虎口处用轻力握住球杆，其余三根手指虚握。握杆时手腕要自然下垂，既不要外翻，也不要内收。

三、击球动作

（一）瞄准

两眼平衡型瞄准，采取的瞄准姿势应让球杆位于两眼中间的下方，正对鼻子，紧贴下颌中部，使球杆、鼻子、头部和击球手臂全都处在主球与目标球所在的直线上。

右眼型瞄准，右眼、球杆和击球手臂处在一条直线上。

左眼型瞄准，左眼、球杆和击球手臂处在一条直线上。

那么，怎样才能知道自己的眼睛是属于哪一种类型？可以做一个简单的测试：将一支粉笔立在桌球桌的一端，自己站到另一端，伸出食指，对准粉笔，然后闭上左眼，如果此时食指仍对着粉笔，那自己就属于右眼型；相反，如果闭上右眼，食指仍正对着粉笔，则属于左眼型；如果轮流闭上左右眼时，食指分别轻微向左右两边移动，那自己就属于两眼平衡型。

在击球过程中要始终看着目标球的击球点。在击球的一瞬间，目光会短暂地离开目标球，这是新手常犯的错误。击球者在尝试看目标球是否被击中或主球是否在预想的位置时不能太急。跟高尔夫球运动一样，抬头（即最后时刻视线离开目标）是最不可取的。

瞄准方法包括桌球中围绕着使目标落袋的一切瞄准工作，这一工作是任何一名台球选手在击球开始前都必须做的。

一般来说，在击球前首先要走到目标球附近，先观察目标球的下球行进路线，再观察目标球的下球击点，并确定瞄准点，最后就是去击打主球，来完成击目标球落袋的目标。下面分别就目标球的进袋线路、目标球的击球点、瞄准点的确定和击球前眼睛的盯球方法进行简单的介绍。

1. 目标球的进袋线路

在击打目标球前，先要确定目标球的进球线路，这是确定瞄准点的第一步。在台球练习或比赛中，必须对球堆中目标球可以走的线路进行观察和选择，并明确袋口的入球点，以做到心中有数。

① 确定目标球进哪个袋更为有利；② 确定目标球的中心点和袋口中心成一条直线，并且没有其他球影响该目标球顺利进袋。

2. 目标球的击球点

确定目标球的击球点，可以在心中模拟，将球袋口中心点与目标球的中心点连成一条直线，并通过目标球中心点延长至目标球球体的外缘并与之相交。这个相交点，便是目标球的击球点。在实战中，可以先用球杆在这个点上瞄一下，以便在心中留下一个清晰的目标球击球点的印象。

3. 瞄准点的确定

确定了击球点后，再由此点垂直向后移至球的半径长度处，便可以得到主球撞击目标球时主球球心的位置。这个球心位置点就是目标球的瞄准点。

当主球的中心击球点、目标球的撞点和袋口的中心点在一条直线上时，击主球中心点，使其准确撞击目标球的中心撞击点，目标球便会直落球袋。

通过瞄准点可以画出许多条直线，这表明，如果主球的位置在目标中心与袋口中心点直线延长线左右两侧的90°范围内，只要瞄准点不变，在此范围内都能将目标球击入球袋。

4. 击球前眼睛的盯球方法

在准备将目标球击入袋前，眼睛可在主球与目标球之间瞄视，以确定预想好的下球点，在最后出杆时眼睛应盯着目标球。

对目标球的击球点和目标球的瞄准点的熟练掌握，要一步一步地练。刚开始练习时，可以使主球与目标球之间的距离近一些，以便目标球的击球点和瞄准点能看得更准确。

初期练习时，尽量打较厚的偏球，如 1/2 厚或 3/4 厚的偏球。另外，可以将目标球上的击球点用粉笔做一个记号，目标在台面上的瞄准点也用粉笔做一个记号，以便于加深印象，提高练习效果。

（二）架杆

架杆就是用手给球杆做一个稳定支撑（架桥）和对杆头在主球的击球点进行调节的姿势，架杆是打好台球的重要环节。

1. 基本架杆方法

（1）V形架杆：先将整个手掌放在台面上，将拇指以外的其余四指分开，手背稍微弓起，拇指翘起，和食指的根部相贴形成一个V形的夹角，将球杆放在V形夹角内（图 3-5-1）。需要注意的是，架杆手的掌根、小指、食指及拇指处于大鱼际肌部位要充分地贴住台面，切勿使架杆向左侧或向右侧翻起，以确保架杆的稳定。

（2）凤眼式架杆：左手手指张开，指尖微向内弯曲，拇指和食指扣成一个指环，并与球杆约成直角，掌根和中指、无名指、小指形成稳定支撑。（图 3-5-2）

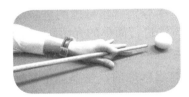

图 3-5-1　　　　　　　　　　　图 3-5-2

V形架杆方法常用在斯诺克台球中，凤眼式架杆方法常用在美式台球中。根据击打主球点位置的不同，架杆手背可以通过平直、稍弓起和弓起去找击球点的下、中、上点。

2. 特殊架杆方法

在台球比赛中，主球的位置千变万化，当其靠近台面边缘及主球后面有球时，就需要运用特殊的架杆方法。

（1）当主球靠近台面边缘时，要把架杆手的四指压在台边上。（图 3-5-3）

（2）当主球后有其他球时，要把架杆手的四指立起来，避免球杆碰到球。（图 3-5-4）

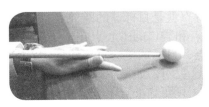

图 3-5-3　　　　　　　　　　　图 3-5-4

3. 杆架的使用

除了上述架杆方法外，当主球远离台边，用常规的击球姿势无法击打到主球时，就必须使用杆架。

杆架的使用方法是身体适度前倾，一手持球杆的尾部，拇指在下，食指和中指在上夹住球杆，无名指和小指自然弯曲，另一手将杆架放置于适当位置，将杆架整体放在台面上，用手按住，以防运杆、出杆时杆架晃动。

杆架有长、中、短之分，一般杆架的十字铜头有两种架杆高度供选择。另外还有几种高脚杆架，当遇到主球后有球阻挡时选用。

（三）运杆

在击出主球前，会有一个运杆的过程，我们可以把这个过程分解为三个部分：运杆、后摆和暂停。

（四）出杆击球

正确的握杆、身体姿势、架杆及运杆是进行有效击球的重要准备工作，出杆击球是台球击球动作中最重要的环节，将决定最终的击球效果。

出杆击球是在后摆停顿后所完成的动作。以肘关节为轴，前臂向前送出，触击球的瞬间，要控制手腕的力量，避免由于过分抖动手腕造成击球得不准确；出杆时，肩部和身体不要用力，出杆动作要果断、清晰，即便打一个滚动速度缓慢的球也是如此。

（五）随势跟进

击球后的球杆随势跟进动作是为了保证击球的力量充分作用在主球上，以及击球动作的协调连贯。适当的随势跟进动作对击球动作的完成起着重要的作用，但如果跟进得过多，杆头出的太长，则会使肩、肘下沉，破坏击球动作的准确性，影响击球质量；如果跟进得过少，会使击球动作发紧，力量不能有效作用于主球，也不能保持好出杆击球的稳定性。

四、台球的基本杆法

用球杆撞击主球时，撞击点的位置不同，主球的滚动形式、力量、旋转和速度都会不同。在用球杆撞击主球时，要熟练掌握主球上的9个撞击点及其撞击结果。（图3-5-5）

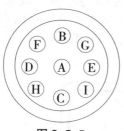

图3-5-5

A—中心撞击点（直球）

B—上方撞击点（前旋球）

C—下方撞击点（后旋球）

D—左侧撞击点（左旋球）

E—右侧撞击点（右旋球）

F—左上撞击点（左上旋球）

G—右上撞击点（右上旋球）

H—左下撞击点（左下旋球）

I—右下撞击点（右下旋球）

在上述9个撞击点中，中心撞击点是最基本的。如果能准确、熟练地进行中心撞击，就能逐步掌握其他位置的撞击方法。不管撞击哪个位置，都要牢牢地掌握撞击的三要素：撞击的角度、撞击的位置和撞击的力度。

在台球运动中，杆法的运用十分丰富，基本的杆法运用有如下几种。

（一）推进球技术

技术动作：做好击球准备，后手握杆，保持球杆水平，撞击主球的中心点（中杆），力量不可过大、过猛。

技术效果：当主球撞击目标球后，目标球向预定的方向前进，主球也随之徐缓地向前方滚动一小段距离后停下，使之到达下一个目标球较理想的位置。

（二）跟进球技术

技术动作：做好击球准备，保持球杆水平，撞击主球的中上点（高杆）。出杆的力量根据主球走位距离的长短而定。

技术效果：当主球以前旋的形式撞击目标球后，目标球向前行进，主球由于自身的上旋继续随之向前并停在某一位置上。主球跟进的距离明显比主球推进距离长，以获得一个较长距离的主球走位位置。

（三）定位球技术

技术动作：做好击球准备，球杆保持水平，撞击主球的中心点（中杆），出杆时要迅速有力、干净利落。

技术效果：中杆击主球，撞击目标球后，目标球向前滚动，主球停在目标球原来的位置。

（四）缩杆球技术

技术动作：做好击球准备，架杆手尽量放低平些，球杆基本保持水平，撞击主球的中下点（低杆），出杆时要果断迅速，动作连贯协调。

技术效果：当用低杆击打主球时，主球便会急速后旋滚动，当与目标球相撞时，目标球向前滚动，主球则借助其旋转向后滚动。在同一力度下，由于主球和目标球的距离不同，缩杆的效果也会有所不同。距离越近，缩杆距离越远。

（五）侧旋球技术

技术动作：球杆撞击主球的左侧或右侧，使主球产生侧旋并向前进。如果要使击出的主球直线前进，则必须保持出杆时球杆前后基本成水平位置。如果后手握杆较高，则主球前进的路线成弧线状，并随后手抬高的程度使前进线路的弧度相应增加。

技术效果：侧旋球有顺旋、逆旋之分。撞击主球的左侧形成顺旋，撞击主球的右侧形成逆旋。顺旋球在碰岸后向左侧运动，逆旋球在碰岸后向右侧运动。

此外，侧旋球不仅是主球自身产生的效果，还会将它的旋转效果传递给被它撞击的目标球，引起目标球的反旋转。（图3-5-6）

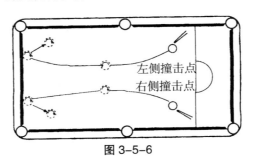

图3-5-6

体育思政课堂

　　台球也被称为桌球、撞球、弹子球，清末民初传入我国，成为男女老少喜爱的一种室内体育运动项目。它用球杆在台上进行击球、利用计算得分方式来确定最终比赛的胜负。随着台球运动的发展，其形式也多种多样，其中斯诺克已经成为一项比赛项目。2002 年，丁俊晖成为中国第一个台球世界冠军，是首位登上世界第一的亚洲球员。

　　台球运动是力与智的结合，融入了数学和力学的知识，加上不同的杆法、战术、谋略，既是一种身体的运动，又是一种思维的训练，融艺术、技术和体力于一体，健身兼健脑。作为一种轻松愉快的积极休息方式，台球运动量可以自己掌握，非常适合大众。这种运动不会使人大量出汗，避免了运动过后汗流浃背去上课的尴尬不便，更无出汗、着凉、感冒之忧。台球运动属于慢速有氧运动，也是减肥的方式之一。台球实为修身养性、陶冶情操的良好运动项目之一。

第四章

形体塑身体育俱乐部指导

第一节　器械健身

一、腿部肌肉锻炼方法

两腿承担着身体的体重。若两腿无力，则会给日常生活和工作带来不便，更谈不上健美；若两腿无力，则难以长时间行走，使活动量减少，从而导致心肺功能下降。因此，我们应重视腿部肌肉的锻炼。

（一）股四头肌、臀大肌锻炼方法

1. 负重深蹲

预备姿势：杠铃置于颈后肩上，两手松握杠铃，抬头、挺胸、紧腰。

动作过程：两腿屈膝，缓慢下蹲至膝关节角度略小于90°（图4-1-1），稍停，再伸膝起立至预备姿势。

动作要领：在做动作过程中，要始终抬头、挺胸、紧腰，垂直举起杠铃，力量集中在股四头肌、臀大肌上。

2. 跨举

预备姿势：将杠铃置于两腿之间，两脚左右开立，与肩同宽。屈膝下蹲，一手在体前握杠，另一手在体后握杠。（图4-1-2）

动作过程：上体正直，目视前方，保持挺胸、紧腰姿势，股四头肌、臀大肌用力使两腿伸直。（图4-1-3）

动作要领：起立和屈膝下蹲时，腰背部要挺直，两臂伸直，不得屈臂和耸肩。起立时，完全靠腿部力量；屈膝下蹲时，不可突然下蹲，应以股四头肌、臀大肌的力量控制杠铃缓缓下降，力量集中在股四头肌、臀大肌上。

图 4-1-1　　　　　　　　图 4-1-2　　　　　　　　图 4-1-3

（二）股二头肌锻炼方法

1. 俯卧腿弯举

预备姿势：可穿上锻炼专用铁鞋，或者将哑铃、沙袋等重物系在脚上。俯卧在卧推凳上，上体和大腿紧贴凳面，两手扶住卧推两侧把手凳。

动作过程：用股二头肌的收缩力量，将小腿弯起至股二头肌极力收缩后（图 4-1-4），稍停，小腿缓缓下落至完全伸直。另外，也可在专用器械上进行。（图 4-1-5）

动作要领：做俯卧腿弯举时，腹部要始终紧贴凳面，臀部不可撅起，力量集中在股二头肌上。

2. 立姿腿弯举

预备姿势：站立，上体略前倾，可穿上锻炼专用铁鞋，或者将哑铃、沙袋等重物系在脚上。

动作过程：将小腿弯起（图 4-1-6），小腿尽量靠近臀部。

动作要领：动作速度不可太快，待股二头肌极力收缩后，稍停，小腿缓缓放下。力量集中在股二头肌上。

图 4-1-4　　　　　　　　图 4-1-5　　　　　　　　图 4-1-6

（三）小腿肌群锻炼方法

1. 立姿提踵

预备姿势：将杠铃置于颈后肩上，挺直腰背部，两腿伸直，两手扶住杠面。两脚分开约 20 厘米，脚掌站立于杠铃片上。

动作过程：收缩小腿肌群，使两脚脚跟尽量提起，提起至最大限度为止（图 4-1-7）。稍停，两脚脚跟下降至最低点。

动作要领：做动作时，要保持身体重心平稳；下降时，两脚脚跟要低于杠铃片上表面。力量集中在小腿肌群上。

2. 坐姿提踵

预备姿势：坐在凳上，前脚掌踏在杠铃片上，脚跟须在杠铃片外，将杠铃置于大腿上。

动作过程：尽量向上提踵，提至最大限度为止，小腿肌群极力收缩、绷紧。（图 4-1-8），稍停，然后两脚脚跟下降至最低点。

动作要领：在做动作过程中，杠铃横杠的位置要正对两脚脚跟，两脚脚跟下降时，要低于杠铃片上表面。力量集中在小腿肌群上。

图 4-1-7   图 4-1-8

二、胸部肌群锻炼方法

胸部肌肉包括位于胸前皮下的胸大肌、位于胸廓上部前外侧胸大肌深层的胸小肌和位于胸廓外侧面的前锯肌。在锻炼胸部肌群时，锻炼者需要用不同的动作从不同的角度来对胸部肌群进行不同的刺激，才能将胸部肌肉练得既发达又有线条。

胸部肌群锻炼方法如下。

（一）杠铃仰卧推举

仰卧推举

预备姿势：仰卧于卧推凳上，两手握距稍比肩宽，将杠铃横杠置于胸部上部，两脚平踏地面。

动作过程：将杠铃垂直上举至两臂完全伸直。（图 4-1-9），稍停，然后缓缓将杠铃还原至预备姿势（也可用哑铃做该动作）。

动作要领：杠铃上推路线要垂直。力量集中在胸大肌上。

【提示】

平卧：将卧推凳调整至与地面平行，主要锻炼整个胸部。

上斜：将卧推凳调整至与地面成 25° ～ 30° ，主要锻炼胸部上部。

下斜：将卧推凳调整至与地面成 15° ～ 20° ，主要锻炼胸部下缘和外侧缘的下部。

（二）仰卧飞鸟

仰卧飞鸟

预备姿势：仰卧在卧推凳上，两脚踏实地面，躯干成拱形，上背部和臀部触及凳面，胸部和躯干用力向上挺起。两臂自然伸直，两手相对各握一哑铃于肩关节的正上方，两手握距小于肩宽。

动作过程：两手持哑铃向体侧缓缓屈肘落下，伴随着哑铃下降，肘关节角度逐渐变小。下降到极限时，肘关节成 100° ～ 120° 。胸大肌主动收缩将哑铃沿原路线升起，上升路线成弧形，肘关节角度逐渐加大，最后还原成预备姿势，肘关节角度约成

170° （图 4-1-10）。

动作要领：肩、肘、腕始终在同一垂面内。力量集中在胸大肌和三角肌前束上。

图 4-1-9　　　　　　　　　　　　　　　　图 4-1-10

三、背部肌群锻炼方法

背部肌群主要是由上背部斜方肌、中背部背阔肌和下背部骶棘肌三部分构成的。强壮发达的背部肌肉，使上体成 V 字形，并能使腰背部挺直，塑造良好的体型。

背部肌群锻炼方法如下。

（一）直立耸肩

预备姿势：直立，两脚自然分开，两手握杠铃，两手握距与肩同宽，掌心向后，两臂自然下垂于体前。（图 4-1-11）

动作过程：肩部尽量前倾下垂，两臂伸直不动，然后以斜方肌的收缩力量，使两肩耸起尽量接近两耳。稍停，缓缓还原成预备姿势。

动作要领：在做动作过程中，两臂不得上提杠铃，臂部和两手仅起固定杠铃的作用；耸肩时，不得弯腰驼背。力量集中在斜方肌上。

（二）单杠引体向上

预备姿势：两手正握单杠，两手握距超过肩宽，身体自然下垂。

动作过程：用背阔肌的收缩力量，将身体拉起，直至下颌超过杠面（图 4-1-12）。稍停，而后身体缓缓下降至两臂完全伸直。

动作要领：在做动作过程中，身体不能摆动，向上拉时不能靠蹬腿发力，将身体拉得越高越好。力量始终集中在背阔肌上。

图 4-1-11　　　　　　　　　　　　　　　　图 4-1-12

四、三角肌锻炼方法

肩部是否健美，主要在于三角肌发达与否。三角肌位于肩部，成倒三角形，从前后外侧包裹着肩关节，它的前部和后部的肌纤维成梭形，而中部肌纤维成多羽状。这种结构使三角肌具有较大力量。

三角肌锻炼方法如下。

（一）颈前推举

预备姿势：直立或坐在凳上，两手自然握杠铃，握距宽于肩；两手握住杠铃，置于胸前锁骨处。（图 4-1-13）

动作过程：以三角肌的收缩力量，将杠铃垂直向上推至两臂完全伸直，停留 1～2 秒，而后沿原路线返回，成预备姿势。

动作要领：上体保持正直，不得借助腰、腿力量，力量集中在三角肌前束上。

（二）颈后推举

预备姿势：直立或坐在凳上，两手握住杠铃，置于颈后肩上，两手握距宽于肩。（图 4-1-14）

动作过程：用三角肌的收缩力量，将杠铃垂直向上推至两臂完全伸直，停留 1～2 秒，而后沿原路线返回，成预备姿势。

动作要领：两肘始终保持外展，杠铃垂直向上推。力量集中在三角肌后束上。

图 4-1-13   图 4-1-14

五、臂部肌群锻炼方法

臂部肌群分为上臂肌群和前臂肌群。上臂肌群主要是由肱肌、肱二头肌和肱三头肌构成的。前臂肌主要是由旋前圆肌、屈手肌、伸手肌和手肌构成的。

（一）上臂肌群锻炼方法

1. 杠铃弯举

预备姿势：两脚自然而立，两手反握杠铃下垂于体前，两手握距与肩同宽。

动作过程：上臂保持固定不动，以肘关节为轴，使前臂向上弯起，弯至杠铃几乎触及胸部为止，停留 1～2 秒（图 4-1-15），还原成预备姿势。

动作要领：弯臂时，上体切忌前后摆动，力量集中在肱肌、肱二头肌上。

2.反握引体向上

预备姿势：两手的拇指向外反握单杠，两手握距与肩同宽，两脚成交叉状，身体成悬垂状。

动作过程：以肱二头肌的收缩力量，拉引身体至横杠与胸部靠近（图4-1-16），停留1～2秒，再沿原路线下落，成预备姿势。

动作要领：在上拉过程中，不得借助腰腹部的振摆来做动作。力量主要集中在肱二头肌上。

图 4-1-15　　　　　　　　　　　　图 4-1-16

（二）前臂肌群锻炼方法

反握腕弯举

预备姿势：坐在凳上，大腿与小腿约成90°，两手掌心向上反握杠铃，前臂放于大腿上，腕部下垂于膝关节外。（图4-1-17）

动作过程：以前臂肌的收缩力量，使手腕向上弯举，直至最大限度为止（图4-1-18），停留1～2秒，再沿原路线返回，成预备姿势。

动作要领：手腕向上弯举时，要尽量收缩前臂肌。力量集中在前臂屈肌群上。

图 4-1-17　　　　　　图 4-1-18

六、腹部肌群锻炼方法

腹部肌群是由腹直肌、腹外斜肌和腹内斜肌构成的。
腹部肌群锻炼方法如下。

（一）单杠悬垂举腿

预备姿势：两手正握单杠，握距与肩同宽，身体下垂与地面垂直。

动作过程：以腹直肌的收缩力量，屈膝或直腿上举，使腿超过水平面（图 4-1-19），停留 1 ～ 2 秒，再慢慢还原成预备姿势。

动作要领：不得借助身体的摆动做动作，力量集中在下腹部。

图 4-1-19

（二）仰卧起坐

预备姿势：屈膝仰卧在练习凳上，两手扶于两耳侧。

动作过程：以腹直肌的收缩力量，使上体前屈（图 4-1-20），直至两肘肘尖触及膝部。停留 1 ～ 2 秒，再沿原路线返回成预备姿势。

动作要领：上体前屈时，动作要慢，不得后仰助力，力量集中在腹直肌上。

图 4-1-20

体育思政课堂

器械健身是非常普及，群众喜闻乐见的项目之一。科学、系统而持久的器械健身锻炼，不仅能增强体质，陶冶情操，还能使形体大为改观。

在新时代背景下，器械健身有利于培养大学生健康的体魄、健全的心理、健全的人格。大学生通过器械健身的学习和实践，可以树立终身锻炼的意识，培养感受体育美、表现人体美、鉴赏体育美、创造和谐美的能力。长期坚持锻炼，还可以磨炼大学生的意志。如今，器械健身在高校教育体系中的创新也将为其原本的美育功能增添新的创造性的色彩。

第二节　健美操

一、健美操基本站姿

（1）立：包括直立、开立、点地立、提踵立。
（2）弓步：包括前弓步、侧弓步、后弓步。
（3）跪立：包括双腿跪立、单腿跪立。

二、健美操基本手型

健美操基本手型如图 4-2-1 所示。

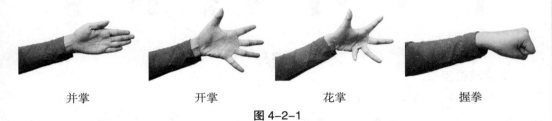

| 并掌 | 开掌 | 花掌 | 握拳 |

图 4-2-1

拓展：健美操
基本手型

三、健美操基本步法

（一）低冲击步法

1. 踏步类步法

踏步类步法如图 4-2-2 所示。

踏步　　　　　　　　　　　　　　一字步

图 4-2-2

走步

V 字步

漫步   A 字步

图 4-2-2（续）

2. 点地类步法

点地类步法如图 4-2-3 所示。

脚尖前点地   脚跟前点地   脚尖侧点地   脚尖后点地

图 4-2-3

3. 迈步类步法

迈步类步法如图 4-2-4 所示。

并步   迈步点地   迈步后点地   迈步屈腿

图 4-2-4

迈步吸腿

侧交叉步

图 4-2-4（续）

4. 单脚抬起类步法

单脚抬起类步法如图 4-2-5 所示。

吸腿

踢腿

弹踢腿

后屈腿

图 4-2-5

（二）高冲击步法

1. 迈步跳起类步法

迈步跳起类步法如图 4-2-6 所示。

并步跳　　　　　　迈步吸腿跳　　　　　迈步后屈腿跳

图 4-2-6

拓展：健美操 –
《全国健美操
大众锻炼》第
三套（一级）
套路

2. 双脚起跳类步法

双脚起跳类步法如图 4-2-7 所示。

并腿纵跳　　　　　　　分腿半蹲跳　　　　　　　开合跳

弓步跳

图 4-2-7

3. 单腿起跳类步法

单腿起跳类步法如图 4-2-8 所示。

吸腿跳　　　　　　　后屈腿跳　　　　　　　弹踢腿跳

侧摆腿跳

图 4-2-8

（三）无冲击步法

无冲击步法如图 4-2-9 所示。

弹动　　　　　　半蹲　　　　　　　弓步　　　　　　提踵

图 4-2-9

体育思政课堂

健美操于 20 世纪 80 年代初传入我国。当时，随着我国教育制度改革的不断深入，美育教育逐渐在学校教育中占有一席之地。因此，健美操的引进与兴起为我国美育教育提供了一个重要手段。

1981—1983 年，在健美操传入我国的初期，不少高校教师陆续在报纸杂志上刊登了一些介绍健美操和探讨美育教育的文章。从此，追求人体健与美的"健美操"一词迅速被广大体育工作者所采用。1984 年，北京体育学院（今北京体育大学）成立了健美操研究组，由其编排并推出的"青年韵律操"传遍全国各大专院校，无数青年学生投入了学习"青年韵律操"的热潮，使健美操迅速在我国各大专院校得到普及。此后，许多高校将健美操内容列入教学大纲，成为一项重要的体育教学内容，各种健美操教材也陆续出版，促进了健美操的理论研究。

近年来，随着我国经济的发展和人民生活水平的提高，尤其是在《全民健身计划纲要》实施以来，健身逐渐成为现代人生活中不可或缺的重要内容。而健美操作为一项特色鲜明的形体塑身运动，在我国全民健身活动中具有重要地位，发展水平也越来越高。

健美操运动有助于控制体重，改善体形，培养个人气质，提高个人修养。特别是对于女生来说，经常跳健美操有利于提升形象、陶冶情操、美化心灵，从而提高个人的艺术修养和思想品德。

第三节　体育舞蹈

一、体育舞蹈基本动作

本节主要介绍体育舞蹈的基本动作，标准舞以华尔兹为例，拉丁舞以恰恰恰为例进行简单介绍。

（一）华尔兹

1. 握抱姿势

男女舞伴相对站立，两人两脚并拢，脚尖正对前方。女士偏向男士右侧 1/3，两人的右脚脚尖对准对方的两脚中线，女士头部向左转，眼睛从男士右肩方向看出。女士从臀部以上向后上方打开，男士左手与女士右手掌心相握，虎口向上，左臂前臂与上臂的夹角约为 135°，左手高度约与女士右耳相平。男士右手五指稍并拢，轻轻置于女士左肩胛骨下端。女士左手除拇指外其余四指并拢，虎口向下置于男士右臂三角肌处。（图 4-3-1）

图 4-3-1

2. 常用步法

（1）左脚并换步。

左脚并换步动作如图 4-3-2 所示（图为男子左侧视图，以展示步法细节），其各项技术规定如表 4-3-1 所示。

1   2   3

图 4-3-2

表 4-3-1　左脚并换步

步序		1	2	3
拍数		1	2	3
男子舞步	脚位	左脚前进	右脚向侧并稍向前	左脚并于右脚
	方位	面向舞蹈线	面向舞蹈线	面向舞蹈线
	转度	不转	不转	不转
女子舞步	脚位	右脚后退	左脚向侧并稍后退	右脚并于左脚
	方位	背向舞蹈线	背向舞蹈线	背向舞蹈线
	转度	不转	不转	不转

（2）右转并换步。

右转并换步与左脚并换步步法相同，只是左右脚相反。

（3）左转步。

左转步动作如图4-3-3所示，各项技术要求如表4-3-2所示。

　　　1　　　　　　　　　　2　　　　　　　　　　3

图4-3-3

表4-3-2　左转步

步序		1	2	3	4	5	6
拍数		1	2	3	1	2	3
男子舞步	脚位	左脚前进	右脚向侧并稍向前	左脚并于右脚	右脚后退	左脚向侧并稍向前	右脚并于左脚
	方位	面向斜中央	背向斜壁	背向舞程线	背向舞程线	面向斜中央	面向斜壁
	转度	开始左转	1～2步转1/4周	2～3步转1/8周	继续左转	4～5步转3/8周	完成转动
女子舞步	脚位	右脚后退	左脚向侧并稍向前	右脚并于左脚	左脚前进	右脚向侧并稍向前	左脚并于右脚
	方位	背向斜中央	背向舞程线	面向舞程线	面向舞程线	背向墙壁	背向斜壁
	转度	开始左转	1～2步转3/8周	身体稍转	继续左转	4～5步转1/4周	5～6步转1/8周

（4）叉形步。

叉形步动作如图4-3-4所示，各项技术规定如表4-3-3所示。

　　　1　　　　　　　　　　2　　　　　　　　　　3

图4-3-4

表 4-3-3　叉形步

步序		1	2	3
拍数		1	2	3
男子舞步	脚位	左脚前进	右脚向侧稍前进	左脚在侧行位置交叉于右脚后
	方位	面向斜壁	面向斜壁	面向斜壁
	转度	不转	不转	不转
女子舞步	脚位	右脚后退	左脚斜退	右脚在侧行位置交叉于左脚后
	方位	背向斜壁	面向中央	面向斜中央
	转度	不转动	1～2步转1/4周	身体完成转动

（5）侧行追步。

侧行追步动作如图 4-3-5 所示，各项技术规定如表 4-3-4 所示。

　　　　1　　　　　　　　2　　　　　　　&　　　　　　　3

图 4-3-5

表 4-3-4　侧行追步

步序		1	2	3	4
拍数		1	2（1/2）	&（1/2）	3
男子舞步	脚位	右脚前进并交叉于反身动作及侧行位置	左脚向侧稍前进	右脚在侧行位置交叉于左脚后	左脚向侧且稍前进
	方位	面向斜壁	面向斜壁	面向斜壁	面向斜壁
	转度	—	—	—	—
女子舞步	脚位	左脚前进并交叉于反身动作及侧行位置	右脚向侧	左脚并右脚	右脚向侧并稍后退
	方位	面向斜中央	背向壁线	背向壁线	背向壁线
	转度	开始转向左	1～2步转1/8周	2～3步转1/8周	身体稍转

（6）右转步。

右转步动作如图 4-3-6 所示，各项技术规定如表 4-3-5 所示。

1　　　　　　　　2　　　　　　　　3

图 4-3-6

表 4-3-5　右转步

步序		1	2	3
拍数		1	2	3
男子舞步	脚位	右脚前进	左脚向侧并稍向前	右脚并于左脚
	方位	面向斜壁	背向斜中央	背向舞程线
	转度	开始转向右	1～2步转1/4周	2～3步转1/8周
女子舞步	脚位	左脚后退	右脚向侧	左脚向右脚并步
	方位	背向斜壁	背向斜中央	面向舞程线
	转度	开始右转	1～2步转3/8周	身体稍转

（7）右旋转步。

右旋转步动作如图 4-3-7 所示，各项技术规定如表 4-3-6 所示。

1　　　　　　　　2　　　　　　　　3

图 4-3-7

表 4-3-6　右旋转步

步序		1	2	3	4	5	6
拍数		1	2	3	1	2	3
男子舞步	脚位	右脚前进	左脚向侧并稍向前	右脚并于左脚	左脚后退	右脚前进	左脚向侧并稍后退
男子舞步	方位	面向斜壁	背向斜中央	背向舞程线	背向舞程线	面向舞程线	背向斜中央
	转度	开始右转	1～2步转1/4周	2～3转1/8	向右转1/2周	继续旋转	5～6步转3/8周
女子舞步	脚位	左脚后退	右脚向侧前稍向前	左脚并于右脚	右脚前进	左脚后退	右脚经左脚斜进
女子舞步	方位	背向斜壁	面向斜中央	面向舞程线	面向舞程线	背向舞程线	面向斜中央
	转度	开始右转	1～2步转3/8周	身体稍转	右转1/2周	继续旋转	5～6步转3/8周

（8）左折转步。

左折转步动作如图4-3-8所示，各项技术规定如表4-3-7所示。

1   2   3

图4-3-8

表4-3-7　左折转步

步序		1	2	3
拍数		1	2	3
男子舞步	脚位	右脚后退	左脚向侧	右脚不动，身体重心回到右脚
	方位	背向舞程线	指向斜壁	面向斜壁
	转度	稍左转	1～2步转3/8周	完成转动
女子舞步	脚位	左脚前进	右脚向侧	左脚不动，身体重心回到左脚
	方位	面向舞程线	背向斜壁	背向斜壁
	转度	继续向左	1～2步转1/4周	2～3步转1/8周

（9）后叉形步。

后叉形步动作如图4-3-9所示，各项技术规定如表4-3-8所示。

1   2   3

图4-3-9

表4-3-8　后叉形步

步序		1	2	3
拍数		1	2	3
男子舞步	脚位	左脚后退	右脚后退	左脚在右脚后交叉
	方位	背向舞程线	背向舞程线	面向斜中央
	转度	不转	身体稍转	身体稍转

续表

步序		1	2	3
拍数		1	2	3
女子舞步	脚位	右脚前进	左脚向侧并稍向前	右脚左脚后交叉
	方位	面向舞程线	面向斜壁	面向斜中央
	转度	开始右转	1～2步转1/4周	2～3步转1/8周

（10）纺织步。

纺织步动作如图4-3-10所示，各项技术规定如表4-3-9所示。

　　　　1　　　　　　　　　　2　　　　　　　　　　3

图 4-3-10

表 4-3-9　纺织步

步序		1	2	3	4	5	6
拍数		1	2	3	1	2	3
男子舞步	脚位	右脚前进	左脚前进	右脚向侧并稍向前	左脚后退	右脚后退	左脚向侧并稍向前
	方位	面向斜中央	背向舞程线	背向壁线	背向斜中央	背向斜中央	面向斜壁
	转度	开始左转	1～2步转1/8周	2～3步转1/4周	继续左转	4～5步转1/4周	不转
女子舞步	脚位	右脚前进	左脚向侧并稍后退	右脚前进	左脚后退	左脚后退	右脚后退
	方位	背向斜壁	背向斜中央	面向斜中央	面向斜中央	面向斜中央	背向斜壁
	转度	开始向右转	1～2步转1/4周	2～3步转1/2周	继续旋转	4～5步转3/8周	继续旋转

3. 铜牌级套路动作组合

华尔兹的铜牌级套路动作如下：并脚换步—右转步—左转步—右旋转步—拂步、叉形步—侧行并步、侧行追步—蹉蹰步、犹豫步、逗留步—外侧换步—左侧转—后拂步、后叉形步—双左旋转。

（二）恰恰恰

1. 抱握方式

（1）闭式舞姿。

男女舞伴相对而立，相距 15 厘米，身体重心可在任意脚上，女士与男士相反。男士的右手扶在女士背阔肌外缘，左手四指并拢、虎口张开，与女士右手相握，两前臂内侧贴近，肘部下缘平于女士胸部膈肌位置。女士的左臂轻靠在男士右臂上方，左手放在男士右肩上。（图 4-3-11）

（2）开式舞姿。

男女相对站立，分开约一臂距离，身体重心可落在任意脚，女士与男士相反，另一脚向侧打开，脚尖点地。男士左手手心向上，握住女士右手除拇指外其余的四指，相握的手臂略弯曲。男士的右臂和女士的左臂向外侧伸出并略下收、弯曲，与肩成一条柔和曲线。（图 4-3-12）

图 4-3-11　　　　　　图 4-3-12

2. 常用步法

（1）原地步。

原地步如图 4-3-13 所示，各项技术规定如表 4-3-10 所示。男子舞步同女子舞步。

图 4-3-13

表 4-3-10　原地步

步序		左1	2	3	右4	5	6
拍数		4	&	1	4	&	1
女子舞步	脚位	左脚向右后	右脚原地踏步	左脚并向右脚	右脚向左脚前	左脚原地踏步	右脚并向左脚

（2）前后锁步。

前后锁步如图 4-3-14，各项技术规定如表 4-3-11 所示。男子舞步同女子舞步。

图 4-3-14

表 4-3-11 前后锁步

步序		后1	2	3	前4	5	6
拍数		4	&	1	4	&	1
女子舞步	脚位	左脚后退,落在右脚正后方	右脚后移,锁步在左脚前外侧	右腿伸膝发力,将右脚推出,左脚向后	右脚向前,落在左脚正前方	左脚跟进,锁步在右脚后外侧	左腿伸膝发力将左脚推出,右脚向前

（3）左右追步。

基本舞步如图 4-3-15 所示,各项技术规定如表 4-3-12 所示。男子舞步同女子舞步。

图 4-3-15

表 4-3-12 左右追步

步序		左1	2	3	右4	5	6
拍数		4	&	1	4	&	1
女子舞步	脚位	左脚向左	右脚并向左脚	右腿伸膝发力,将左脚向侧推出	右脚向右	左脚并向右脚	左腿伸膝发力,将右脚向侧推出

（4）定点转。

定点转如图 4-3-16 所示,各项技术规定如表 4-3-13 所示。男子舞步同女子舞步。

准备　　　　　　　4　　　　　　　&　　　　　　　1

图 4-3-16

表 4-3-13　定点转

步序		1	2	3～5	6	7	8～10
拍数		2	3	4&1	2	3	4&1
男子舞步	脚位	左脚向右前	两脚原地拧转，身体重心回到右脚	左追步	右脚向左前	两脚原地拧转，身体重心回到左脚	右追步
	转度	右转1/4周	右转1/2周	右转1/4周	左转1/4周	左转1/2周	左转1/4周
	转度	开始左转	1～2步转1/8周	2～3步转1/4周	继续左转	4～5步转1/4周	不转
女子舞步	脚位	右脚向左前	两脚原地拧转，身体重心回到左脚	右追步	左脚向右前	两脚原地拧转，身体重心回到右脚	左追步
	转度	左转1/4周	左转1/2周	左转1/4周	右转1/4周	右转1/2周	右转1/4周
	转度	开始向右转	1～2步转1/4周	2～3步转1/2周	继续旋转	4～5步转3/8周	继续旋转

（5）基本步。

基本步动作如图 4-3-17 所示，各项技术规定如表 4-3-14 所示。

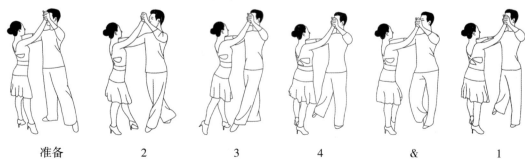

准备　　　　2　　　　3　　　　4　　　　&　　　　1

图 4-3-17

表 4-3-14　基本步

步序		1	2	3～5	6	7	8～10
拍数		2	3	4&1	2	3	4&1
男子舞步	脚位	左脚向前开始左转	身体重心回到右脚	向左追步	右脚向后	身体重心回到左脚	向右追步
	转度	左髋向右绕转	1～5步	左转1/8周		6～10步	左转1/8周
女子舞步	脚位	右脚向后	身体重心回到左脚	向右追步	左脚向前开始左转	身体重心回到右脚	向左追步
	转度			6～10步左转1/8周			1～5步左转1/8周

（6）扇形步。

扇形步动作如图 4-3-18 所示，各项技术规定如表 4-3-15 所示。

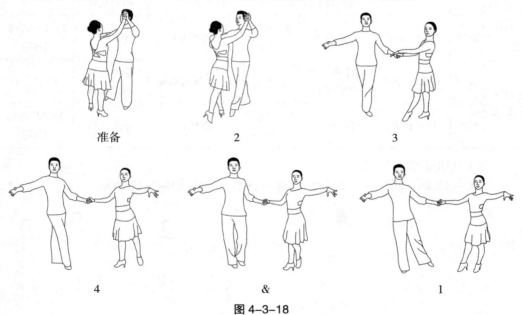

准备　　　　　　　2　　　　　　　3

4　　　　　　　&　　　　　　　1

图 4-3-18

表 4-3-15　扇形步

步序		1	2	3
拍数		2	3	4&1
男士	步位	右脚后退	左脚向左前迈进	右追步
	转度	—	—	左转1/8周
女士	步位	右转左脚前进	右脚前进，同时以脚掌为轴左转	左脚后退后锁步
	转度	右转1/4周	开始左转	2～3步左转1/2周

（7）纽约步。

纽约步动作如图 4-3-19 所示，各项技术规定如表 4-3-16 所示。

| 准备 | 2 | 3 | 4 | & | 1 |

图 4-3-19

表 4-3-16　纽约步

步序		1	2	3～5	6	7	8～10
拍数		2	3	4&1	2	3	4&1
男子舞步	脚位	左脚向右前	身体重心回到右脚上	向左追步	右脚向左前	身体重心回到左脚	向右追步
	转度	右转1/4周	开始左转	2～5步左转1/4周	左转1/4周	开始右转	7～10步右转1/4周
女子舞步	脚位	右脚向左前	身体重心回到左脚上	向右追步	左脚向右前	身体重心回到右脚	向左追步
	转度	左转1/4周	开始右转	7～10步右转1/4周	右转1/4周	开始左转	2～5步左转1/4周

（8）阿里曼娜。

阿里曼娜动作如图 4-3-20 所示，各项技术规定如表 4-3-17 所示。

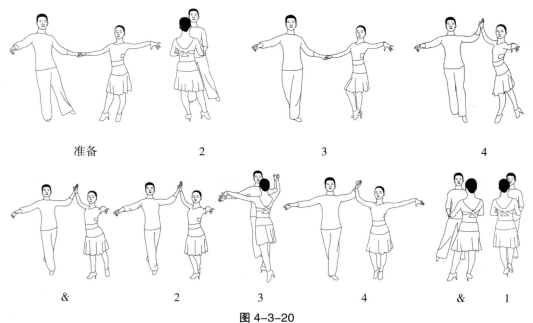

| 准备 | 2 | 3 | 4 |

| & | 2 | 3 | 4 | & | 1 |

图 4-3-20

表 4-3-17　阿里曼娜

步序		1	2	3～5	6	7	8～10
拍数		2	3	4&1	2	3	4&1
男子舞步	脚位	左脚向前	身体重心移至右脚	原地步	右脚向后	身体重心移至左脚	右追步
	转度						
女子舞步	脚位	右脚向后	左脚向前	右前锁步	左脚向前	右脚向前	左追步
	转度			右转1/8周	6～10步，右转9/8周		

（9）右陀螺转。

右陀螺转动作如图 4-3-21 所示，各项技术规定如表 4-3-18 所示。

准备　　2　　3　　4　　&

1　　2　　3　　4　　&　　1

2　　3　　4　　&　　1

图 4-3-21

表 4-3-18　右陀螺转

步序		1	2	3～12	13	14	15
拍数		2	3	4&1、2、3 4&1、2、3	4	&	1
男子舞步	脚位	右脚交叉在左脚后	左脚向侧	重复1～2步5次	右脚靠近左脚	身体重心移至左脚	右脚向侧
	转度		开始右转	1～15步右转2周半			
女子舞步	脚位	左脚向侧	右脚交叉在左脚前	左脚向侧 重复1～2步6次			
	转度		开始右转	1～15步右转2周半			

（10）闭式扭臀。

闭式扭臀动作如图 4-3-22 所示，各项技术规定如表 4-3-19 所示。

图 4-3-22

表 4-3-19　闭式扭臀

步序		1	2	3
拍数		2	3	4&1
男子舞步	脚位	左脚向右前	身体重心回到右脚	向左追步（小步）
	转度	稍右转	开始左转	回转到开始位
女子舞步	脚位	右脚向后	身体重心回到左脚	向后追步
	转度	以左脚脚掌为轴右转1/2周	开始左转	2～5步左转1/2周

（11）曲棍球步。

曲棍球步动作如图 4-3-23 所示，各项技术规定如表 4-3-20 所示。

图 4-3-23

表 4-3-20 曲棍球步

步序		1	2	3~5	6	7	8~10
拍数		2	3	4&1	2	3	4&1
男子舞步	脚位	左脚向前	身体重心回到右脚	原地步	右脚向后	左脚右前上步	右脚向前锁步
	转度	不转	不转	不转	开始右转	6~7步右转1/8周	不转
女子舞步	脚位	右脚向后靠近左脚	左脚向前	右脚向前锁步	左脚向前以脚掌为轴	右脚向后稍侧	左脚后退锁步
	转度	不转	不转	不转	开始左转	6~7步左转5/8周	左转完成

3. 铜牌级套路动作

恰恰恰的铜牌级套路动作如下：基本步—扇形步—阿列曼娜—曲棍步—三个恰恰恰—右陀螺转—右分展步—闭式扭臀—手接手—定点转—节奏步—纽约步。

二、体育舞蹈的编排

体育舞蹈的编排是将单个动作，按一定的时间、场地、范围和方向路线，合理地连贯起来，组成一套动作。无论是在体育舞蹈教学、训练中，还是在比赛中，体育舞蹈的编排都占有十分重要的地位。

一套动作的编排不是简单地将单个动作罗列起来，而是将单个动作有机地联系、和谐配合及完整统一，是具有空间要素的立体艺术，也是一项创造性的工作。为了进一步提高教学质量和比赛成绩，体育舞蹈教师和舞者都必须具备相关的知识储备和能力，不断提高编排的技巧。

（一）体育舞蹈的编排依据

体育舞蹈的编排依据：不同的目的、任务；不同对象的特点；国际发展趋势；体育美学的形式、法则。

（二）体育舞蹈的编排要素

（1）动作要素：动作要素是体育舞蹈基本的特征和表现形式之一。没有身体动作，体育舞蹈也就不存在了。

（2）节奏要素：体育舞蹈动作的节奏是由强弱、轻重、抑扬顿挫等因素构成的。

（3）空间要素：包括方向路线、队形变化和移动。

（4）时间要素：在完成动作过程中，舞者不仅要掌握动作瞬间变换的时间特征，还要熟悉音乐节拍变化与动作配合的规律，以使动作富有韵律感。

（三）个人成套动作的编排

个人成套动作是指舞者为了训练、比赛或表演而编排的成套动作。它一般分为两大类：基本类动作组合（指定步法）和提高型动作组合。

在进行个人成套动作的编排时，舞者应注意难度数量和分布、均衡性和突出个人风格。

（四）团体舞的编排

1. 音乐的选编

在选编音乐时，设计者应根据舞者的技术实力、特点，合理地安排每个舞种的时间和交替次数。在音乐上，可以多选节奏清晰、气势宏大和优雅动听的舞曲，或者舞曲以外的音乐。注意音乐的快与慢、强与弱、平缓与高潮的合理搭配，以产生较强的艺术效果。一套好的音乐在团体舞中起着非常重要的作用。如有条件，可以请乐队直接演出成套音乐，并录制下来用于比赛。如需要从多种乐曲中编辑成一套音乐，应注意每首乐曲的风格、特点，以及乐队的规模是否接近一致。同时，注意乐曲与乐曲之间的衔接要自然。

2. 队形的编排

团体舞通常为 8 对舞者进行表演，通过许多舞步的组合变换出丰富多样的队形，是团体舞主要的特点，队形变换的方式、数量是体育舞蹈竞技的主要内容。因此，舞者在一套团体舞的动作中要大量地变换队形，组合出多姿、多彩的图案。在编排中要发挥本队的特点，把不同类型的队形图案先设计出来，再使之与音乐有机地结合。整个队形之间的变化要自然、合理，还要区别对待各舞种。

3. 动作组合的编排

动作组合是队形变换、音乐过渡的基础。在动作步法的使用上，应优先考虑线条较舒展、缓慢，节奏清晰，富有流动性的动作。在编排中，由于每位舞者所处位置、方向路线的不同，使用同一动作时，其转度、步幅也会不同。编排时，设计者应注意所选动作的灵活性，以免出现牵强的衔接，使整套动作不协调。

体育思政课堂

20 世纪 20 年代，交际舞流传至上海。1926 年，在上海开设的由中国人创办的交际舞学社，是我国第一所舞蹈教学机构。随后交际舞流传至天津、沈阳、广州等大城市并开始流行起来。中华人民共和国成立后，交际舞得到广泛开展，各大城市的舞蹈活动非常活跃。1987 年，我国举办了首届全国国际交谊舞比赛。1989 年，我国成立了中国国际标准舞总会，全国各高校也相继开设了体育舞蹈的课程。

1991 年，我国成立了中国体育舞蹈联合会，这标志着我国现代体育舞蹈进入全面发展的新阶段。同年，我国加入世界舞蹈总会，成为国际体育舞蹈联合会的正式会员，并在当年举办了全国首届体育舞蹈锦标赛，此后每年举办一次。2004 年，我国职业选手拉丁组合栾江和张茹在英国的黑池大赛中夺冠，这是我国体育舞蹈历史上第一个冠军，缔造了中国人在黑池的辉煌历史。2013 年，在天津举行的东亚运动会体育舞蹈比赛中，我国一举夺得 12 枚金牌中的 9 枚和 3 枚银牌，这展现了我国体育舞蹈选手的实力，实现了历史性突破，远远领先于亚洲其他国家。

体育舞蹈的内容丰富，技术风格迥异，是集音乐、体育、审美于一体的艺术活动。参加体育舞蹈运动，可以提高练习者的审美能力，不断提高练习者的综合素养。

第四节　瑜　伽

一、瑜伽呼吸法

瑜伽呼吸法可以分为腹式呼吸、胸式呼吸和腹胸式完全呼吸。

（一）腹式呼吸

腹式呼吸是一种最基本的呼吸法。它是缓慢且有意识地用腹肌呼吸，把手放在腹部，可以感觉到腹部的运动，需集中注意力。

动作要领：① 两手的拇指和食指合拢，成三角状，放在肚脐中心位置；② 把手放在腹部上，两鼻孔慢慢地吸气，放松腹部，感觉空气被吸入腹部，手能感觉到腹部越抬越高。这一过程实际上是横膈膜下降，将空气压入腹部底层。呼气时，慢慢收缩腹部肌肉，横膈膜上升，将空气排出肺部。呼气时间是吸气时间的两倍。

腹式呼吸

（二）胸式呼吸

胸式呼吸是以肺的中上部进行呼吸，胸部张缩鼓动起伏，腹部相对不动。吸气时，两肋向外向上扩张，气息充满胸腔；呼气时，肋骨向下并向内收，放松胸腔。

动作要领：腿坐，脊背挺直，两手置于肋骨处，两鼻孔慢慢吸气，同时两手感觉肋骨向外扩张并向上提升，体会肋骨下移并向内并拢。

（三）腹胸式完全呼吸

腹胸式完全呼吸是以腹部、胸部、肩部有意识地配合的呼吸法。在练习中，练习者会感觉到肺部的空气排出去，新鲜的空气充满肺部。

动作要领：① 慢慢地往腹部吸气，使腹部隆起，把腹部的空气提升到胸部，一边吸气一边提肩，将空气提到喉咙中；② 使腹部慢慢地瘪下去，缩胸，放下肩部，呼气。

二、瑜伽体位法

瑜伽的体位法练习是配合呼吸的节奏围绕脊柱伸展身体完成各种姿势。每练习一个体位法，都有其相应的呼吸方式，有时要求身体保持某种姿势，进行自然的呼吸；有时则配合动作屏息数秒；鼻孔不通畅时影响呼吸，有许多体位法不易练习。因此，初学者应在教师的指导下练习，否则容易受伤。

深呼吸是瑜伽练习的重要部分。因此，切记在做每个动作时配合深呼吸，并且尽可能地让每个动作保持 5 次深呼吸的时间。

（一）暖身式

练习瑜伽前，必须进行充分的暖身运动。暖身运动可以舒展四肢，提高身体柔韧性，减少运动损伤；同时，还能安抚烦躁的情绪，让思绪平静。练习前，可以多做几

拓展：热身
套路

遍暖身运动，一直到身体暖和、筋骨灵活为止，并不限定要做多长时间。

动作1：两腿交叉，两膝尽量并拢，脚尖点地，两臂环抱小腿，放松后背，额头放在膝关节上，保持自然呼吸，使身心放松。（图4-4-1）

动作2：吸气时抬头，呼气时两腿放松，膝关节打开，胸、腰、腹向前推，感觉力量向掌心，使两膝关节外展尽量贴近地面。（图4-4-2）

图4-4-1　　　　　　　　图4-4-2

动作3：两腿并拢，脚背绷直，上体前俯下压，用手触及两脚脚跟，呼吸，用腹部靠近大腿，用额头靠近小腿，使身体放松，保持自然呼吸。（图4-4-3）

动作4：两手虎口打开，两臂放在身后触地，两腿弯曲，两膝并拢。吸气，胸、腰、腹尽量向前推，感觉气息在胸部。保持5～8秒。（图4-4-4）

图4-4-3　　　　　　　　图4-4-4

动作5：两腿交叉盘坐，两手手指相对，上体向前倾，额头点地。保持自然呼吸。（图4-4-5）

动作6：两手合掌，两拇指相对。吸气，两手抬起，指尖尽量向上，感觉胸、腰、腹向前推；呼气，内脏器官向下沉，指尖再次向远伸，感觉上臂夹两耳。（图4-4-6）

动作7：盘坐，两手半握拳放在膝关节上，慢慢放松身体，使胸、腰、腹保持自然状态。闭上眼睛进行3次完全呼吸。（图4-4-7）

图4-4-5　　　　　图4-4-6　　　　　图4-4-7

（二）猫式

【方法】

（1）两膝跪地，两手撑地，吸气，将背部下压。同时，慢慢抬头，头颈部尽量后仰，蓄气不呼。（图4-4-8）

（2）呼气，放松背肌，收腹，背部拱起，用下颌贴前胸部。（图4-4-9）

【作用】使脊椎富有弹性，并可以放松肩颈部，促进血液循环。

猫式

图4-4-8   图4-4-9

【注意】

（1）腰部尽量下陷，臀部上翘。

（2）背部尽量向上拱，使头部埋在两臂之间。

（三）虎式

【方法】

（1）两膝跪地，两手撑地，吸气，左腿向上伸展，将头部稍后仰。（图4-4-10）

（2）呼气，左腿屈膝，脚背绷起，使前额尽量靠近膝关节。（图4-4-11）

（3）重复5～6次，换右侧再做。

【作用】强化膝关节和腿部力量，促进全身血液循环，预防臀部下垂及下肢脂肪堆积，伸展腰椎，能够让久坐的人的身体得到放松和舒展。

图4-4-10   图4-4-11

【注意】

（1）腰部尽量下陷，腿要尽量抬高，不可弯曲，下颌也要抬高。

（2）背部尽量向上拱，使前额尽量靠近膝关节。

（3）整个动作过程中保持呼吸通畅。

（四）蝴蝶式

【方法】

（1）简易坐姿，屈膝，腿向外展，两脚脚掌相对并拢，两手十指交叉握住脚趾。

（2）用力将脚跟靠近会阴部，背部挺直。（图4-4-12）

（3）呼气，两膝缓缓下压，靠近地面；吸气，缓缓让肌肉放松，两膝还原。反复14次。（图4-4-13）

（4）保持图4-4-13的姿势，两手握住脚外侧边缘。吸气，将脚抬离地面，脚跟靠近腹部，尽量抬高一些，呼气，两脚缓缓地放落到地面上。

【作用】强化肛门的肌肉，改善生殖器官的功能；促进骨盆区域的血液循环，调理月经紊乱，调节泌尿系统失调，缓解坐骨神经痛。

图4-4-12

图4-4-13

【注意】

（1）呼气时两膝下压，吸气时两膝放松。

（2）意识集中于收紧会阴部和肛门。

（五）蛇式

眼镜蛇式

【方法】

（1）俯卧，两手放于肩两侧，肩颈部稍向上抬起。（图4-4-14）

（2）两腿和两臂伸直，两臂主要依靠面部、后颈和背部的力量。吸气的同时，由头顶牵引，让整条脊柱处于悬置的状态，一节一节向上牵引，依次是颈椎、胸椎、腰椎。（图4-4-15）

（3）整个过程中保持头部尽量向上、向后伸展，眼睛分别向上方、后方看。手臂辅助性地轻松伸直。呼气的同时，按腰椎—胸椎—颈椎的顺序恢复。

【作用】调理经期使之规律化，缓解坐骨神经痛，有益于内脏器官（尤其是生殖器官）。

图4-4-14

图4-4-15

【注意】

（1）患有甲亢、胃溃疡、肠炎和疝气的人最好不要做此动作。

（2）不要使颈部、背部的肌肉过于紧张，做到较为舒服的程度即可。

（六）弓式

【方法】

（1）俯卧。呼气，屈膝向后，两手抓住脚踝或脚背。（图4-4-16）

（2）吸气的同时，将手、脚、头向上提起，眼看前上方，自然呼吸，保持10秒。（图4-4-17）

（3）呼气，有控制地还原腰背，再放松手、脚、头。

【作用】改善肾脏、肝脏等内脏功能，加大各内脏的血液供应量，预防胆结石和肾结石，使关节更灵活、骨骼更放松舒展。

图 4-4-16　　　　　　　　　　图 4-4-17

【注意】

（1）患有甲状腺疾病和腰椎间盘突出的人不要做此动作。

（2）初学者可以简化动作，做到最大限度即可。

（3）保持动作时间要逐渐延长。

（七）犁式

【方法】

（1）仰卧。吸气，两腿并拢抬起与上体约成 60°，腰向下沉。两腿伸直，两脚脚尖在头部前方着地，用两手托住后腰部，稳定身体重心。（图 4-4-18）

（2）保持自然呼吸，再慢慢地将两臂平放在地面。（图 4-4-19）

【作用】有助于调节生理机能，促进血液循环和荷尔蒙分泌；能让脊柱保持弹性，缓解腰酸背痛。

图 4-4-18　　　　　　　　　　图 4-4-19

【注意】

（1）患有高血压的人不宜练习此动作。

（2）两腿并拢，协调用力。

（3）头部正直，不要左右摆动。

（八）山峰式

【方法】

（1）两膝跪地，两手撑地，准备姿势。

（2）伸直膝关节，臀部提起，两脚脚跟落于地面上，努力伸直两臂和两腿，头部置于两臂之间，两臂伸直，两手手掌扶地。（图 4-4-20）

（3）呼气，用力尽量下压肩部，稍抬头，眼睛看向两手之间，保持 30～60 秒。吸气，放松肩膀，还原成准备姿势。

图 4-4-20

【作用】缓解疲劳；缓解坐骨神经痛和肩关节炎疼痛，舒缓神经系统。

【注意】

（1）患有高血压和贫血的人不宜练习此动作。

（2）韧带不好的人，可以先将两脚打开的角度适当放大一些，待熟练之后再将两脚并拢练习。

（九）树式

【方法】

（1）站立，将右脚脚掌紧贴在左腿大腿内侧，位置尽量靠上（右脚位置的高低可根据个人的柔韧素质而定）。

（2）左腿平衡站立，两手合掌。吸气，两臂伸直，高举过头，调息 5～6 次。换另一侧腿做。（图 4-4-21）

【作用】矫正体态，提高注意力，舒缓神经系统，缓解背部疼痛。

【注意】

（1）尽量保持身体平衡，弯曲腿膝关节朝正侧方。

（2）在做动作过程中，髋部应始终保持正对前方。

图 4-4-21

（十）三角式

【方法】

（1）直立，两臂自然下垂，两腿打开 2 倍以上的肩宽。吸气，两臂向身体两侧平伸，与地面平行。

（2）呼气，右腿慢慢弯曲成弓步。

（3）同时，上体向右侧弯，两臂与上体始终约成 90°。

（4）右手抓住右脚脚踝，保持呼吸 5 次后，慢慢把右腿伸直，停留数秒。（图 4-4-22）

（5）吸气，还原，换另一侧做。（图 4-4-23）

【作用】有助于消除人体腰部多余的脂肪，缓解腿部和臀部的僵硬，纠正腿部畸形，使腿部能够匀称地发展。另外，三角式还能缓解颈部和背部酸痛，增强踝关节力量，强健胸部。

图 4-4-22　　　　图 4-4-23

【注意】

（1）侧弯腰时，上体不要前倾，眼看上方。

（2）意识集中在脊椎及腰腹部两侧。

（十一）舞者式

【方法】

（1）站立，吸气，屈左腿向后抬起，左手抓住左脚脚背，右臂向上伸直。（图4-4-24）

（2）呼气，左手拉起左脚向上伸展，右臂前伸，保持身体平衡。保持20秒，自然呼吸。（图4-4-25）

（3）呼气，还原，换右腿再做。

【作用】有助于消除腿部多余的脂肪，增强腿部力量；矫正骨盆异常，提高平衡能力；有助于集中注意力，舒缓紧张的心情。

图4-4-24

图4-4-25

【注意】

（1）脚跟要有力、稳健。

（2）保持身体平衡和心情平静。

（十二）骆驼式

【方法】

（1）跪立，挺直腰杆，脚背着地；两膝打开，与肩同宽。（图4-4-26）

（2）吸气，髋部向前推，上体慢慢后仰，两手抓住两脚脚踝。（图4-4-27）

（3）放松颈部，保持姿势，深深调息5次。

【作用】可伸展和强化脊椎神经，促进全身血液循环；可预防胃痉挛，美化胸部和腰部线条。

骆驼式

图4-4-26

图4-4-27

【注意】

（1）头部后仰时，不要因腰部的紧张而憋气。

（2）上体后仰时，让脊柱自然地向后弯曲，不要逞强，容易造成损伤。

（3）动作重复3次。

（十三）船式

【方法】

（1）仰卧，吸气，两膝弯曲，两手放在膝关节上，身体稍向后倾；两腿斜向上伸直，两臂同时伸直抬起，停住不动，保持自然呼吸。（图4-4-28）

（2）呼气，放松还原。

图4-4-28

【作用】增强腹部肌肉，美化腹部线条，改善肝脏和肾脏功能。

【注意】

（1）意识放在腹部，尽量多停留几秒，使腹部有微微的酸痛感。

（2）头部抬起时，颈肩部保持放松，尽量不要憋气。

（十四）脊柱扭转式

【方法】

（1）直角坐姿准备姿势，右脚紧挨左腿大腿的内侧。

（2）屈左膝，将左脚移到右膝外侧，全脚掌着地。如果身体柔韧性较好，在此动作熟练后，尽量让左膝靠近肩部，保持15～30厘米的距离，保证更有效地刺激到腰部。

（3）右臂置于左腿外侧，肘部顶住膝关节外侧，左手放在髋部右侧。（图4-4-29）

（4）吸气，随着呼气，向左逐一扭转腰部、背部、肩部、颈部和头部。

（5）自然呼吸，保持5～8秒，然后换方向进行练习。（图4-4-30）

【作用】刺激脊柱神经，调节神经系统，提高背部柔韧性，改善肝、脾、肾的功能，有益于解毒、利尿，有助于预防和辅助治疗轻度便秘。

图4-4-29　　　　　图4-4-30

【注意】

（1）扭转时，视线水平方向移动。

（2）左右为1个回合，共做2～3个回合。

（十五）鱼式

【方法】

（1）仰卧，两腿伸直，两臂置于身体两侧，全身放松。（图4-4-31）

（2）呼气，两手放于臀部下方，抬高颈部和胸部，背部拱起，头顶着地。（图4-4-32）

（3）深呼吸，保持姿势1～2分钟。

（4）以上姿势不变，两手合掌伸向头前方。（图4-4-33）

（5）慢慢放下，恢复到起始姿势，重复练习。

【作用】充分扩展胸部，促进呼吸顺畅；美胸美颈，纠正不良体态；平衡内分泌，促进肠道消化，有效地缓解便秘。长期做此动作对痔疮、月经不调也有辅助疗效。

图 4-4-31

图 4-4-32

图 4-4-33

【注意】

（1）伸展的部位是上背部，而不是将脖子向下凹。否则很容易伤害到颈椎，非常危险。

（2）意识放在头部、肩部和背部有感觉之处。

（3）头顶着地后不乱动。

（十六）肩倒立式

【方法】

（1）仰卧。两臂下压地面，收紧腹肌，直腿上举。

（2）呼气，下压两腿，两脚落于头后。

（3）自然呼吸，屈膝团身，膝关节置于前额处。

（4）屈肘，将两手虎口张开向上，托于背部。（图 4-4-34）

（5）腿缓慢向上伸直，并有带起臀部和背部的感觉，自然呼吸，保持 1～2 分钟。

（6）以相反的顺序，将脊柱从颈椎、胸椎、腰椎、骶骨，依次柔和地一节一节还原到地面。

【作用】增强脑部及面部的活力，改善甲状腺、肾上腺的功能；消除腿部肿胀；有助于促进血液循环，缓解便秘；有助于调理月经，预防肛门和膀胱的疾病。

图 4-4-34

【注意】

（1）患有高血压、急性鼻炎、严重心脏病的人，不要做此动作。

（2）还原脊柱时，抬起下颌，后仰颈部，防止猛然落下，使脊柱受伤。

（3）每天做 1 次即可。

三、瑜伽坐姿

（一）简易坐

对于初学者来说，简易坐是最简单、最基本的瑜伽坐姿。

【方法】坐于垫上，两腿自然弯曲盘起，两手分别放在膝关节上，头部、颈部和躯干保持在一条直线上。

【作用】加强两髋、两膝和两踝，滋养和加强神经系统，缓解风湿疼痛和关节炎。

简易坐

（二）莲花坐

对于初学者来说，莲花坐有一定的难度，但只要掌握它的技巧，循序渐进、持之以恒地进行练习，就会有事半功倍的效果。

【方法】直角坐姿准备姿势，将右脚脚背置于左腿大腿根部，再将左脚脚背置于右腿大腿根部，两只脚脚掌斜朝上；两膝向下，尽量贴近地面；背部伸直，头部正直。（图4-4-35）

【作用】有益于改善呼吸系统和消化系统，有助于消除情绪紧张和波动，增强下肢肌肉的弹性。

图4-4-35

莲花坐

（三）半莲花坐

【方法】直角坐姿准备姿势，右脚脚掌贴紧左腿大腿内侧，左脚脚背置于右腿大腿根部，脚掌朝上；背部自然挺直，目视正前方。

【作用】半莲花坐作用与莲花坐作用相似，但不如莲花坐有效。

半莲花坐

（四）雷电坐

雷电坐使用的范围非常广，患有坐骨神经痛、骶骨感染等症状的人不能采用其他瑜伽姿势，此姿势是最佳选择。

【方法】跪立，两膝并拢，脚趾交叠，脚跟、脚踝似括号一样，向左右两边分开；背部垂直于地面，臀部坐于两脚的内侧；两手放在两大腿上，抬头，两眼平视前方。

【作用】有助于预防及缓解两膝和两踝的僵硬、强直，加强各关节灵活性，有助于预防和辅助治疗风湿病和关节炎；缓解胃溃疡、胃酸病症；伸展骨盆肌肉，对临产孕妇有很大帮助。

体育思政课堂

瑜伽传入中国最早可追溯到南北朝时期，而真正让中国人认识瑜伽、了解瑜伽，得益于20世纪80年代末至90年代初美籍华人张蕙兰的引进。中国中央电视台曾以《瑜伽——自我身心锻炼方法》电视系列片的形式进行详细的报道和介绍。这一系列节目的播出，真正为瑜伽跨入中国打开了大门。

近年来，瑜伽行业在我国迅猛发展，一些高校也开设了瑜伽选修课。瑜伽这项既古老传统又时尚新兴的健身方式，在中国正呈现出勃勃生机和广阔的发展前景。

长期练习瑜伽，可以调节情绪，减缓压力，使练习者的内心更加平静，获得心理满足感，产生积极的成就感；可以增强练习者的自信心，摆脱其消极情绪，以更好的身心状态面对生活。

第五节　啦啦操

一、啦啦操基本手位

啦啦操的基本手位为 36 手位，均有统一的动作规格、速度和力度。进行手位练习时，应注意：手臂移动快速并有控制力；手臂运动选取最短路径，短杠杆发力；下肢扎实，髋关节向前微倾，腰腹收紧。（图 4-5-1）

1. 上A	2. 下A	3. 高V	4. 倒V	5. 加油	6. T
7. 短T	8. W	9. 上L	10. 下L	11. 斜线	12. K
13. 侧K	14. 弓箭	15. 小弓箭	16. 短剑	17. 侧上冲拳
18. 侧下冲拳	19. 斜下冲拳	20. 斜上冲拳	21. 高冲拳	22. R	23. 上M

图 4-5-1

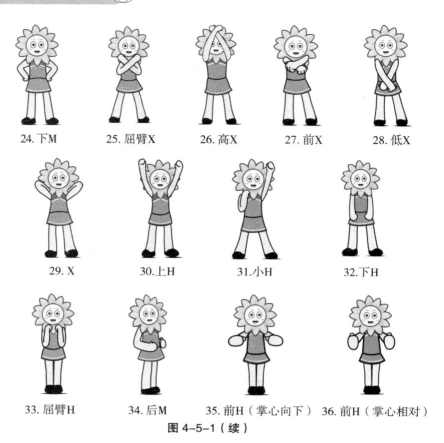

24. 下M　　25. 屈臂X　　26. 高X　　27. 前X　　28. 低X

29. X　　30. 上H　　31. 小H　　32. 下H

33. 屈臂H　　34. 后M　　35. 前H（掌心向下）　　36. 前H（掌心相对）

图 4-5-1（续）

啦啦操 –
常用手型

二、啦啦操基本手型

啦啦操的基本手型是从芭蕾舞、现代舞、迪斯科、武术中吸收和发展而来的。手型是手臂动作的延伸和表现，如果运用得好，就会使啦啦操动作更加丰富、生动，更具有感染力。主要有以下几种。

（1）并握式：除拇指外，其余四指并拢。拇指微屈，指关节贴于食指旁。（图 4-5-2）

（2）分开式：五指用力伸直，充分张开。（图 4-5-3）

（3）芭蕾手式：五指微屈，小指、无名指、中指并拢，稍内收，拇指内扣。（图 4-5-4）

（4）拳式：握拳，拇指在外，指关节弯曲，拇指紧贴食指和中指。（图 4-5-5）

（5）立掌式：五指伸直，手掌用力上翘。（图 4-5-6）

图 4-5-2　　图 4-5-3　　图 4-5-4　　图 4-5-5　　图 4-5-6

三、啦啦操下肢基本动作

啦啦操下肢基本动作如图 4-5-7 所示。

| 直立 | 开立 | 弓步 | 侧弓步 | 小弓步 | 锁步 | 吸腿 |

图 4-5-7

体育思政课堂

虽然啦啦操在我国还是一项新兴的体育项目，但自传入以来就很快受到我国广大青少年的喜爱，它以全新的面貌在各级学校中迅速地开展起来。尤其是1998年中国大学生篮球联赛的诞生和2008年北京奥运会的召开，激情四射和富有活力的各种啦啦操表演，极大地带动了比赛的现场气氛，从此，啦啦操成为各大赛事尤其是篮球项目中不可缺少的一部分。同时，越来越多官方承办的综艺节目也瞄准了啦啦操这一新兴体育项目，通过对啦啦操舞蹈技能的比拼，他们从高校中选拔出优秀人才进行国际化的啦啦操培训和指导，旨在提升中国的啦啦操水平。

由于啦啦操是一项充满阳光、时尚和体现团队精神的大众体育运动，它在我国大中小学中受到青少年的追捧。2009年，国家体育总局正式批准开展全国啦啦操联赛。多年来，在国家体育总局体操运动管理中心的大力推动下，以及教育部相关部门的倾力支持下，啦啦操运动在我国得到了迅速发展和普及。2012年，全国啦啦操联赛非常火爆，参赛运动员一举突破3万人，600余名优秀运动员还参加了世界啦啦操赛事，其中北京分站赛的前五名"中国啦啦之星"还作为奥运会形象大使在2012年8月远赴伦敦奥运会为我国奥运健儿加油助威。

为普及推广啦啦操运动，国家体育总局体操运动管理中心先后在全国多个省市举行了大规模培训，参训的教练员和裁判员数千人。2012年，又推出竞赛积分排名和"全国啦啦操示范窗口学校"的评选，以及优秀教练员的评选和运动员达标注册，有效地调动了基层单位的积极性。从2013年起，中国啦啦操联赛开始实行A级赛区和B级赛区制。联赛之外，还有总决赛、锦标赛、冠军赛和中国公开赛择地举行。2013年，在由我国南京承办的世界首届艺术运动会上，中国选派出6支啦啦操队伍参赛。

第六节　形体训练

一、形体基本动作

（一）形体基本训练

1. 站立的基本姿态

技术要点：头部正直，肩部下沉，背部挺直，收腹立腰，臀部和两腿肌肉收紧，目视前方。

2. 脚的基本位置

常用的脚的基本位置如图 4-6-1 所示。

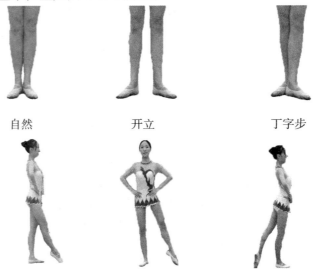

自然　　　　　　　　开立　　　　　　　　丁字步

点立

图 4-6-1

教学重点与难点：重点是根据练习者站立的姿势找准身体重心，整个背部夹紧；难点是站立时，背部、臀部和腿的肌肉容易放松，容易含胸松髋。

3. 手型的基本姿态

（1）兰花掌。（图 4-6-2）

（2）芭蕾舞掌形。（图 4-6-3）

图 4-6-2　　　　　　　　　　图 4-6-3

4. 绷脚与勾脚

绷脚与勾脚如图 4-6-4 所示。

绷脚　　　　　　　　　　　勾脚

图 4-6-4

技术要点：脚趾和踝关节跖屈为绷脚，背屈为勾脚。

5. 手臂波浪

手臂波浪如图 4-6-5 所示。

（1）预备姿势：两脚丁字步站立，两臂侧平举。

（2）动作做法：由肩部带动整个臂部各关节，按肩、肘、腕、手指顺序依次做柔和的屈伸动作。臂部放松，手指向下，接着，肩稍下压，按肩关节、肘关节、腕关节顺序逐步地过渡到指关节向侧伸直。

（3）重点与难点：以肩关节开始，依次由肘关节、腕关节、掌指关节放松将力依次传递到指关节伸直，使"波峰"随着关节的弯曲有节奏地移动，连贯进行，犹如波浪形。要求肩部发力，带动肘关节，肘关节的运动方向与指尖的运动方向相反。

图 4-6-5

6. 全身波浪

（1）身体前波浪。（图 4-6-6）

预备姿势：两脚并立，上体前屈，含胸抬头，两臂前举。

动作做法：由踝关节开始，经膝、髋、腰、胸、颈各关节依次向前上方推移，经上体后屈依次弯曲和伸展还原成直立，"波峰"在体前由下向上推移，同时两臂经下向后绕至上举成抬头挺胸站立姿势。

图 4-6-6

（2）身体后波浪。（图 4-6-7）

预备姿势：挺身站立，两臂上举。

动作做法：由身体后屈开始，依次屈髋、收腹、含胸、低头至上体前屈。"波峰"在体后由下而上推移，同时两臂往后下绕至前举。

图 4-6-7

（3）身体侧波浪。（图 4-6-8）

预备姿势：以从左向右为例，左腿直立，右脚侧点地。

动作做法：左臂左斜上举，上体右侧屈。左腿屈膝，经两腿屈膝至半蹲，依次向右侧移身体重心的同时顶髋、腰、胸、颈部各关节，向右上方挺伸成右腿直立，左脚侧点地，上体稍左侧屈，"波峰"在右侧向上推移，右臂随身体重心移动经下摆至右上举。

技术要点：身体前波浪、身体后波浪必须使参加运动的身体各关节按顺序依次地进行弯曲和伸展，使动作过程由下向上推移。身体侧波浪在侧移身体重心的同时，完成膝、髋、腰、胸各关节按顺序依次向侧上方推移，幅度要大，动作要连贯、柔和。

重点与难点：动作做得圆滑，使各关节依次按顺序推移，动作连贯，幅度大。

图 4-6-8

（4）螺旋波浪。（图 4-6-9）

预备姿势：两脚并拢，自然站立，左臂上举，右臂屈肘至体前。

动作做法：两膝稍屈，膝、髋、腰、胸、颈、臂由前向左依次向上转动，身体重心逐渐上升至头部。两脚起踵站立，两臂经体侧上举。接着，伸膝、挺髋、挺胸、抬头，同时上体经前、侧、后弯曲做水平大绕环，"波峰"在旋转中由下而上成螺旋形移动。

技术要点：在踝、膝、髋、腰、胸、颈、臂依次弯曲的同时，各环节依次在水平面上画一个圆。

重点与难点：动作协调、圆滑、柔和，各关节应由低到高做螺旋波浪转动，"波峰"在旋转中由下而上成螺旋形移动。

图 4-6-9

（二）芭蕾基本练习

1. 芭蕾手位、脚位

（1）手位。（图 4-6-10）

一位手：两臂自然下垂，两手中指相对，指尖相距约两拳宽，手臂与手成椭圆形，置于体前。

二位手：手臂与肘关节的位置不变，向上抬至上腹前侧。

三位手：在二位手的基础上继续上抬两臂，至头部前上方。

四位手：左手不动，右手回到二位手。

五位手：左手不动，右臂肘关节夹角不变，向外打开至体侧位置，起到延长肩部线条的作用。

六位手：右手不动，左手从三位手回到二位手。

七位手：右手不动，左臂打开至体侧（与右手位置的方向相反）位置，两臂连线成弧形。

一位手　　二位手　　三位手　　四位手　　五位手　　六位手　　七位手

图 4-6-10

（2）脚位。（图 4-6-11）

一位脚：两脚完全外开，两脚脚跟成一条横线。

二位脚：两脚脚跟在一位脚的基础上向两旁打开，两脚脚跟之间的距离约为一脚宽。

三位脚：一脚位于另一脚之前，前脚脚跟贴后脚脚掌，前脚盖住后脚的一半。

四位脚：前脚从三位脚向前推出，两脚相距约一脚宽，前脚脚跟与后脚脚趾、后脚脚跟与前脚脚趾分别成一条直线。

五位脚：在四位脚的基础上，前脚后移，两脚紧贴在一起，一脚的脚跟紧挨着另一脚的脚尖，前脚盖住后脚。

一位脚　　　　二位脚　　　　三位脚　　　　四位脚　　　　五位脚

图 4-6-11

2. 常用术语

（1）蹲。（图 4-6-12）

稍蹲　　　　　　　　半蹲　　　　　　　　深蹲

图 4-6-12

（2）吸腿。（图 4-6-13）

小吸腿　　　　　　　　大吸腿

图 4-6-13

（3）大踢腿。（图 4-6-14）

前踢　　　　　　旁踢（侧踢）　　　　　　后踢

图 4-6-14

3. 把杆练习

（1）腿画圈练习。（图 4-6-15）

图 4-6-15

（2）单腿练习。（图 4-6-16）

前收　　　　　后收　　　　　前踢　　　　　侧踢　　　　　后踢

图 4-6-16

把杆练习——
画圈

（3）小踢腿练习。（图4-6-17）

前踢　　　　　前收　　　　　旁踢（侧踢）　　　后收　　　　　后踢

图4-6-17

二、形体动作组合练习

（一）手位、脚位组合

准备：一位脚站立，一位手准备姿势。（图4-6-18）

第一个8拍。

1～2拍一位脚，两臂成二位手。（图4-6-19）

3～4拍右脚向侧擦点立，两臂打开成七位手。（图4-6-20）

5～6拍身体重心移至中间成二位脚、手臂成七位。（图4-6-21）

7～8拍两脚成二位脚，两手成三位手。（图4-6-22）

图4-6-18　　图4-6-19　　　图4-6-20　　　　　图4-6-21　　　图4-6-22

第二个8拍。

1～2拍左侧大吸腿，身体重心移至右腿。（图4-6-23）

3～4拍左脚向前点立，右手前落至四位手。（图4-6-24）

5～6拍下肢动作不变，两手成二位手。（图4-6-25）

7～8拍经半蹲成四位脚开立，身体重心在两腿中间；两臂经下向侧摆至右臂上举、左臂侧举，成五位手。（图4-6-26）

图4-6-23　　　　图4-6-24　　　　图4-6-25　　　　图4-6-26

第三个 8 拍。

1 ～ 2 拍两脚成四位脚开立，两手成五位手。（图 4-6-27）

3 ～ 4 拍身体重心前移，右脚向后点立，两手成五位手。（图 4-6-28）

5 ～ 6 拍下肢动作不变，右手向前落成六位手。（图 4-6-29）

7 ～ 8 拍右脚向前收回成左三位脚，上肢动作不变。（图 4-6-30）

图 4-6-27   图 4-6-28   图 4-6-29   图 4-6-30

第四个 8 拍。

1 ～ 2 拍右脚向侧擦出，两臂打开成七位手。

3 ～ 4 拍右脚向侧点立，两臂成七位手。（图 4-6-31）

5 ～ 6 拍身体重心右移至中间，两腿开膝下蹲，两臂波浪下摆。（图 4-6-32）

7 ～ 8 拍收左脚成一位脚站立，两臂波浪下摆至一位手。（图 4-6-33）

图 4-6-31   图 4-6-32   图 4-6-33

第五个 8 拍至第八个 8 拍动作同第一个 8 拍至第四个 8 拍，左右相反。

第九个 8 拍。

1 ～ 2 拍左脚向侧擦出，左臂、右臂依次风火轮似的向左摆动 45°，面向八点位，两腿成半蹲并立，两臂体前交叉，低头含胸。（图 4-6-34）

3 ～ 4 拍右腿向侧弓步迈出一大步，身体重心落在右腿上，右臂侧上举、左臂侧下举，向左侧弯腰、留头，眼看左下方。（图 4-6-35）

图 4-6-34   图 4-6-35

5~6拍左脚、右脚向右前45°依次向前柔软步3步，成左腿向前点立，右腿半蹲，身体重心落在右腿上，两臂由后下方向前下方波浪摆出。（图4-6-36）

7~8拍经半蹲身体重心前移至左腿直立，右脚后点立，两臂经胸前交叉打开成右臂侧上屈、左臂侧下举。（图4-6-37）

图4-6-36　　　　　　　　　　图4-6-37

（二）形体姿态组合

准备：一位脚站立，一位手成准备姿势。（图4-6-38）

起势：

第一个8拍。

1~2拍一位脚站立，两臂成二位手。（图4-6-39）

3~4拍一位脚站立，两臂打开成七位手。（图4-6-40）

5~6拍左脚向前柔软步，两臂成七位手。（图4-6-41）

7~8拍右脚向前柔软步，两臂成七位手。（图4-6-42）

图4-6-38

第二个8拍。

1~2拍左脚向前柔软步，两臂成七位手。（图4-6-41）

3~4拍左脚上步，右脚并步提踵立，两臂成三位手。（图4-6-43）

5~6拍脚跟落下，两臂打开成七位手。（图4-6-44）

7~8拍下肢动作不变，两臂波浪摆下成一位手。（图4-6-45）

图4-6-39　　图4-6-40　　　　图4-6-41　　图4-6-42　　　图4-6-43　　图4-6-44　　图4-6-45

动作图解：

第一个8拍。

1~2拍左脚前方点地，右腿半蹲，身体重心落在右腿上，两臂前举，两掌掌心向外，低头含胸。（图4-6-46）

3～4拍下肢动作不变，两臂打开成七位手，抬头挺胸。（图4-6-47）

5～6拍收脚成提踵立，两臂上举，两掌掌心向外。（图4-6-48）

7～8拍半蹲，两臂打开成侧平举，两掌掌心斜向上。（图4-6-49）

图4-6-46　　　　图4-6-47　　　　图4-6-48　　　　图4-6-49

第二个8拍。

动作同第一个8拍，只是左右相反。（图4-6-50）

第八拍的后半拍从图4-6-51还原成一位手站立。

图4-6-50　　　　　　　　　　　　　图4-6-51

第三个8拍至第四个8拍重复第一个8拍至第二个8拍的动作。

第五个8拍。

1～2拍左脚前方点地，右腿半蹲，身体重心落在右腿上；右臂前下举，左臂侧后上举。（图4-6-52）

3～4拍两臂还原成一位手站立。（图4-6-53）

5～6拍右脚前方点地，左腿半蹲，身体重心落在左腿上；右臂前下举，左臂侧后上举。（图4-6-54）

7～8拍收右腿提踵直立，两臂经一位手成三位手。（图4-6-55）

图4-6-52　　　　图4-6-53　　　　图4-6-54　　　　图4-6-55

第六个8拍。

1～2拍半蹲并立，上体右转约90°，两臂经上打开，仰头向上看。（图4-6-56）

3～4拍提踵直立，两臂经一位手成三位手。（图4-6-57）

5～6拍半蹲并立，上体左转约90°，两臂经上打开。（图4-6-58）

7～8拍两臂还原成一位手站立。（图4-6-59）

图4-6-56　　　　　　图4-6-57　　　　　　图4-6-58　　　　　图4-6-59

第七个8拍至第八个8拍重复第五个8拍至第六个8拍的动作。

第九个8拍。

1～2拍左脚向侧上步，右脚侧点立，两臂经体前打开成左臂上举，右臂侧举。（图4-6-60）

3～4拍左腿半蹲，右腿后撤点地，身体重心落在两腿中间；右臂经下摆至前举指向八点位，左臂前屈，左手搭在右臂上。（图4-6-61）

5～6拍吸右腿接外开右转约90°，单腿立，由八点转向两点方向落成弓步，左腿后点地；三位手打开随身体右转，右手侧举、左手经下绕至前举。（图4-6-62）

7～8拍左脚向两点方向前点地，右腿半蹲，右臂侧屈，左臂经下绕至后上举，上体转向八点方向。（图4-6-63）

图4-6-60　　图4-6-61　　　　　　　图4-6-62　　　　　　图4-6-63

第十个8拍。

1～2拍身体重心前移至左腿，成右吸腿立接左吸腿立，左臂经下至上举、左臂侧举成五位手。（图4-6-64）

3～4拍随身体左转90°右旁吸腿，右脚上步面向八点方向直立，左脚后点立；右臂经下前上举，左臂后下举。（图4-6-65）

5～6拍左腿上步并步半蹲，右臂经体前向后侧摆出，左臂经后下向前摆出。（图4-6-66）

7～8拍左脚提踵立，右腿经屈膝前踢，上步落地，左腿紧跟并步；右腿前踢时，左臂前举；右臂侧后举；并步时，右臂胸前屈臂，手搭在左肩上。（图4-6-67）

图 4-6-64　　　　　　　　　　图 4-6-65

图 4-6-66　　　　　　　　　　图 4-6-67

第十一、第十二个 8 拍重复第九、第十个 8 拍的动作，左右相反。

第十三个 8 拍。

1～2 拍右脚右后撤一大步成侧后弓步，右脚侧前点立，身体重心落在左腿上；两臂体前交叉打开，成左臂侧后上举、右臂侧前下举。（图 4-6-68）

3～4 拍收右腿并脚直立提踵左后转 270°，两臂成三位手。（图 4-6-69）

5～6 拍面向两点方向左脚向前点立，身体重心落在右腿上；两臂打开，右臂在前上，左臂在后下，慢慢落下。（图 4-6-70）

7～8 拍下肢动作不变，两臂落至右臂前下举、左臂后下举，掌心向上，上体稍左转送右肩。（图 4-6-71）

图 4-6-68　　　　　　图 4-6-69　　　　　　图 4-6-70　　　　图 4-6-71

第十四个 8 拍重复第十三个 8 拍的动作。

第十五个 8 拍。

1～2 拍左脚向侧上一步，右脚侧点地，两臂经体前打开成左臂上举，右臂侧平举。（图 4-6-72）

3～4 拍收右脚成丁字步虚点地，左臂摆至胸前屈，右臂侧后上举。（图 4-6-73）

5～8 拍的动作同 1～4 拍的动作，左右相反。

第十六个至二十七个 8 拍重复第一个至第十二个 8 拍的动作。

图 4-6-72　　　　图 4-6-73

第二十八个 8 拍。

1～2 拍左脚向侧迈出一步经半蹲起，身体重心移至左腿上；左臂向左波浪摆至侧平举，右臂侧下举。（图 4-6-74）

图 4-6-74

3～4 拍经半蹲起身体重心移至右腿上；右臂向右波浪摆至侧平举，左臂侧下举。（图 4-6-75）

5～8 拍的动作重复 1～4 拍的动作。

图 4-6-75

第二十九个 8 拍。

1～2 拍左脚上步提踵立，吸右腿；两臂经体前向左绕至三位手，向右侧弯腰。（图 4-6-76）

3～4 拍右脚落下提踵立，两臂成三位手。（图 4-6-77）

5～6 拍右脚向侧迈步，左脚向侧点立；两臂经右侧向下摆动。（图 4-6-78）

7～8 拍左腿直立，右脚向侧点立，身体重心移至左脚上；两臂摆至右臂在前、左臂在侧的六位。（图 4-6-79）

图 4-6-76　　　　　　　图 4-6-77　　　图 4-6-78　　图 4-6-79

第三十个 8 拍的动作同第二十九个 8 拍的动作，左右相反。

第三十一个 8 拍。

1～4 拍经半蹲移身体重心向左侧波浪。（图 4-6-80）

图 4-6-80

5～8 拍下肢动作不变，右臂打开至侧下举，两臂小波浪一次，右侧下旁腰。（图 4-6-81）

图 4-6-81

第三十二个 8 拍重复第三十一个 8 拍的动作，左右相反。

第三十三个 8 拍。

1～2 拍左脚向侧上步，右脚侧点立，两臂经体前打开成左臂上举，右臂侧平举。（图 4-6-82）

3～4 拍收右脚成丁字步虚点地，左臂摆至胸前屈，右臂侧后上举。（图 4-6-83）

5～6 拍左脚向侧点立，两臂打开，左臂斜下摆，右臂侧平举。（图 4-6-84）

7～8 拍右脚并步提踵立，向左后转体 270°，面向两点方向，两臂成三位手。（图 4-6-85）

图 4-6-82　　　　图 4-6-83　　　　图 4-6-84　　　　图 4-6-85

第三十四个 8 拍。

1～4 拍左脚上步经半蹲向前移动身体重心，两臂体前交叉。（图 4-6-86）

5～8 拍右腿直立，左脚后点立；两臂打开摆至右臂前上举、左臂侧平举。（图 4-6-87）

图 4-6-86　　　　　　　　　图 4-6-87

（三）形体独立练习法

1. 身体各部位正确的感知觉练习

正确的感知觉是形成和保持优美形体的必要条件之一，包括头颈、躯干、上肢、下肢感知觉和站立基本姿态。通过身体各部位正确的感知觉练习，练习者可以体会保持正确的身体姿态所必需的肌肉感觉，提高身体的自控能力，是形体练习中不可缺少的锻炼内容。

2. 基本形态练习

基本形态是指先天形态和后天塑造的基本的身体姿态。基本形态练习内容包括基本方向与基本部位练习、扶把姿态练习、离把徒手姿态练习和表现力练习。在基本方向和基本部位练习中，将方向的认知、脚与手的基本部位进行了规范性的要求。在扶把姿态练习中，练习的内容是根据普通大学生的身体条件编排的，并提出了规范性的要求。离把徒手姿态练习，包括各种基本步法和手臂动作，强调了举手投足的优美性，练习内容丰富。表现力练习着重培养人优美的体态和肢体动作，以及面部表情表现情绪、情感的能力。该部分是形体练习中重要的练习内容之一。

体育思政课堂

形体训练以芭蕾把杆的基本动作为基础，侧重抓"整形"和"形训"，以调整和克服某些生理上的缺陷，改变某些不美的习惯姿态和动作，同时，对身体的自然动作和日常生活中的举止加以提炼、美化和升华，使人们对坐、立、行等身体的基本姿态、基本位置和正确的运动路线及运动规律等建立起正确的基本概念；使人们的形体动作达到规范的标准，并贯穿在日常生活中，同时纳入严格的体育专项，以及各种文娱专业之中。

形体训练主要通过舒展优美的舞蹈基础练习，结合古典舞、身韵、民族民间舞蹈进行综合训练。参与系统的形体训练可以塑造良好的形体，使参与者的举止得体，坐、立、行落落大方，展现蓬勃向上的青春活力和积极向上的人生态度。

第五章

民族民俗民间体育俱乐部指导

第一节　武　术

一、初级长拳（第三路）

（一）初级长拳（第三路）动作名称

初级长拳（第三路）动作名称见表 5-1-1。

表 5-1-1　初级长拳（第三路）动作名称

段别	动作名称			
预备动作	1. 虚步亮掌	2. 并步对拳		
第一段	1. 弓步冲拳 5. 弹腿冲拳	2. 弹腿冲拳 6. 大跃步前穿	3. 马步冲拳 7. 弓步击掌	4. 弓步冲拳 8. 马步架掌
第二段	1. 虚步栽拳 5. 马步击掌	2. 提膝穿掌 6. 插步双摆掌	3. 仆步穿掌 7. 弓步击掌	4. 虚步挑掌 8. 转身踢腿马步盘肘
第三段	1. 歇步抡砸拳 5. 马步冲拳	2. 仆步亮掌 6. 弓步下冲拳	3. 弓步劈拳 7. 插步亮掌侧踹腿	4. 换跳步弓步冲拳 8. 虚步挑拳
第四段	1. 弓步顶肘 5. 歇步下冲拳	2. 转身左拍脚 6. 仆步抡劈拳	3. 右拍脚 7. 提膝挑掌	4. 腾空飞脚 8. 提膝劈掌弓步冲拳
结束动作	1. 虚步亮掌	2. 并步对拳	3. 还原	

（二）初级长拳（第三路）动作图解

【预备动作】

头要端正，下颌微收，挺胸、塌腰、收腹。（图 5-1-1）

初级长拳
（第三路）

1. 虚步亮掌

动作必须连贯。成虚步时，身体重心落在右腿上，右大腿约与地面平行；左腿微屈，左脚脚尖点地。（图 5-1-2）

图 5-1-1　　　　　　　　　　图 5-1-2

2. 并步对拳

并步后，挺胸、塌腰；对拳、并步、转头要同时完成。（图 5-1-3）

图 5-1-3

【第一段】

1. 弓步冲拳

成左弓步时，右腿充分蹬直，右脚脚跟不要离地；冲拳时，尽量转腰送肩。（图 5-1-4）

2. 弹腿冲拳

弹出的腿要有爆发力，力达脚尖；弹腿动作和冲拳动作要协调，同时完成。（图 5-1-5）

3. 马步冲拳

成马步时，两大腿要约与地面平行，两小腿平行，两脚脚跟外蹬，挺胸、塌腰。（图 5-1-6）

图 5-1-4　　　　　　　　图 5-1-5　　　　　　　　图 5-1-6

4. 弓步冲拳

此弓步冲拳的动作要点与本段前述的弓步冲拳的动作要点相同，只是左右相反。（图5-1-7）

5. 弹腿冲拳

此弹腿冲拳的动作要点与本段的弹腿冲拳的动作要点相同，只是左右相反。（图5-1-8）

图5-1-7   图5-1-8

6. 大跃步前穿

跃步要远，落地要轻，整个动作要协调、连贯。（图5-1-9）

图5-1-9

7. 弓步击掌

成左弓步时，右腿要充分蹬直。（图5-1-10）

8. 马步架掌

成马步时，大腿要约与地面平行；抖腕、甩头要同时进行。（图5-1-11）

图5-1-10   图5-1-11

【第二段】

1. 虚步栽拳

落步、架拳、栽拳、转头要同时完成。（图5-1-12）

图5-1-12

2. 提膝穿掌

提膝时，支撑腿与右臂充分伸直。（图5-1-13）

3. 仆步穿掌

成左仆步时，左腿要充分伸直。（图5-1-14）

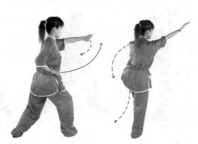

图5-1-13 图5-1-14

4. 虚步挑掌

上步时，动作要协调；成虚步时，身体要稳。（图5-1-15）

5. 马步击掌

右掌搂手时，右臂内旋，右腕伸直，右手手掌向下、向外转；接着右臂外旋，右手掌心由下向上翻转，同时抓握成拳。收拳动作与击掌动作要同时进行。（图5-1-16）

图5-1-15 图5-1-16

6. 插步双摆掌

两臂摆动时要画立圆，幅度要大，摆掌与后插步要配合一致。（图 5-1-17）

7. 弓步击掌

右手画弧、左手推掌、左脚撤步三个动作要同时完成。弓步击掌时，左手掌心朝前，右手勾尖朝上。（图 5-1-18）

图 5-1-17   图 5-1-18

8. 转身踢腿马步盘肘

两臂抡动时要画立圆，动作连贯；盘肘时要快速有力，右臂前送。（图 5-1-19）

图 5-1-19

【第三段】

1. 歇步抡砸拳

抡臂动作要连贯完成，两臂画立圆；成歇步时，两腿交叉前蹲，左腿的大腿与小腿靠紧，臀部贴于左小腿外侧，左腿膝关节在右小腿外侧，左脚脚跟提起；右脚脚尖外撇，全脚掌着地。（图 5-1-20）

图 5-1-20

2. 仆步亮掌

落步下蹲时，先成右弓步，然后迅速过渡成左仆步；成左仆步时，左腿充分伸直，左脚脚尖内扣，右腿前蹲，两脚全脚掌着地；上体挺胸塌腰，稍左转。（图 5-1-21）

图 5-1-21

3. 弓步劈拳

左、右脚上步时稍带弧形。（图 5-1-22）

图 5-1-22

4. 换跳步弓步冲拳

换跳步动作要连贯、协调；震脚时，腿要弯曲，全脚掌着地；左脚离地不要太高。（图 5-1-23）

图 5-1-23

5. 马步冲拳

成马步时，两大腿要约与地面平行。（图 5-1-24）

6. 弓步下冲拳

成左弓步时，右腿充分蹬直；挺胸、塌腰。（图 5-1-25）

7. 插步亮掌侧踹腿

插步时，上体稍向右倾斜，腿部与臂部的动作要协调一致；侧踹高度不能低于腰，着力点在脚跟。（图 5-1-26）

图 5-1-24　　　　　　图 5-1-25　　　　　　　　图 5-1-26

8. 虚步挑拳

成虚步时，两脚要虚实分明。（图 5-1-27）

图 5-1-27

【第四段】

1. 弓步顶肘

交换步时，跳得不要过高，但要快；两臂抡摆时，要画立圆。（图 5-1-28）

图 5-1-28

2. 转身左拍脚

右掌拍脚时，手掌稍横，拍脚要准确且响亮。（图 5-1-29）

3. 右拍脚

右拍脚的动作要点与本段的转身左拍脚的动作要点相同，只是左右相反。（图 5-1-30）

图 5-1-29　　　　　　　　　　图 5-1-30

4. 腾空飞脚

右脚蹬地后跳起，右腿尽量上抬，在跳起的过程中身体不要过于向前冲，拍脚要在腾空时完成，两臂要伸直。（图 5-1-31）

5. 歇步下冲拳

歇步的动作要点与第三段歇步抡砸拳中的歇步的动作要点相同。（图 5-1-32）

图 5-1-31　　　　　　　　　　图 5-1-32

6. 仆步抡劈拳

抡臂时，两臂要画立圆。（图 5-1-33）

图 5-1-33

7. 提膝挑掌

抡臂时，两臂要画立圆。（图 5-1-34）

8. 提膝劈掌弓步冲拳

提膝时，支撑腿要蹬直，提膝腿要绷直脚背。（图5-1-35）

图5-1-34   图5-1-35

【结束动作】

1. 虚步亮掌

勾手亮掌与虚步要同时完成。（图5-1-36）

图5-1-36

2. 并步对拳

穿掌后，两臂动作要对称。（图5-1-37）

3. 还原

两拳变掌，两臂自然下垂于体侧，两脚并拢，目视正前方。（图5-1-38）

图5-1-37   图5-1-38

二、初级刀术动作

初级刀术动作如下所示。

预备式	1. 预备动作一　　　　　　　　　　2. 预备动作二
	1. 弓步缠头　　　　　　　　　2. 虚步藏刀　　3. 弓步前刺
第一段	4. 并步上挑　　　　5. 左抡劈
	6. 右抡劈　　　　　　　　　　　7. 弓步撩刀
	8. 弓步藏刀

第二段

第三段

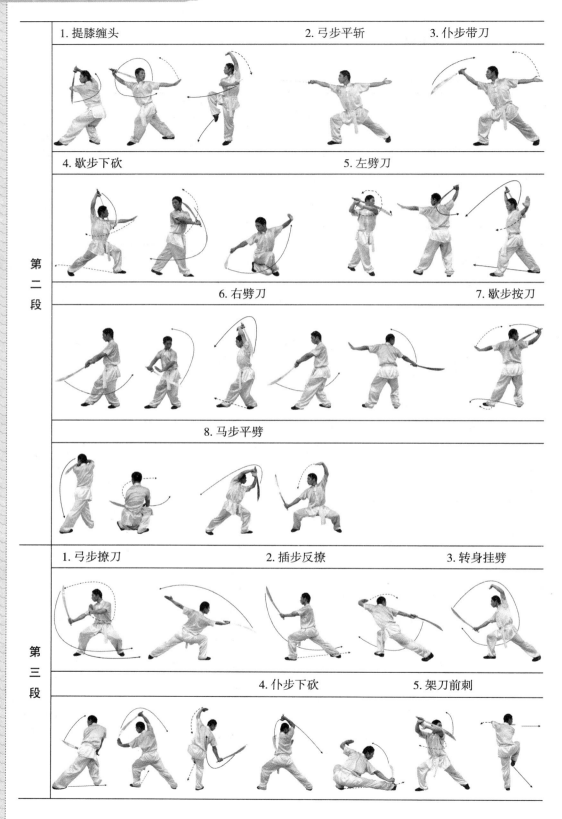

1. 提膝缠头 　　　　2. 弓步平斩 　　3. 仆步带刀

4. 歇步下砍 　　　　　5. 左劈刀

6. 右劈刀 　　　　7. 歇步按刀

8. 马步平劈

1. 弓步撩刀 　　　　2. 插步反撩 　　　3. 转身挂劈

4. 仆步下砍 　　　5. 架刀前刺

第三段	6. 左斜劈	7. 右斜劈

	8. 虚步藏刀	

第四段	1. 旋转扫刀	2. 翻身劈刀

	3. 缠头箭踢	4. 仆步按刀

	5. 缠头蹬腿	6. 虚步藏刀

		7. 弓步缠头

	8.并步抱刀
第四段	
结束动作	

三、初级剑术

（一）初级剑术动作名称

初级剑术动作名称见表 5-1-2。

表 5-1-2　初级剑术动作名称

段别	动作名称			
预备式				
第一段	1.弓步直刺	2.回身后劈	3.弓步平抹	4.弓步左撩
	5.提膝平斩	6.回身下刺	7.挂剑直刺	8.虚步架剑
第二段	1.虚步平劈	2.弓步下劈	3.带剑前点	4.提膝下截
	5.提膝直刺	6.回身平崩	7.歇步下劈	8.提膝下点
第三段	1.并步直刺	2.弓步上挑	3.歇步下劈	4.右截腕
	5.左截腕	6.跃步上挑	7.仆步下压	8.提膝直刺
第四段	1.弓步平劈	2.回身后撩	3.歇步上崩	4.弓步斜削
	5.进步左撩	6.进步右撩	7.坐盘反撩	8.转身云剑
收势	1.虚步持剑	2.并步站立		

（二）初级剑术动作图解

【预备式】

　　身体正直，并步站立。左手持剑，以拇指为一侧，中指、无名指和小指为另一侧，分握护手盘与剑柄的分界处，掌心贴在护手盘下部，手背朝前，食指贴于剑柄，剑身贴于前臂后侧；右手握成剑指，食指和中指伸直并拢，无名指和小指屈向手心，拇指压在无名指的指甲上，手腕背屈，手背朝上，食指、中指内扣指向左下侧。两臂在体侧下垂，两肘微上提。目向左平视。（图 5-1-39）

图 5-1-39

初级剑术

【第一段】

1. 弓步直刺

右手接握左手的剑，左手握成剑指。左脚向前上半步，左腿屈膝；右脚前脚掌碾地，脚跟外展，右腿膝关节伸直，成左弓步。同时，右手持剑向身前平伸直刺，拇指一侧在上；左手剑指随之向身后上方举，拇指一侧在下。目视剑尖。（图 5-1-40）

2. 回身后劈

左脚不动，左腿膝关节伸直；右脚向前上一步，右膝略屈，上体右转。同时，右手持剑经上方向后劈，剑高与肩平，拇指一侧在上；左手剑指随之由下向上弧形绕环，举于头顶上方，拇指一侧在下。目视剑尖。（图 5-1-41）

3. 弓步平抹

左脚向左前方上一步，左腿屈膝；右腿在后，膝关节伸直，右脚脚尖内扣，成左弓步。同时，左手剑指经胸前下降，经左下向上弧形绕环，举于头顶上方，左臂稍屈肘，拇指一侧在下；右手持剑随之向前平抹，剑尖稍向右斜。目视前方。（图 5-1-42）

图 5-1-40　　　　　　　图 5-1-41　　　　　　　图 5-1-42

4. 弓步左撩

（1）身体左转，右腿屈膝提起，右脚脚尖下垂，脚背绷直。同时，右手持剑，右臂外旋，使剑由前向上、向后画弧，至左后方时，屈肘，使手腕、前臂贴靠腹部，手心朝里；左手剑指随之由头顶上方下落，附于右腕处（手心朝下）。目视剑身。（图 5-1-43）

（2）右脚继续向右前方落步，右腿屈膝；左腿在后蹬直，左脚脚尖内扣，成右弓步。同时，右手持剑由后向下、向前反手撩起，剑尖略高；左手剑指随右手运动，靠近右臂肘关节处。目视前方。（图 5-1-44）

图 5-1-43　　　　　　　图 5-1-44

5. 提膝平斩

左脚向前上一步，右腕向左上翻转，屈肘，使剑向左平绕至头部前上方，右腿随之由后向身前屈膝提起。右手继续翻转手腕，使剑向右平绕至右侧（手心朝上），再用

力向前斩；左手剑指由下向左、向上弧形绕环，左臂屈肘横举于头部左上方。目视剑尖。（图5-1-45）

6. 回身下刺

右脚向前落步，右腿屈膝，上体右转。同时，右手持剑，右腕背屈，使剑尖下垂，随之向后下方直刺，剑尖低于膝；左手剑指向身前的右手靠拢，然后在刺剑的同时向左上方伸直，拇指一侧在上。目视剑尖。（图5-1-46）

图5-1-45　　　　　　　　　　　　图5-1-46

7. 挂剑直刺

（1）左脚向前一步，屈膝略蹲。右臂内旋先使拇指一侧朝下成反手，然后翘腕、摆臂，使剑向左、向上抄挂，当右手抄挂至左肩时，右臂再屈肘使剑斜落于胸前，剑尖略低。此时，左腿伸直站立，右腿在身前屈膝提起，左臂屈肘，左手剑指附于右手腕处。目视剑尖。（图5-1-47）

（2）以左脚前脚掌碾地，上体右转。右手持剑使剑向下插，左手剑指仍附于右手腕处。目视剑尖。（图5-1-48）

（3）上一个动作不停，仍以左脚前脚掌为轴碾地，右脚向身后跨一大步，右腿屈膝，身体从右向后转；左腿在后蹬直，左脚脚尖内扣，成右弓步。同时，右手持剑向前直刺，剑尖约与肩同高，拇指一侧在上；左手剑指随之向后上方伸，拇指一侧在上。目视剑尖。（图5-1-49）

右侧视角　　　　　　　　后方视角

图5-1-47　　　图5-1-48　　　　　　图5-1-49

8. 虚步架剑

（1）右手持剑先将剑尖由左向右绕一小圈，右臂内旋使右手的拇指一侧朝下。同时，以右脚脚跟和左脚前脚掌为轴碾地，右脚脚尖外撇，身体由右向后转，左脚向前收拢半步，两膝均略屈，成交叉步。在转身的同时，右手持剑反手向右上方屈肘上架；左手剑指屈肘经左肩前附于右臂肘关节处。目向左平视。（图5-1-50）

（2）右腿屈膝不动，左脚向前一步，左腿膝关节稍屈，左脚前脚掌虚点地，身体重心落于右腿，成左虚步。在右手持剑略向后牵引的同时，左手剑指向前平伸指出。目视剑指。（图5-1-51）

图5-1-50　　　　　　　　　　　　图5-1-51

【第二段】

1. 虚步平劈

左脚脚跟外展，身体右转，身体重心移至左腿，右脚脚跟随之离地，成右虚步。在转身的同时，右手持剑向右下平劈，拇指一侧在上；左手剑指举于头顶后上方，左臂屈肘，左手手心向上。目视剑尖。（图5-1-52）

2. 弓步下劈

右脚踏实，身体重心前移，左手剑指伸向右腋下，右臂内旋使手心朝下。左脚随即向左前方上步，左腿屈膝；右腿在后蹬直，右脚脚尖内扣，成左弓步。在左脚上步的同时，右手持剑屈腕向左平绕，画一小圈后向前下方劈剑；左手剑指随之由右腋下向左、向上绕环，举于头顶后上方，左臂屈肘，上体略前俯。目视剑尖。（图5-1-53）

图5-1-52　　　　　　　　　　　　图5-1-53

3. 带剑前点

（1）右脚向左脚靠拢，以前脚掌虚点地面，两腿均屈膝略蹲。右手持剑向上屈腕，使剑向右耳际带回，右臂肘关节微屈；左手剑指随之由前下落，附于右腕处。目视右前方。（图5-1-54）

（2）上一个动作不停，右脚向右前方跃一步，落地后即屈膝半蹲，以全脚掌着地；左脚随之跟进，向右脚并步屈膝，以脚尖点地，成丁步。同时，右手持剑向前下方点，拇指一侧在上；左臂屈肘，左手剑指向头顶上方侧举，手心朝上。目视剑尖。（图5-1-55）

图 5-1-54　　　　　　　　　　图 5-1-55

4. 提膝下截

（1）右腿伸直，左腿退步后屈膝，上体后仰。右臂外旋，使剑向右、向后上方做弧形绕环；左手剑指不动。（图 5-1-56）

（2）上一个动作不停，右臂内旋，继续使剑向左、向前下方画弧下截。同时，上体向前探倾，左腿屈膝提起。目视剑尖。（图 5-1-57）

图 5-1-56　　　　　　　　　　图 5-1-57

5. 提膝直刺

（1）右腿略屈膝，左脚向前落步。右臂外旋使手心朝上，并在左脚落步的同时向上屈肘，将剑柄收抱于胸前，手心朝内，剑尖高度约与肩平；左手剑指随之附于右腕处。此时两腿成交叉步。目视剑尖。（图 5-1-58）

（2）右腿向身前屈膝提起，左腿伸直站立。右手持剑向前方刺出，拇指一侧在上；同时左手剑指向后上方伸出。目视剑尖。（图 5-1-59）

图 5-1-58　　　　　　　　　　图 5-1-59

6. 回身平崩

（1）右脚向前落步，脚尖外撇；左脚前脚掌碾地使脚外转，屈膝下蹲，同时身体向右后转，成交叉步。右臂外旋使手心朝上，屈肘向胸前收回，剑身与右前臂约成水平直线；左手剑指经左耳侧前落，附于右手手心上面。目视剑尖。（图5-1-60）

（2）上体稍右转，左腿挺膝伸直，右腿略屈膝。同时，右手持剑，使剑的前端用力向右平崩，剑尖稍向下；左臂屈肘，左手剑指向头部左上方侧举。目视剑尖。（图5-1-61）

7. 歇步下劈

右脚蹬地起跳，左脚向左跃步，落地后，右腿随即向左腿后侧插步，继而两腿屈膝全蹲，成歇步。在跃步的同时，右手持剑向上举起，并在形成歇步的过程中向左下劈，拇指一侧在上，剑尖约与踝关节同高；左手剑指随着下劈动作下按于右腕处。目视剑身。（图5-1-62）

图5-1-60　　　　图5-1-61　　　　　　　　　　图5-1-62

8. 提膝下点

（1）右手持剑先使手心朝下成平剑，然后以两脚前脚掌碾地，身体向右后转动，两腿边转边站起来，右手持剑平绕一周。当剑绕至上体右侧时，上体稍向左后仰，同时剑身继续向外、向上弧形绕环，剑尖位于头部右前侧；此时，左手剑指离开右腕向后上举。目视右下方。（图5-1-63）

（2）上一个动作不停，右腿伸直站立，左腿屈膝提起，上体略向右倾。同时，右手持剑向右下点击，拇指一侧在上。目视剑尖。（图5-1-64）

图5-1-63　　　　　　　　图5-1-64

【第三段】

1. 并步直刺

（1）以右脚前脚掌为轴碾地，使身体向左后转。在转身的同时，右臂内旋并向拇

指一侧屈腕，使剑尖指向转身后的身前。左手剑指随之由上经右肩前、腹前绕环向正前方指出。目视剑指。（图5-1-65）

（2）左脚向前落步，右脚随之跟进并步，两腿均屈膝半蹲。同时，右手持剑向前平伸直刺，拇指一侧在上；左手剑指顺势附于右臂肘关节处。目视剑尖。（图5-1-66）

2. 弓步上挑

（1）左脚上步，左腿屈膝，同时，右脚脚跟稍内转，右腿挺膝蹬直，成左弓步。

（2）右手持剑，右臂直臂向上挑，剑尖斜向上；左手剑指仍向前平伸指出，手心朝前。上体稍前倾。目视剑指。（图5-1-67）

图5-1-65 图5-1-66 图5-1-67

3. 歇步下劈

左腿伸直，右脚向前上步，随后两腿交叉屈膝全蹲，成歇步。同时，右手持剑向前下劈，拇指一侧在上，剑尖约与左腿膝关节同高；左手剑指附于右臂肘关节处。上体稍前倾。目视剑身。（图5-1-68）

4. 右截腕

两脚以前脚掌碾地，并且两腿稍伸直立起，身体右转，右腿屈膝半蹲，左腿稍屈膝，左脚以前脚掌点地，成左虚步，右臂内旋，使拇指一侧朝下，用剑的前端下刃向前上方画弧翻转，随着上体起立，右手持剑再向右后方托起；左手剑指仍附于右臂肘关节处，两肘均微屈。目视左前方。（图5-1-69）

5. 左截腕

左脚向前上半步，并以前脚掌碾地使身体向左后转，右脚随之向前上一步，前脚掌着地，两腿均屈膝，成右虚步。在右脚进步的同时，右臂外旋，使剑尖向左上方画弧翻转，手心朝上，剑身约与地面平行；左手剑指随之离开右臂肘关节，左臂屈肘向上侧举。目视剑尖。（图5-1-70）

图5-1-68 图5-1-69 图5-1-70

6. 跃步上挑

（1）左腿挺膝伸直，右脚随即在身后离地，小腿后屈。同时，右臂外旋，手心朝里，使剑由右向上、向左屈肘画弧，剑至上体左侧时，右手靠近左髋旁，拇指一侧在上并向上屈腕；左手剑指在右手向左下落时附于右腕上。目视剑身。（图5-1-71）

（2）左脚蹬地，右脚向右侧跃步，落地后右腿屈膝略蹲，缓冲跃步的冲击力，然后挺膝直立，左脚随之离地，左腿屈膝从身后伸向右侧方，形成望月平衡。上体略倾斜。在右脚跃步的同时，右手持剑由左髋旁向下、向右画弧，当剑达到右侧方时，右臂外旋并向拇指一侧屈腕，使剑向上挑击；左臂屈肘，左手剑指向左上方横举，拇指一侧在下。目视右侧方。（图5-1-72）

图 5-1-71　　　　　　　　图 5-1-72

7. 仆步下压

（1）右手持剑使剑尖从头上经过，继而向身后、向右弧形平绕，当剑绕至右侧时，右臂屈肘，将剑柄收抱于胸部前下方，手心斜向上；左手剑指仍横举于左额前上方。同时，右腿膝关节伸直，上体直立，左腿屈膝提起于身前。（图5-1-73）

（2）上一个动作不停，左手剑指经身前下落，按在右腕上。左脚随之向左侧落步，屈膝全蹲；右腿在右侧平仆伸直，右脚脚尖内扣，成右仆步。同时，右手持剑用剑身平面向下带压，剑尖斜向右上方。上体前倾。目视右前方。（图5-1-74）

8. 提膝直刺

两腿直立站起，左腿屈膝提起于身前，右腿挺直站立。同时，右手持剑向右前下方刺出，拇指一侧在上；左臂屈肘，左手剑指举于头顶左侧上方，拇指一侧在下。目视剑尖。（图5-1-75）

图 5-1-73　　　　　图 5-1-74　　　　　图 5-1-75

【第四段】

1. 弓步平劈

右臂外旋，先使手心朝向背后，剑的下刃翻转向上，继而右脚前脚掌碾地，使身体左转。然后，左脚向转身后的身前跨出一大步，左腿屈膝下蹲；右腿在后挺膝蹬直，右脚脚尖稍外撇，成左弓步。左手剑指随着右臂的运行向右、向下、向左、向上做圆形绕环后，举于头部左侧上方。目视剑尖。（图5-1-76）

2. 回身后撩

右脚向前上一步，右腿膝关节略屈；左脚随之离地，左小腿向后上弯曲。上体前倾，腰向右拧转。右手持剑随右脚上步向后反撩，剑尖斜向后下方；左手剑指举于头部左侧上方，拇指一侧在下。目视剑尖。（图5-1-77）

图5-1-76　　　　　　　　　　图5-1-77

3. 歇步上崩

（1）右脚蹬地，左脚向前跃步，上体随之向右后转；左脚落地，右腿摆向身后。在上体转动的同时，右臂外旋，使手心朝上；左手剑指在身后伸向后上方。目视剑尖。（图5-1-78）

（2）上一个动作不停，右脚在身后落步，两腿均屈膝全蹲，左大腿盖压在右大腿上，臀部坐在右小腿上，成歇步。同时，右手持剑直臂下压，右腕向拇指一侧上屈，使剑尖上崩；左手剑指举于头部左上方，手心朝上，目视剑身。（图5-1-79）

图5-1-78　　　　　　　　　　图5-1-79

4. 弓步斜削

（1）两腿伸直立起，身体右后转，右脚随之向右前上步、屈膝，左腿在身后挺膝蹬直，左脚脚尖内扣，成右弓步。持剑臂内旋使手心朝下，在转身的同时，屈肘将剑向左肋前收回；左手剑指随之从身前下落，按在剑柄处。上体向右前倾。目视右前方。（图5-1-80）

（2）上一个动作不停，右手持剑由后向前上方斜面弧形上削，左手剑指伸向后上方。目视剑尖。（图5-1-81）

图5-1-80　　　　　　　　　　图5-1-81

5. 进步左撩

（1）右腿伸直，上体左转，左腿屈膝。同时，右手持剑，手心朝内，经脸前边转身边向左画弧，剑至体前时，左手剑指附于右腕里侧。目视剑尖。（图5-1-82）

（2）以右脚脚跟为轴碾地，身体向右后转；左脚随之向前上步，脚尖虚点地面。同时，右手持剑反手向下、向前、向上继续画弧撩起，剑至前上方时，右臂肘关节略屈，拇指一侧在下；左手剑指随右手动作移动，附于右臂肘关节上。目视前方。（图5-1-83）

图5-1-82　　　　　　　　　　图5-1-83

6. 进步右撩

（1）右手持剑向上、向右后方画弧，左手剑指随势收于右肩前。目视剑尖。（图5-1-84）

（2）左脚踏实，然后以脚跟为轴碾地，脚尖稍外撇，左腿膝关节微屈；右脚以前脚掌虚点地面。同时，右手持剑由右向下、向前画弧抡臂撩起，剑至体前时，右臂肘关节微屈，右手手心朝上，剑尖高度约与肩平；左手剑指随之由右肩前向下、向前、向后上方绕环，左臂屈肘，举于头部左后上方。目视剑尖。（图5-1-85）

7. 坐盘反撩

右脚踏实后向前上一小步，随即左脚从右腿后向右侧插一步，两腿屈膝下坐，成坐盘式。在左脚插步的同时，右手持剑向上、向左、向下，再向右上方反手绕环斜上撩，剑尖高过头顶；左手剑指随之经体前向下、向左后方伸出。上体稍向左前倾，目视剑尖。（图5-1-86）

图 5-1-84　　　　　　　　图 5-1-85　　　　　　　　图 5-1-86

8. 转身云剑

（1）右脚蹬地，两腿伸直站立，并以两脚前脚掌碾地，使身体向左后转。转身之后，右腿屈膝稍蹲，右脚踏实；左膝微屈，左脚脚尖虚点地面，身体重心落于右腿。同时，右手持剑随身体转动一周后，右臂屈肘，使剑平举，拇指一侧在下；左手剑指附于右腕处，目视前方。（图 5-1-87）

（2）上一个动作不停，上体后仰。右手持剑向左、向后、向右、向前弧形云绕一周，剑至身前时，松剑柄，使剑尖下垂；左手剑指放开，准备接握右手中的剑。此时，身体重心前移，左脚踏实，右腿蹬直，上体前倾，目视左手。（图 5-1-88）

图 5-1-87　　　　　　　　　　图 5-1-88

【收势】

1. 虚步持剑

右手将剑柄交于左手后即握成剑指，左手接剑后反握住剑柄向身体左侧下垂。此时，右脚向右前方上步，屈膝略蹲，上体随之左转；左脚随之向前移步，前脚掌虚点地面，左腿膝关节微屈。在上体左转的同时，右手剑指随之由身后向上举于头部后侧上方，手心朝上。目向左平视。（图 5-1-89）

2. 并步站立

左腿伸直，右脚向左脚靠拢，并步站立。右手剑指下落于身体右侧，手心朝下，恢复成预备式。目视正前方。（图 5-1-90）

图 5-1-89　　　　　　图 5-1-90

四、初级棍术

（一）初级棍术动作名称

初级棍术动作名称见表5-1-3。

表 5-1-3　初级棍术动作名称

段别	动作名称				
预备式					
第一段	1. 弓步劈棍	2. 弓步撩棍	3. 虚步上拨棍	4. 虚步把拨棍	5. 插步抢劈棍
	6. 翻身抢劈棍	7. 马步平抢棍	8. 跳步半抢劈棍		
第二段	1. 单手抢劈棍	2. 提膝把劈棍	3. 弓步抢劈棍	4. 弓步背棍	5. 挑把棍
	6. 转身弓步戳棍	7. 踢腿撩棍	8. 弓步拉棍		
第三段	1. 提膝拦棍	2. 插步抢把劈棍	3. 马步抢劈棍	4. 翻身马步抢劈棍	
	5. 上步右撩棍	6. 上步左撩棍	7. 转身仆步摔棍	8. 弓步崩棍	
第四段	1. 马步把劈棍	2. 坐盘半抢劈棍	3. 左平舞花棍	4. 右平舞花棍	
	5. 插步下点棍	6. 弓步下点棍	7. 插步下戳棍	8. 提膝拦棍	
还原式					

（二）初级棍术动作图解

【预备式】

（1）两脚并步，身体直立。两臂自然下垂于体侧，右手持棍立于身体右侧。目向左平视。（图5-1-91①）

（2）右手提棍上举，右臂伸直；左手随即握住棍把（棍的粗端为棍把，细端为棍梢），左臂平屈腹前。目仍向左平视。（图5-1-91②）

要点：右手持棍稍放松，棍上举要轻快。身体要保持正直，左肩不宜过分下沉，微挺胸，收小腹。

①　　　　　　　　　　　　②

图 5-1-91

【第一段】

1. 弓步劈棍

身体左转，左脚向前上一步，左腿屈膝，右腿蹬直，成左弓步。同时，两手握棍，随上步动作使棍身上段向前下劈，棍梢略高于肩，棍把紧贴左腰侧。目向前平视。（图 5-1-92）

要点：劈棍时，左手用力向左腰侧后拉，右手用力向左前下压。上步动作与劈棍动作要协调。

2. 弓步撩棍

图 5-1-92

（1）右手握棍向左侧上举，随即松握下滑握住棍的把端，左手撒开，由棍把处换握于棍的中段。与此同时，右脚准备向右斜前方上步。目向前平视。（图 5-1-93①）

（2）右脚向右斜前方上一大步，右腿屈膝，左腿在后蹬直，成右弓步。同时，左手向左后下方抡棍，右手经身前向头上方提起、翻腕，使棍沿着身体左侧向前撩出。左臂伸直，棍梢与右膝同高。目视前方。（图 5-1-93②）

要点：左手上移时，动作要轻巧而迅速。棍沿身体左侧抡动时，动作要匀速不宜太快，力点在棍梢一端。

①　　　　　　　　　　　　②

图 5-1-93

3. 虚步上拨棍

（1）左手使棍梢由前下方向左上方摆起，在头上绕半圈。与此同时，右手由屈到

152

伸向前推棍把，左手则继续向身体右后侧绕行，上体稍右转，头微后仰，两臂左上右下在胸前交叉。此时，右脚脚尖外撇，两腿成交叉步。目视前方。（图 5-1-94 ①）

（2）左脚向前上一步，左腿屈膝半蹲，继而右脚再上一步，右腿略屈膝，成右虚步。同时，左臂伸直向前平摆，左手手心向下，身体随即左转，使棍梢由右后向前画半圆，再向左上方拨动。此时，右手置于左腋下，棍梢高约与头平。目视棍梢。（图 5-1-94 ②）

要点：上步动作与拨棍动作必须协调一致，棍梢向左拨时，右手握棍位置不变。

图 5-1-94

4. 虚步把拨棍

（1）左手握棍，由左前侧向右、向后、向左、再向前绕行一周；右手握棍把，由左腋下向前、向上、经头部右上方绕行，使棍身在头上平转一圈，同时，右脚向右侧斜前方跨半步，右腿膝关节微屈。（图 5-1-95 ①）

（2）身体重心前移，左脚向前上一步，左腿膝关节微屈，左脚脚尖点地，成左虚步。与此同时，右手由头部右侧向后、向左、再向身体右前侧绕行，右臂伸直斜上举；左手顺势绕至右腋下，使棍把由身后向身体右前上方画半圆拨击，棍把一端略高于头部。目视棍把。（图 5-1-95 ②）

要点：拨动棍把必须与虚步同时完成。

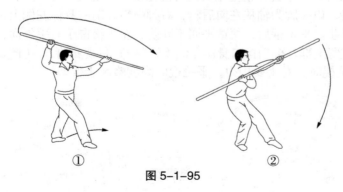

图 5-1-95

5. 插步抡劈棍

（1）右手向下、经左腿外侧向左肩上方绕行，左手顺势下降，同时，左脚脚尖外撇，上体左转，使棍把由前上方向下、向上摆起。两腿成交叉步。目视身体右下方。（图 5-1-96 ①）

（2）右脚向身体右侧跨一步，成右虚步。同时，随着上体的稍右转，右手握棍向身前抡劈，手心向下，左手随即稍后拉，停于左肋旁，使棍把由后上向前劈下，把端与头部齐平。目视棍把。（图 5-1-96 ②）

（3）右脚稍前移，继而左脚从身后向右侧插一步，成交叉步。同时，左手握棍向后、向上、向身前抡动，右手握棍向下、向左腋下绕行，使棍身在胸前转半个立圆，棍梢用力向身体右下方抡劈。目视棍梢。

要点：图5-1-96①、5-1-96②为抡劈棍的第一步。抡劈时，两手握棍不要太紧，棍身必须紧贴体侧。

图5-1-96

6. 翻身抡劈棍

以两脚为轴，上体向左后方转，两腿屈膝半蹲，成半马步。与此同时，左手握棍下压，继而向左、向上，随转体动作向左侧前方下劈；右手握棍把顺势置于右腹前，棍梢略高于棍把。目视左前方。（图5-1-97）

要点：转体时，左脚脚掌内转，右脚脚跟碾动，转体动作要干脆利落。劈棍前，棍梢必须画一个立圆，劈棍动作要有力。

图5-1-97

7. 马步平抡棍

（1）右手握住棍把上举，使棍身经过头上向后下落，背于后肩上。随即左臂伸直，左手手心斜向上，松握于棍梢近端。目视棍梢。（图5-1-98①）

（2）左手撒开，右手握住棍把用力向身前抡动，使棍梢平抡一周；与此同时，身体顺平抡棍的姿势，以左脚为轴从左向后转，右脚向转体前的身体左侧上一步，随即两腿屈膝下蹲，成马步。平抡棍后，两臂平屈于胸前，左手松握于右手外面，两手手心均向下，棍身架于左臂上部，棍梢指向身体左侧（偏后）；目视右前方。（图5-1-98②）

要点：平抡棍时，右手要用力，平抡棍的高度略高于腰即可。

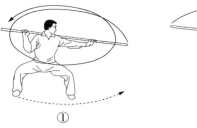

图5-1-98

8. 跳步半抡劈棍

两脚同时蹬地跳起，以转髋的力量使上体从右向左转，随即两脚同时落地，两腿屈膝下蹲，成马步。两脚起跳时，左手上滑握于棍的中段，并使棍略上举；身体转跳时，棍梢沿着身体向前下方平抡半圆；在两脚落地成马步时，两手向右前斜下猛劈，

左手要随即向前松握滑把，左臂伸直，棍梢指向身体左侧，右手握住棍把撤至右腰前；目视棍梢。（图5-1-99）

要点：转体跳步时，两脚离地不要太高，两脚要同时起落，转体要快；两手抡棍要用力，并与转体动作协调一致。

图5-1-99

【第二段】

1. 单手抡劈棍

（1）右脚略向左移，脚尖点地，上体随即右转，成右高虚步；同时，左手撒开，向左侧上举成横掌；右手握棍把上举，继而右臂外旋向右侧伸直，使棍梢由左向上、向身体右侧画弧绕行；目视右前方。（图5-1-100①）

（2）上一个动作不停。右手继续向下、向后、向前上方抡动，使棍梢经右腿外侧向后上方绕行。（图5-1-100②）

（3）上一个动作不停。右手向右侧翻腕，右臂屈肘收至右腹前，使棍梢继续向上、向前绕行；左手随即握住棍的中段，两手一齐用力向身体左前侧劈棍；使棍身与地面平行。在劈棍的同时，左脚向前上步，上体右后转180°，两脚屈膝半蹲，成半马步。目视棍梢。（图5-1-100③）

要点：右手在抡棍过程中要用力，棍走立圆并尽量靠近身体，左手接握棍身动作要快速准确。

① ② ③

图5-1-100

2. 提膝把劈棍

（1）身体重心后移至右腿，左脚稍内收，前脚掌着地。同时，右手握棍把向右上方提起，左手略向棍梢一端滑握。目视棍梢。（图5-1-101①）

（2）上一个动作不停。左腿屈膝提起，成右独立式。同时，右手用力向前下压，右臂伸直；左手收至右腋下，上体随即左转，棍把向前劈打，使棍身与地面平行。目向前平视。（图5-1-101②）

要点：劈棍动作必须与提膝动作同时完成，上体稍前倾。

图 5-1-101

3.弓步抡劈棍

（1）左脚向前下落，脚尖稍外撇，上体左转，成交叉步；同时，右手握棍向下、向腹前绕行，使棍把向下、经左腿前面向身体左下侧抡动；目视棍把。（图 5-1-102①）

（2）上一个动作不停。右脚向身体右侧跨一步，脚尖点地，上体稍右转，成右虚步。同时，棍把继续向上、向前抡劈，高与头平，左手顺势撤至左腰侧。目视棍把。（图 5-1-102②）

（3）上一个动作不停。右脚再向前上半步，右腿屈膝，左腿挺膝蹬直，成右弓步。同时，左手稍向棍身中段移握，并向后、向上、向前绕行，右手顺势收于左腋下，使棍梢由后向上、向前劈打，高与眼平。目视棍梢。（图 5-1-102③）

要点：整个抡劈棍动作要连贯，棍要走立圆，速度要均匀。

图 5-1-102

4.弓步背棍

（1）右脚脚尖外撇，左脚脚跟外转，上体右转。与此同时，左手握棍向下，经腹前向身体右侧绕行，使棍梢向下，经右腿外侧抡绕。目视棍梢。（图 5-1-103①）

（2）上一个动作不停。左脚向前上步，左腿屈膝，右腿挺膝蹬直，成左弓步。同时，左手继续向上、向前绕行，右手顺棍势拉至腹前，使棍梢继续向上、向前抡绕。目视棍梢。（图 5-1-103②）

（3）上一个动作不停。左手继续向下、向腹前绕行，右手向后上方举起，使棍把向后上方抡起。目平视前方。（图 5-1-103③）

（4）上一个动作不停，右手持棍继续向前、向后下方抡绕，左手顺势将棍托至右腋下。然后撒开，手心贴靠右胸，由右手单手握棍抡绕至棍身斜背于左肩背后，棍梢指向前上方。（图 5-1-103④）

（5）左手再由右胸前向前撩起成立掌，小指一侧在前，掌指向上。目视左掌。（图 5-1-103⑤）

要点：在抡棍过程中，动作要连贯完整，棍要走立圆。背棍时，右手松握棍，两臂动作要伸展,上体稍前倾。

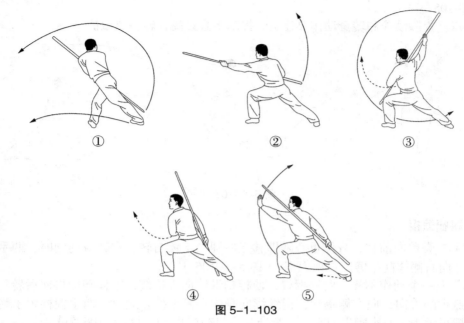

图 5-1-103

5. 挑把棍

（1）右脚略向前靠,两腿叉开站立。右手握棍向下、向左、向上绕行,使棍把由后下方绕至头部的前上方,左手在右胸前接握棍的中段。目视左侧。（图 5-1-104①）

（2）上一个动作不停。右脚向身体左侧上一大步,右腿屈膝,左腿挺膝蹬直,成右弓步。同时,右手继续向后下绕行,左手握棍,左臂屈肘于左肩前,使棍把由上向后下抢绕,目视棍把。（图 5-1-104②）

（3）上一个动作不停。上体左转,同时右手由后下向前绕行,左手顺势收回于左腰髋前,使棍把向前上方挑起,略高于头顶。目视棍把。（图 5-1-104③）

要点:抢棍要走立圆,棍把向后抢绕时不要太猛。向前挑把时,右臂需用力快速挑起。

图 5-1-104

6. 转身弓步戳棍

（1）右脚脚尖内扣,左腿屈膝提起,成右独立式;与此同时,上体稍左转,右臂在右肩外侧平屈,左手稍向棍身中段滑握,然后左臂伸直贴在左腿内侧。目视棍梢。（图 5-1-105①）

（2）上一个动作不停。右脚脚尖内扣180°,上体向左后转。（图 5-1-105②）

（3）转身之后,左脚立即向身体左侧落步,左腿屈膝,右腿挺膝蹬直,成左弓

步。与此同时，两手握棍使棍梢向左侧平戳，左手松握后滑与右手靠近。目视棍梢。（图 5-1-105 ③）

要点：提膝动作和转身动作要连贯，提膝不宜过高，转身要敏捷。

①   ②   ③

图 5-1-105

7. 踢腿撩棍

（1）右脚稍向前移，身体重心随即移至右腿，上体右转。在转身的同时，两手握棍向上、向右侧体前抡劈。目视棍梢。（图 5-1-106 ①）

（2）上一个动作不停。两手握棍，使棍梢继续向下撩绕，上体随即再向后转，右腿顺着撩棍的方向，向右侧踢起，棍继续向身体左侧上撩。此时，两手握棍置于胸腹前，棍梢高于头，右脚脚尖勾起，与鼻同高。目视棍梢。（图 5-1-106 ②）

要点：整个动作要连贯协调，棍需走立圆，撩棍和踢腿要同时进行，两肩及手臂动作要放松，踢腿时不要弓腰。

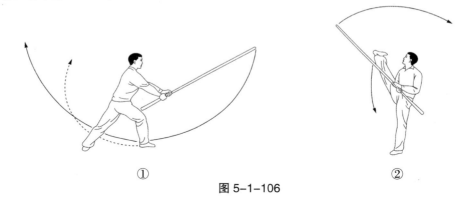

①   ②

图 5-1-106

8. 弓步拉棍

（1）左脚脚尖稍外撇，上体左转，右腿屈膝准备下落于身体右侧。与此同时，左手上滑握于棍身中段，左臂直臂向右上方举起，使棍梢向右上方抡绕。目向右侧平视。（图 5-1-107 ①）

（2）上一个动作不停。右脚在身体右侧落步，右腿屈膝，左腿挺膝蹬直，成右弓步。同时，右手向右肩前拉带并内旋，左臂也直臂下压内旋，棍身斜放于身前，棍梢位置在膝下踝上。目向左侧平视。（图 5-1-107 ②）

要点：拉棍与弓步要同时完成，整个动作要舒展。

图 5-1-107

【第三段】

1. 提膝拦棍

（1）左脚向身体右侧跨一大步，左腿屈膝，上体随即从右向后转，成左弓步。同时，左手握棍随着上步转体动作向身体左侧推出，左臂伸直，左手手心斜向上，右手顺势提至头上。（图 5-1-108①）

（2）左脚脚尖内扣，右脚略收回并以脚尖点地。上体右转，成右虚步。与此同时，左手握棍上举于身体左后侧，右手顺势向胸前下拉，右臂屈肘，使棍身斜举于胸前，棍梢指向身体左上方。目视右下方。（图 5-1-108②）

（3）上一个动作不停。右腿屈膝提起，同时右手握住棍把向前推拦，左手举于头上，上体前倾，将棍身斜架于体前。目视棍把。（图 5-1-108③）

要点：整个动作要连贯、自然，支撑腿要站稳。

图 5-1-108

2. 插步抡把劈棍

（1）右脚向前落步，右脚脚尖外撇，上体稍右转。同时，左手握棍向前下压，右臂顺势屈收至左腋下。目视前下方。（图 5-1-109①）

（2）上一个动作不停。左手继续向下，经右腿外侧向右绕行，上体随即右转，右手位置不变，两腿成交叉步。目视棍梢。（图 5-1-109②）

（3）上一个动作不停。左脚向身体左侧横跨一步，两腿屈膝半蹲，成半马步。同时，左手继续向右、向上、向左绕行，右手顺势撤至右腰侧，使棍梢向上、向左画弧平劈。目视棍梢。（图 5-1-109③）

（4）上一个动作不停。右脚从左腿后向左前插上一步，两腿成交叉步。同时，右手向右、向上、向左，左手经腹前向左腋下绕行，使棍身在体前垂直翻转半周，棍把向左。目视棍把。（图 5-1-109④）

要点：整个动作要连贯，两手松握棍，棍身要贴近身体，并且必须翻转两个立圆。

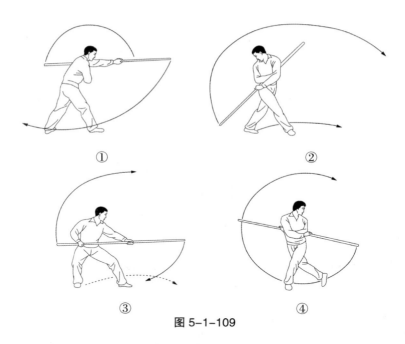

① ②

③ ④

图 5-1-109

3. 马步抡劈棍

（1）以两脚的前脚掌为轴，上体向右后转180°。同时，右手握棍向下、向右、向右肩外侧绕行，右前臂屈臂，右上臂与肩平行，左臂则顺势直臂斜伸于左下侧，棍梢指向左下方。目视棍把。（图5-1-110①）

（2）上一个动作不停。左脚向身体右侧跨一大步，上体随即向右后转，两腿屈膝半蹲，成马步。与此同时，左手握棍向上，并随着转体动作向身体右侧抡棍，左臂伸直，用力前推下压；右手顺势撤至右腰前，使棍的上段向前平劈，棍梢略高于棍把。目视棍梢。（图5-1-110②）

要点：劈棍动作需用力，并与马步动作同时完成。

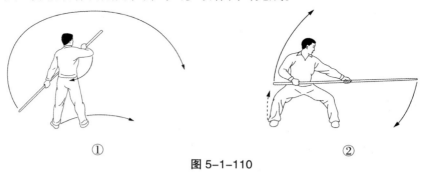

① ②

图 5-1-110

4. 翻身马步抡劈棍

（1）右腿屈膝提起，左腿直立，上体随即右转，并稍向左侧倾斜。同时，右手握住棍把向右胸前提起，右臂屈肘；左臂伸直，稍下降。目视右上方。（图5-1-111①）

（2）紧接上一个动作。左脚用力蹬地跳起，身体腾空。在起跳的同时，上体开始向右后转，棍梢从左下方随转体动作向上抡绕。在腾空的最高点，身体应已从原来的位置转动180°，两腿屈膝提起，左手握棍直臂上举，右臂屈肘于胸前。目视右下方。（图5-1-111②）

（3）在空中，身体继续从右向后转180°，随即右脚先落地，左脚相继落地，两腿屈膝下蹲，成马步。同时，左手握棍从上向身体左侧平劈，左臂伸直，右手顺势撤至右腹前。目视棍梢。（图5-1-111③）

要点：在腾空阶段，上体要挺直。整个动作要轻盈，劈棍与马步两个动作需同时完成。

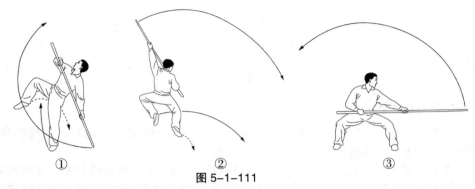

图5-1-111

5. 上步右撩棍

（1）两腿直立，左脚稍回收。左手向棍把一端下滑并迅速换握于右手小指下侧，两手一齐向上、向右绕行，同时上体右转，使棍梢向上、向转体前的右侧方抡动，画半个立圆。两手握棍举于胸前。目视棍梢。（图5-1-112①）

（2）紧接上一个动作。上体迅速向左后转，两手握棍继而向下、向后上方抡动并停在脸前；同时，右脚跟上一步，使棍梢向前撩出，画半个立圆。此时，左腿稍蹲，右脚脚尖点地，成右虚步，两臂屈臂举于脸前，棍梢与胸同高。目视棍梢。（图5-1-112②）

要点：抡棍上撩时，棍要尽量靠近身体右侧。

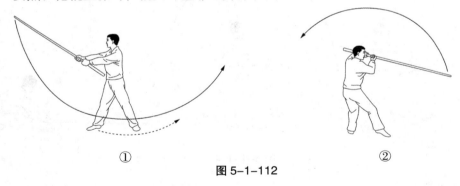

图5-1-112

6. 上步左撩棍

（1）上一个动作不停。左手迅速移至右手拇指前握棍，两手一齐继续向左后抡棍；同时，两腿随转身动作逐渐伸直，两臂伸直，两手握棍置于腰腹前。目向前平视。（图5-1-113①）

（2）紧接上一个动作。两手握棍继续向下、向头部的前上方摆起，同时，上体向右后转，左脚经右腿向前上一步，使棍向下、经身体左侧向上撩起。此时，右腿稍蹲，左脚脚尖点地，成左虚步，右手握住棍把置于头部前上方，左手在脸前松开托住棍身，棍梢与胸同高。目平视前方。（图5-1-113②）

要点：上步左撩棍动作要点同上步右撩棍动作要点，只是左右相反。

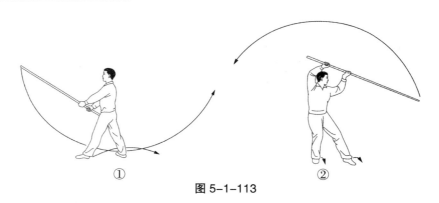

图 5-1-113

7. 转身仆步摔棍

（1）上一个动作不停。两手握棍继续向上、向身后抢出，同时，左脚脚掌内扣，右脚脚跟碾转，两腿逐渐伸直，上体随即右转。（图 5-1-114①）

（2）紧接上一个动作。右腿屈膝在身前提起，同时，两手稍上提，左臂内旋，使左手虎口向下，右臂外旋，右手稍放松，使棍梢由前向下抢绕。（图 5-1-114②）

（3）紧接上一个动作。两手继续使棍沿身体右侧向后、向上、向前、向下抢劈。同时，右脚向身后落步，全蹲，左腿伸直平铺，上体稍右转，成左仆步。此时，左臂向斜前伸直，右臂略屈肘于胸前正下方，棍梢前半段摔地，上体稍前倾。目平视前方。（图 5-1-114③）

要点：整个动作要连贯，抢棍要走立圆，摔棍动作需与全蹲成仆步动作同时完成，棍身与左腿平行。

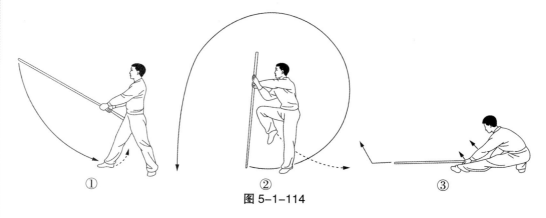

图 5-1-114

8. 弓步崩棍

右腿挺膝蹬直，左腿屈膝半蹲，成左弓步。与此同时，左手略向右手前滑握，棍顺势前送，两臂自然伸直，右手猛力向下压，使棍梢从下向上崩挑，高与头平。目视棍梢。（图 5-1-115）

要点：左手屈腕与右手下压要猛，但上崩弧度不宜过大。

图 5-1-115

【第四段】

1. 马步把劈棍

（1）身体重心后移，左脚随即稍回收，上体右转，两腿屈膝半蹲，成半马步。与

此同时，右手握住棍把向身体右上方提抽，左手顺势向棍梢一端直臂滑握。目视左下方。（图5-1-116①）

（2）右脚向左脚前跨一大步，上体随即向左后转，两腿屈膝下蹲，成马步。同时，右手随着转体动作从右肩前上方一面滑握于棍身中段，一面向前、向右做抡劈动作，左手迅速换握并顺势撤至左腰侧，使棍把向上、向身体右侧抡劈。此时，右臂向右伸平，右手手心向下，虎口向左，左手虎口向右，把端高度在胸下腰上。目视棍把。（图5-1-116②）

要点：上步动作与劈棍动作要协调一致，左右手换握、滑握要快。劈把时，右手要用力。

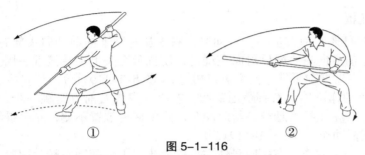

图 5-1-116

2.坐盘半抡劈棍

以右脚脚跟和左脚脚掌为轴，上体右转，两腿屈膝下蹲，成坐盘式。与此同时，右手滑握至棍把，并收至腹前，左手滑握至棍身中段，并向上、向前抡劈，使棍梢随转体动作向上、向身前平劈。此时，左臂向前伸平，左手手心向下，小指一侧在前；右手握棍于腹前，棍梢与肩同高。目视棍梢。（图5-1-117）

要点：转体下坐动作与劈棍动作要协调一致。劈棍时，左手需用力下劈。

图 5-1-117

3.左平舞花棍

（1）两腿立起，随即左脚向前上一步，同时，两手将棍向上平举，左手换握成手心向上，虎口向前。（图5-1-118①）

（2）上一个动作不停。左脚蹬地跳起，右脚向身前跨跳一步，脚尖内扣，身体随即向左后转，左脚在身后悬空。同时，右手向身前、向左、向后、向右，再经脸前向左腋下绕行，左手则经脸前向右、向前平绕，使棍身随着转体动作在头上平转一周半。（图5-1-118②）

（3）紧接上一个动作。左脚后退一大步，上体随即向左后转，左腿屈膝下蹲，右腿挺膝蹬直，成左弓步。与此同时，棍梢随转体动作继续平绕半周，向身体的左上方拨击，两手握棍姿势不变。此时，左臂伸直斜上举，棍梢略高于头。目视棍梢。（图5-1-118③）

要点：整个动作要连贯，棍梢共绕行两周。右脚跨跳不宜太高。舞花时，两手不要握得太紧。

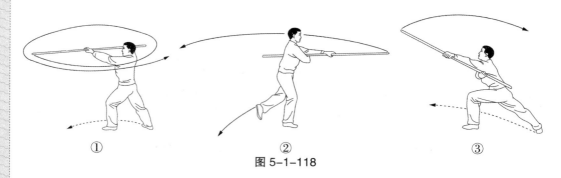

①   ②   ③

图 5-1-118

4. 右平舞花棍

（1）右脚向身体右前方上一步。同时，右手从左腋下向前、向头部右上方绕行，左手则从身体左前方向右、向后再向左绕行，使棍身在头上平转接近一周。此时，右臂略屈肘上举，左臂向前平伸，两手虎口相对。（图 5-1-119①）

（2）上一个动作不停。右脚蹬地跳起，左脚向身体右前方跨跳一步，脚尖内扣，上体随即右转，右腿在身后悬空。与此同时，两手握棍位置不变，左手继续上举，准备在头上做舞花棍动作。（图 5-1-119②）

（3）紧接上一个动作。右脚向身体左后侧落步，上体随即右转。同时，左手经脸前向右腋下绕行，左手换握，虎口挟握棍身，右手则向后、经左肩上方向身前绕行，使棍身在头上平转一周。此时，身体重心落于左腿，右臂向身前平伸，右手手心向下。目视棍把。（图 5-1-119③）

（4）紧接上一个动作。右脚再向身后（偏左）移一小步，上体随即向右后转，右腿屈膝下蹲，左腿挺膝蹬直，成右弓步。与此同时，棍把随转体动作继续平绕半周，向身体的右上方拨击，两手握棍姿势不变。此时，右臂斜上举，棍把端略高于头，左手置于右肋处，棍梢贴靠右髋外侧。目视棍把。（图 5-1-119④）

要点：整个动作要连贯，棍把共绕行两周，左脚跨跳不要太高。两手上举舞花时，握棍不要握得太紧，并都向棍身中段滑握，以便顺利地做舞花动作。

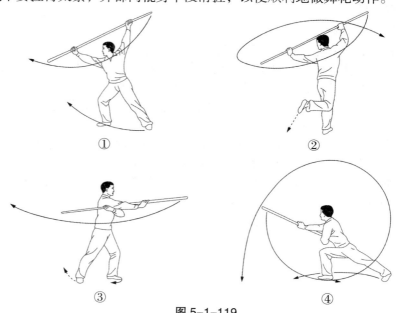

①   ②

③   ④

图 5-1-119

5.插步下点棍

右腿略伸直，右脚前脚掌擦地回收半步，上体随即左转，左脚快速向左侧插步，成交叉步。与此同时，两手在腹前各绕一个立圆，即右臂内旋，右手向下、向左、向上、向右再向左下方绕行，左手则从右肋处起，顺着右手的绕行路线向腹前绕压，使棍梢由右髋侧向上，并随转体动作向右、向下、向左再向上、向右下抢绕点地。当左手从右肋处绕至身体左侧时，应迅速翻掌握棍并向右手附近滑握。目视棍梢。（图5-1-120）

要点：抢棍动作要轻松自如，棍要画立圆，棍梢共绕一周半，点地要轻。

图5-1-120

6.弓步下点棍

上体左转，右脚向后退一大步，左腿屈膝下蹲，右腿挺膝蹬直，成左弓步。同时，两手在腹前转腕，即左手向左前使棍梢由身后向上、向前抢圆点地。此时，两臂伸直，两手位于左膝前。目视棍梢。（图5-1-121）

要点：棍点地与弓步同时完成，点地要轻。

7.插步下戳棍

身体重心后移，上体右转，左脚随即从身后向右侧插一步，成交叉步。与此同时，左手先上抬并向棍梢一端滑握，右手随即从把端略向中段滑握，使棍把由腹前向转体后的身体右下方戳击。此时，右臂向右下方伸出，并伸直，左臂屈肘于左胸前，左手手心向内，上体略向左倾斜。目视棍把。（图5-1-122）

要点：插步动作与戳把动作要协调一致。

图5-1-121

图5-1-122

8.提膝拦棍

（1）右脚向右侧退跨一步，上体随即左转，同时左手向左肩外侧提带，右手则经过腹前向前面推出。（图5-1-123①）

（2）上一个动作不停。身体重心移至右腿，上体稍右转，左腿屈膝提起，成右独立式。与此同时，右手向右后上方举起，左手则向身体左侧平伸推出，手心向上，使棍身中段向左上方架拦，棍梢指向左斜下方。目向左前方平视。（图5-1-123②）

要点：整个动作要轻松自如，提膝后，上体稍向左前倾。

图 5-1-123

【还原式】

（1）右手从上屈肘向身体右侧下落，右臂伸直，左手顺势向上、向右肩上方握棍，而后屈左臂，使棍把由右上方下降至右腿外侧，棍身直立。目向左侧平视。（图 5-1-124 ①）

（2）左脚自然下落，与右脚并步站立。同时，右手上滑握于棍身中段，左手撒开垂于身体左侧，棍把在右脚外侧着地。目视正前方。（图 5-1-124 ②）

要点：还原式动作要认真，精神要集中。

图 5-1-124

五、24 式简化太极拳

（一）24 式简化太极拳动作名称

24 式简化太极拳动作名称见表 5-1-4。

表 5-1-4　24 式简化太极拳动作名称

组别	动作名称			
第一组	1. 起势	2. 左右野马分鬃	3. 白鹤亮翅	
第二组	4. 左右搂膝拗步	5. 手挥琵琶	6. 左右倒卷肱	
第三组	7. 左揽雀尾	8. 右揽雀尾		
第四组	9. 单鞭	10. 云手	11. 单鞭	
第五组	12. 高探马	13. 右蹬脚	14. 双峰贯耳	15. 转身左蹬脚
第六组	16. 左下势独立	17. 右下势独立		
第七组	18. 左右穿梭	19. 海底针	20. 闪通臂	
第八组	21. 转身搬拦捶	22. 如封似闭	23. 十字手	24. 收势

（二）24式简化太极拳动作图示

24式简化太极拳动作如下所示。

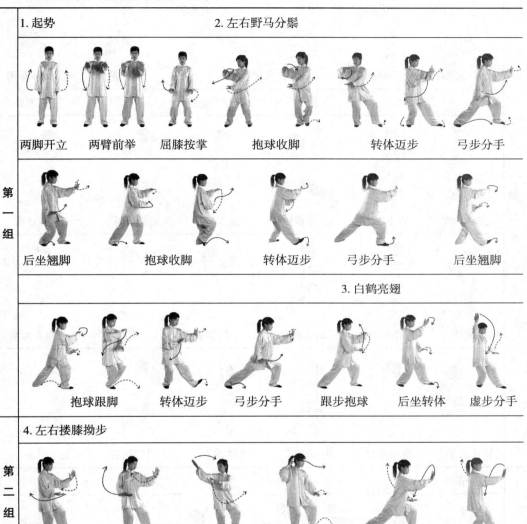

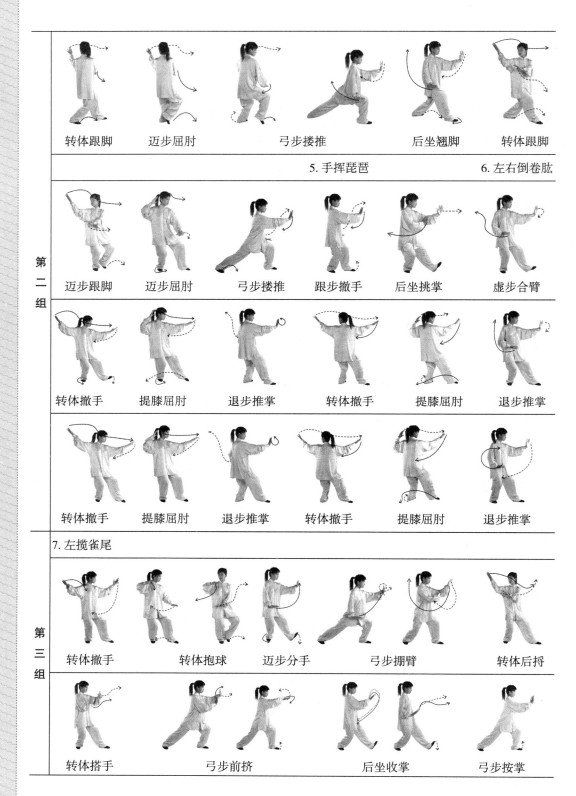

转体跟脚	迈步屈肘	弓步搂推		后坐翘脚	转体跟脚

5. 手挥琵琶   6. 左右倒卷肱

第二组

迈步跟脚	迈步屈肘	弓步搂推	跟步撤手	后坐挑掌	虚步合臂
转体撤手	提膝屈肘	退步推掌	转体撤手	提膝屈肘	退步推掌
转体撤手	提膝屈肘	退步推掌	转体撤手	提膝屈肘	退步推掌

7. 左揽雀尾

第三组

转体撤手	转体抱球	迈步分手	弓步掤臂	转体后捋
转体搭手	弓步前挤		后坐收掌	弓步按掌

8. 右揽雀尾

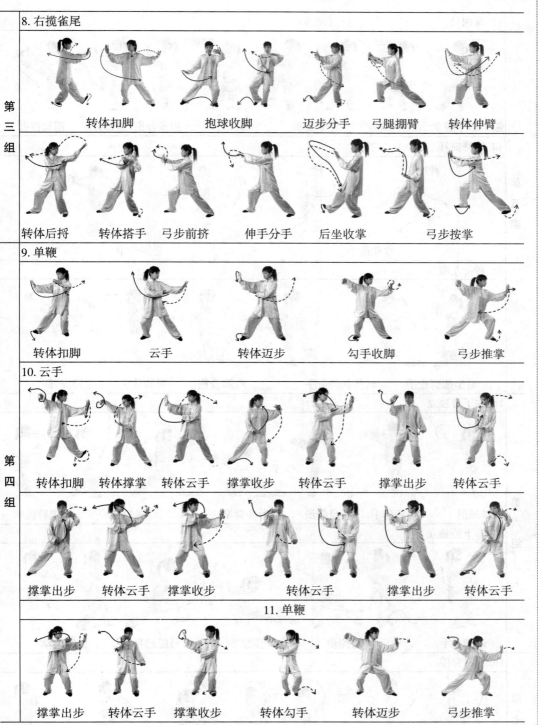

第三组

转体扣脚　　　抱球收脚　　　迈步分手　　弓腿掤臂　　转体伸臂

转体后捋　　转体搭手　　弓步前挤　　伸手分手　　后坐收掌　　弓步按掌

9. 单鞭

转体扣脚　　　云手　　　转体迈步　　　勾手收脚　　　弓步推掌

10. 云手

第四组

转体扣脚　转体撑掌　转体云手　撑掌收步　转体云手　　撑掌出步　　转体云手

撑掌出步　　转体云手　撑掌收步　　转体云手　　撑掌出步　　转体云手

11. 单鞭

撑掌出步　转体云手　撑掌收步　　转体勾手　　转体迈步　　弓步推掌

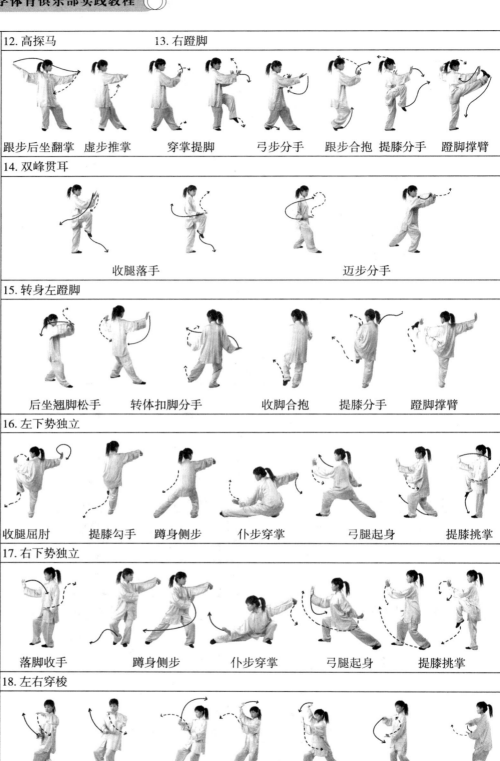

12. 高探马　　　　　13. 右蹬脚

跟步后坐翻掌　虚步推掌　　穿掌提脚　　　弓步分手　　跟步合抱　提膝分手　蹬脚撑臂

第五组

14. 双峰贯耳

收腿落手　　　　　　　迈步分手

15. 转身左蹬脚

后坐翘脚松手　　转体扣脚分手　　　收脚合抱　　提膝分手　　蹬脚撑臂

第六组

16. 左下势独立

收腿屈肘　　　提膝勾手　　　蹲身侧步　　仆步穿掌　　　弓腿起身　　　　提膝挑掌

17. 右下势独立

落脚收手　　　　蹲身侧步　　　仆步穿掌　　　　弓腿起身　　　提膝挑掌

第七组

18. 左右穿梭

落脚转体　抱球跟脚　　　迈步分手　　　弓步推掌　身体重心后移　抱球跟脚

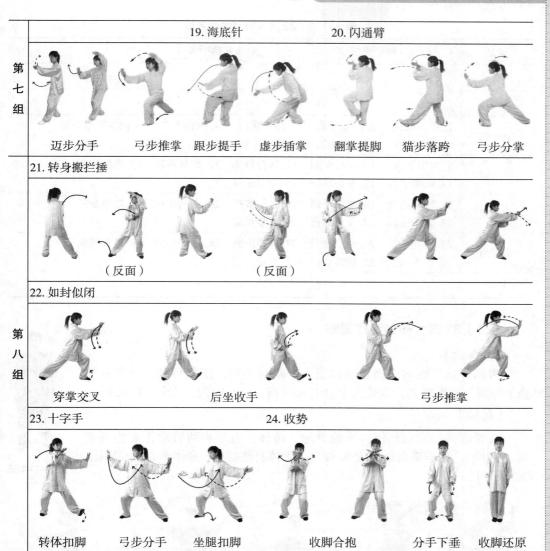

第七组	19.海底针				20.闪通臂		
	迈步分手	弓步推掌	跟步提手	虚步插掌	翻掌提脚	猫步落跨	弓步分掌
	21.转身搬拦捶						
		（反面）		（反面）			
第八组	22.如封似闭						
	穿掌交叉		后坐收手			弓步推掌	
	23.十字手			24.收势			
	转体扣脚	弓步分手	坐腿扣脚	收脚合抱		分手下垂	收脚还原

六、32 式太极剑

（一）32 式太极剑动作名称

32 式太极剑动作名称见表 5-1-5。

32 式太极剑

表 5-1-5　32 式太极剑动作名称

组别	动作名称				
预备式					
起势					
第一组	1. 并步点剑	2. 独立反刺	3. 仆步横扫	4. 向右平带	5. 向左平带
	6. 独立抡劈	7. 退步回抽	8. 独立上刺		
第二组	9. 虚步下截	10. 左弓步刺	11. 转身斜带	12. 缩身斜带	13. 提膝捧剑
	14. 跳步平刺	15. 左虚步撩	16. 右弓步撩		
第三组	17. 转身回抽	18. 并步平刺	19. 左弓步拦	20. 右弓步拦	21. 左弓步拦
	22. 进步反刺	23. 反身回劈	24. 虚步点剑		
第四组	25. 独立平托	26. 弓步挂劈	27. 虚步抡劈	28. 撒步反击	29. 进步平刺
	30. 丁步回抽	31. 旋转平抹	32. 弓步直刺		
收势					

（二）32 式太极剑动作图解

【预备式】

两脚开立，面向正南，身体正直，眼睛平视，虚领顶劲，两臂自然垂于体侧，左手持剑，剑尖向上，右手剑指，手心向内。（图 5-1-125）

【起势】

两臂前举，肩宜松沉，不能耸起。转体、迈步和两臂动作要协调柔和，弓步时，两脚横向距离约 30 厘米。上体自然挺直，身体重心移动平稳。（图 5-1-126）

图 5-1-125

图 5-1-126

【第一组】

1. 并步点剑

剑身立圆向前环绕时，两臂不可上举。点剑时，持剑要松活，主要依靠腕部的环绕将剑向前下点出。做并步时，两脚不宜并紧，两脚脚掌要全部着地，身体略下蹲，上体保持正直。（图 5-1-127）

2. 独立反刺

提膝时，右腿自然直立，左脚脚背绷直，左小腿和左脚脚掌微内扣护裆，左膝要向正前方，与左肘上下相对，不要偏向右侧，独立稳定。刺剑是使剑通过伸臂刺出，力达剑尖，注意避免将剑身由下向上托起的错位做法。（图 5-1-128）

图 5-1-127

图 5-1-128

3. 仆步横扫

劈剑与扫剑转换过程中，步型应为半蹲仆步，也可做成全蹲仆步，上体应保持直立。扫剑时，持剑要平稳，有一个由高到低（与膝或与踝同高）再到高的弧线，力在剑刃，不要做成拦腰平扫。定势时，左手停在左前额上方，剑尖置于体前中线，高与胸平。（图 5-1-129）

4. 向右平带

带剑时，剑应边翻转边斜带，剑把左右摆动的幅度要大，剑尖始终控制在体前中线附近，力在剑刃，不要过多地左右摆动；剑的回带和弓步要协调一致；带剑时，应注意由前向后带，不要横向右推或做成扫剑。（图 5-1-130）

5. 向左平带

向左平带同向右平带，只是左右相反。（图 5-1-131）

图 5-1-129　　　　　图 5-1-130　　　图 5-1-131

6. 独立抢劈

抢剑、举剑、劈剑应连贯，抢绕立圆，并与转腰、旋臂、独立配合一致，连贯不停。左手的动作要和持剑的右手相互配合，当右手持剑向前下方劈出时，左剑指由后向上画弧至头部侧上方，两手一上一下、一前一后地对称画立圆。（图 5-1-132）

7. 退步回抽

抽剑是立剑由前向后画弧抽回，力点沿剑刃滑动，右手手心先翻转向上将剑略向上提，随后由体前向后画弧收至右肋旁，避免将剑直线抽回。左脚后落的步幅不要过小，身体重心前后移动要充分，两腿虚实要分明。定势时，两臂撑圆合抱，上体左转，剑尖斜向右上方，两肩要松沉，不可紧贴身体。（图 5-1-133）

8. 独立上刺

上步步幅不超过一脚长，上刺剑时，手与肩同高，两臂微屈。趁上刺之势，上体微前倾，不要耸肩、驼背。（图 5-1-134）

图 5-1-132　　　　　　　　　　　　　　图 5-1-133　　图 5-1-134

【第二组】

9. 虚步下截

下截剑时，主要用转体挥臂来带动剑向右下方截出，身、剑、手、脚的动作要协调一致，剑身置于身体右侧。右虚步的方向为偏左约 30°，转头目视的方向为偏右约 45°。（图 5-1-135）

10. 左弓步刺

右手持剑向下卷收时，前臂外旋，手心转向上；同时仍要控制住剑身，使剑尖指向将要刺出的方向。全过程要在转腰的带动下，圆活、连贯、自然地完成。（图 5-1-136）

11. 转身斜带

弓步的方向为体前中线偏右约 30°，斜带指剑的走向。（图 5-1-137）

图 5-1-135　　　　　　　　图 5-1-136　　　　　　　　　　　　图 5-1-137

12. 缩身斜带

收剑时，上体挺直，稍向右转。上体略向前探，送剑方向与弓步方向相同。收脚带剑时，身体向左转，身体重心移至左腿；要保持上体挺直，松腰松髋，臀部不可外凸。（图 5-1-138）

13. 提膝捧剑

右脚退步要略偏向右后方，上体转向前方。两手向体前摆送要走弧线，先稍向外，再向内于胸前相合。捧剑时，两臂微屈，剑把与胸部同高。（图 5-1-139）

图 5-1-138　　　　　　　　图 5-1-139

14. 跳步平刺

向前跳步，动作要轻灵、柔和。刺剑、分剑、再刺剑，动作连贯，上下肢配合协调一致。（图5-1-140）

图5-1-140

15. 左虚步撩

剑运行的路线，一要贴身，二要立圆，同时右前臂内旋，右手手心转向外，虎口朝下，活握剑把，力达剑的前端。整个撩剑的动作要在身体左旋右转的带动下完成，要协调完整、连贯圆活，不要做成举剑拦架的动作。（图5-1-141）

16. 右弓步撩

持剑手要灵活握剑把，剑尖不要触地，整个动作要连贯圆活。（图5-1-142）

图5-1-141　　　　　　　　　　　　　　图5-1-142

【第三组】

17. 转身回抽

剑指向前指出，左脚向前迈出，全脚掌着地，左腿屈膝，右腿在后蹬直，成左弓步。上体向左回转，三者要协调一致。弓步的方向和剑指所指的方向为体前中线偏右约30°。抽剑时，要立剑向下、向后走弧线抽回，下剑刃着力。（图5-1-143）

18. 并步平刺

右脚向前跟进半步，脚尖稍外撇，全脚掌踏实，左脚脚尖点地，成左虚步。刺剑和并步要协调一致，方向正中；剑刺出后，两臂要微屈，两肩要松沉，右脚向左脚并步，两腿并立。（图5-1-144）

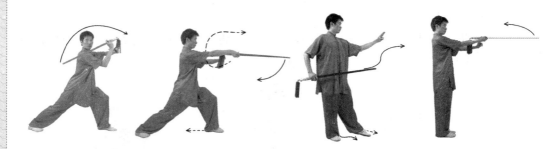

图 5-1-143　　　　　　　　　　　图 5-1-144

19. 左弓步拦

绕剑时，要以剑把领先，转腰挥臂，剑贴近身体，向左侧绕立圆。拦剑时，反手用剑下刃由下向前上方拦架，力在剑刃。剑要在身体右侧随身体右旋左转，并贴身绕一个完整的立圆。右手位于脸前，剑尖位于体前中线附近。（图 5-1-145）

20. 右弓步拦

右弓步拦与左弓步拦相同，只是左右相反，弓步方向为体前中线偏右约 30°，视线随剑移动。（图 5-1-146）

21. 左弓步拦

同上一个左弓步拦。（图 5-1-147）

图 5-1-145　　　　　　　图 5-1-146　　　　　　　图 5-1-147

22. 进步反刺

反手刺剑时，右臂、肘、腕皆先屈后伸，使剑由后向前刺出，力达剑尖。右手位于头前稍偏右，剑尖位于体前中线附近，与胸部同高。松腰松髋，上体挺直，不可做成侧弓步。（图 5-1-148）

23. 反身回劈

左脚脚尖要尽量内扣，右脚提收后不要做成独立步。剑要尽量劈平，使剑身与手臂约成一条直线，力在剑刃中段。劈剑和弓步要协调一致，同时完成。（图 5-1-149）

24. 虚步点剑

举剑时，右手略高于头，剑身斜向后下方，剑刃不要触身。虚步和点剑的方向与起势方向相同。点剑时，右手要活握剑把，腕部上提；右臂先向下沉落，再伸臂提腕。点剑与右脚落地要协调一致，同时完成；上体保持挺直。（图 5-1-150）

图 5-1-148　　　　　　图 5-1-149　　　　图 5-1-150

【第四组】

25. 独立平托

绕剑要与向左插步同时进行；上体保持挺直，并微向左转。托剑时，剑下刃着力，将剑由下向上托架。平托剑时，右手要活把握剑，手心向外，举于头侧；剑身放平，剑尖朝前。（图 5-1-151）

26. 弓步挂劈

挂剑时，腕部先屈，使剑尖转向下。随转体，右臂向下、向后摆动，虎口向后，剑尖领先，剑身贴近身体左侧向后挂，剑的运行路线成立圆。视线随剑的运行移动。（图 5-1-152）

图 5-1-151　　　　　　　图 5-1-152

27. 虚步抡劈

抡劈剑时，剑先沿身体右侧抡绕一个立圆，再顺势向前下方劈剑，力点在剑刃中部。整个动作要完整连贯。下劈剑时，剑身与右臂尽量成一条直线，不要做成点剑。（图 5-1-153）

28. 撤步反击

撤步时，右脚脚掌先向后撤，再蹬左腿。反击时，要在向右转体的带动下，将剑向右上方击打，右臂、肘、腕先屈后伸，力达剑身前端。分手、弓腿、转体动作要协调一致。（图 5-1-154）

图 5-1-153   图 5-1-154

29. 进步平刺

以腰带臂，以臂领剑，剑走平弧；剑卷落时，右臂外旋，手心转向上，剑尖指向正前方。刺剑时，转腰顺肩，上体挺直，剑与右臂尽量成一条直线。刺剑、弓腿和剑指的动作要协调一致。（图 5-1-155）

30. 丁步回抽

抽剑时，右手先外旋，将剑把略向上提，随即向后、向下收至胸腹旁，剑走弧线抽回。（图 5-1-156）

图 5-1-155   图 5-1-156

31. 旋转平抹

身体向右旋转近一周，转身要平稳连贯、速度均匀；上体保持挺直。摆步和扣步时，脚都应落在体前中线附近，步幅不超过肩宽。特别是在扣步时，不可扫腿远落，也不可跨越体前中线过多，致使收势回不到原位。撤步时，要借身体向右旋转之势，以右脚脚掌先着地，摆步时，右脚脚跟先着地；扣步时，左脚脚掌先着地；撤步时，右脚脚掌先着地。（图 5-1-157）

图 5-1-157

32. 弓步直刺

左脚提起收至右脚内侧后再向前迈出。左手剑指先收至腰间，再附于右腕一齐将剑刺出。（图 5-1-158）

【收势】

接剑时，左手掌心向外，拇指向下，与右手相对；两肘与肩同高，两肩松沉。换手握剑后，左手持剑画弧下落与身体重心前移要协调一致，右手剑指画弧下落，与右脚跟进半步要协调一致。（图 5-1-159）

图 5-1-158

图 5-1-159

七、散打

散打基本技术是指在散打实战中完成进攻与防守动作的方法，是散打竞技水平的重要体现。散打基本技术的主要内容有实战姿势、步法、拳法、腿法、摔法、防守技术等。

（一）实战姿势

两脚前后开立，距离稍宽于肩；两脚脚尖微内扣，后脚脚跟稍离地；两膝微屈，身体重心落在两脚之间；两臂弯曲，左臂屈肘约成90°，肘尖下垂，左拳置于体前，拳眼斜向上，高度约与鼻平；右臂屈肘小于90°，右拳置于右肋前，略高于下颌，上臂内侧紧贴右侧肋部，肘部自然下垂。胸部、背部保持自然状态，下颌微收，两眼平视前方。左脚在前称为正架，右脚在前称为反架。（图 5-1-160）

图 5-1-160

实战姿势

（二）步法

1. 进步

以正架姿势站立（以下均同），左脚先前进半步，右脚紧接着跟进半步。（图 5-1-161）

要点：步幅不宜过大，上体姿势不变，跟步要快速、紧凑。

2. 退步

右脚先向后退半步，左脚紧接着向后回收半步。

要点：同前进步。

3. 上步

右脚向前上一步，左右拳前后交换，成右脚在前的反架实战姿势。（图 5-1-162）

要点：身体重心平稳，移动迅速，左右脚保持适当距离。

4. 撤步

左脚向后撤一步，成右脚在前、左脚在后，左脚脚跟离地，右脚脚尖外展，身体重心偏向右脚。（图 5-1-163）

要点：同上步。

步法

5. 垫步

右脚蹬地，向左脚内侧并拢，同时，左腿屈膝提起。（图 5-1-164）

要点：右脚向左脚并拢要迅速，垫步与提膝不可脱节，中间不应有停顿；身体向前移动时，不能向上腾空。

6. 插步

身体重心前移，同时，右脚经左脚后面前插（图 5-1-165），两脚交叉，随后左脚向前上步。

要点：插步时，上体略右转；插步后，左脚上步要快，迅速还原成实战姿势。

图 5-1-161　　　　　　　图 5-1-162

图 5-1-163　　　　　图 5-1-164　　　　　图 5-1-165

7. 闪步

左脚向左侧移半步，右脚随之向左滑步；同时身体向右转动约 90°。右侧与左侧相同，只是左右相反。（图 5-1-166）

要点：步法灵活，躲闪快速、敏捷。

8. 纵步

纵步包括单腿纵步和双腿纵步。

（1）单腿纵步：左腿屈膝上提，右腿连续蹬地向前移动。（图 5-1-167）

（2）双腿纵步：两脚同时蹬地，使身体向上或向前、向后、向左、向右跳跃移动。（图 5-1-168）

要点：腰髋紧收，上体正直，腾空不宜过高。

9. 环绕步

右（左）脚蹬地，左（右）脚向左（右）斜前（后）方滑移，着地后右（左）脚也向左（右）斜前（后）方滑移。（图 5-1-169、图 5-1-170）

要点：连续滑移，步子应成弧形环绕，上体和上肢姿势不变。

图 5-1-166

图 5-1-167

图 5-1-168

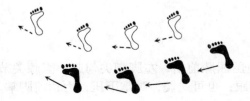
图 5-1-169

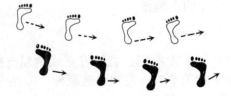
图 5-1-170

（三）拳法

1. 冲拳

（1）左冲拳：右脚蹬地，上体微右转；同时左拳内旋，直线向前冲出，力达拳面，右拳收至下颌处。（图 5-1-171）

（2）右冲拳：右脚蹬地，前脚掌向内转，转腰送肩，上体左转；同时右拳内旋，直线向前冲出，力达拳面，左拳收至右肩前。（图 5-1-172）

要点：冲拳时，上体不可前倾，腰要拧转；上臂带动前臂，不可先向后引拳再冲出。

2. 摆拳

（1）左摆拳：上体微右转，同时左臂内旋，抬肘至水平位置，使拳向外、向前、向内成平面弧形横击，拳心朝下，力达拳面。（图 5-1-173）

（2）右摆拳：右脚蹬地，上体左转，同时右臂内旋，抬肘至水平位置，使右拳向外、向前、向内成平面弧形横击，拳心朝下，力达拳面。（图 5-1-174）

要点：击打时要借助转体的力量，转腰、发力要协调一致，上体保持正直；不可掀肘，拳走弧形。

3. 上勾拳

（1）左上勾拳：上体先向左转，身体重心微下沉；随后，左膝和上体瞬间挺伸，并向右转体；同时左臂外旋，左拳由下向前上方勾起，拳心朝内，力达拳面。（图 5-1-175）

（2）右上勾拳：右脚蹬地，扣膝合髋，腰稍右转。同时右臂外旋，右拳由下向前上方勾起，拳心朝内，力达拳面。（图 5-1-176）

要点：发力时，上体不可后仰、挺腹；身体重心下沉，脚蹬地拧转，上体同时拧转，以加大拳的力量。动作要连贯顺达，用力由下至上，发力短促。

拳法

图 5-1-171　　图 5-1-172　　图 5-1-173　　图 5-1-174　　图 5-1-175　　图 5-1-176

（四）腿法

1. 蹬腿

（1）左蹬腿：右腿直立或微屈支撑，左腿屈膝前抬，左脚脚尖勾起，当膝关节高于髋关节时，左腿快速蹬伸，力达左脚脚跟；也可送髋，脚掌下压，力达前脚掌。（图 5-1-177）

（2）右蹬腿：身体重心前移，左腿直立或微屈支撑，右腿屈膝向前抬起，右脚脚尖勾起，当膝关节高于髋关节时，右腿快速蹬伸，力达右脚脚跟；也可送髋，脚掌下压，力达前脚掌。（图 5-1-178）

图 5-1-177　　　　　　　　　　　图 5-1-178

要点：上体不可过于后仰，屈膝高抬，爆发用力，动作要快速连贯。

2. 侧踹腿

（1）左侧踹腿：身体重心右移，右腿直立或微屈支撑；同时左腿屈膝抬起，与髋同高，小腿外翻，左脚脚尖勾起，展髋、挺膝向前踹出，上体微侧倾，力达脚掌。（图 5-1-179）

（2）右侧踹腿：身体左转 180°，身体重心移至左腿，左腿直立或微屈支撑；同时右腿屈膝抬起，与髋同高，小腿外翻，右脚脚尖勾起，展髋、挺膝向前踹出，上体微侧倾，力达脚掌。（图 5-1-180）

图 5-1-179　　　　　　　　　　　图 5-1-180

腿法

要点：上体、大腿、小腿和脚要约成一条直线，大腿带动小腿直线发力。

3. 鞭腿

（1）左鞭腿：身体重心后移，右腿直立或微屈支撑，上体稍右转并侧倾，右脚脚跟内转；同时，左腿屈膝内扣，绷脚背向左侧提起，随即伸髋、挺膝、向前鞭甩小腿，脚背绷直，左脚小趾外侧朝上，力达脚背。（图 5-1-181）

（2）右鞭腿：身体重心移至左腿，上体向左转，左脚脚跟内转；同时，右腿扣膝、绷脚背向右侧摆起，随即右腿经外向斜上、向里、向前鞭甩小腿，脚背绷直，右脚小趾外侧朝上，力达脚背。（图 5-1-182）

要点：扣膝，绷脚背，发力时大腿带动小腿，力点准确。

图 5-1-181　　　　　　　　　图 5-1-182

4. 勾踢腿

左腿稍屈支撑，上体左转；同时，右脚脚尖勾紧，右腿大腿带动小腿，以踝关节与脚背接合部为力点，向前弧形勾踢，脚掌内侧贴地面擦行。（图 5-1-183）

要点：勾踢腿不可向后预摆；勾踢时，上下肢协调配合。

图 5-1-183

（五）摔法

1. 抱腿前顶摔

上左步，身体下潜，两手抱住对手的两腿，用力回拉；同时用左肩前顶对手的大腿或腹部，将对手摔倒。（图 5-1-184）

要点：抱腿要紧，两臂和肩部向相反方向协调用力。

2. 夹颈过背摔

右臂夹住对手颈部，右侧髋部贴紧对手小腹，两腿屈膝；随即两腿蹬直，向下弓腰、低头，将对手背起后摔倒。（图 5-1-185）

要点：夹颈牢固，屈膝、蹬伸、弓腰和低头协调连贯。

图 5-1-184　　　　　　　　图 5-1-185

摔法

3. 夹颈打腿摔

左手夹住对手颈部，同时右脚变步，与左脚平行；随即向右转体，用左小腿向后横打对手左小腿外侧，将对手摔倒。（图5-1-186）

要点：夹颈牢固，身体紧贴对手，打腿动作与转体动作协调一致。

4. 抱腿旋压摔

抱住对手左腿后，用左腿别住对手的右腿腘窝，用胸部和肩部贴住对手左腿向前下靠压。（图5-1-187）

要点：靠压要有力，腿要别紧，不能让对手右腿有活动的余地。

图5-1-186 　　　　　　　　　　　　　图5-1-187

5. 接腿勾踢摔

左手抄抱住对手踢出的右腿，右手向对手颈部下压，右脚勾踢对手左脚；同时上体右转，右手回拉，将对手摔倒。（图5-1-188）

要点：接抱腿准确；转腰、压颈和勾踢动作要协调有力，快速完整。

6. 接腿上托摔

两手抓住对手踢出的脚，屈臂上抬，两手迅速上托并向前上方推送，使对手向后倒地。（图5-1-189）

要点：抓脚准而牢，推托动作快速、连贯。

图5-1-188 　　　　　　　　　　　　　图5-1-189

（六）防守技术

1. 后闪

身体重心后移，上体略后仰闪躲。

2. 侧闪

两膝微屈，俯身，上体向左侧或向右侧闪躲。

3. 下躲闪

两腿屈膝下蹲，同时缩头、含胸、收下颌，弧形向下躲闪，目视对手。

4. 拍挡

左手以掌心为力点向里横向拍挡。

5. 外格

左前臂边内旋边向左斜举，以前臂外侧部位为力点向外格挡对手右臂内侧。（图 5-1-190）

6. 拍压

左拳变掌，以掌心或掌根为力点，由上向前下方拍压对手来腿。（图 5-1-191）

图 5-1-190　　　　　　　　图 5-1-191

7. 勾挂

左臂以肘关节为轴，由上向下、向外伸肘下挂于身体左侧；随即前臂内旋，以勾手勾挂住对手来腿。（图 5-1-192）

8. 前抄抱

左手由上向下、向右上屈肘画弧，掌心向上，以前臂内侧部位为接触点，向上抄抱对手来腿；同时，右臂贴腹夹紧，以掌心为接触点向前推抱。（图 5-1-193）

图 5-1-192　　　　　　　　图 5-1-193

9. 侧抄抱

身体左转，右肩前领；左臂由下向左上屈肘置于胸前，前臂内旋，左手掌心向外；两臂肘关节相对靠近，以两前臂和掌心为接触点，同时合抱对手来腿。（图 5-1-194）

10. 阻挡

两脚蹬地，身体重心稍前移，以肩部和手心阻挡对手直线形拳法的进攻，以臂部阻挡对手直线形腿法的进攻。（图 5-1-195）

图 5-1-194

图 5-1-195

体育思政课堂

武术是中华优秀传统文化的重要组成部分。武术中蕴含的武德精神包括公平、正义、公道等。练习武术，首先要求练习者做一个正义凛然的人。练习武术，长时间坚持，可以磨炼练习者的意志。

中国武术是在一定的社会需要下而产生的，学以致用是练习武术的宗旨。而武术的境、神、韵等又很难用言语表达，这就要求练习者用直觉去领悟体验，进而把握。这也是中华民族传统思维的特点。"反者道之动"的方法论构成了武术战略思想的基本原则。其意思是，对立的事物向其反面转化是运动的规律。也就是说，刚能克柔，柔也能克刚；强能胜弱，弱也能胜强。因而，中国武术要求技击必须符合刚柔相济等原则。

练习武术不仅能强身健体，还能接受武德精神的洗礼。武德是练习者应遵从的道德准则，是练习者高尚道德品质的体现。新时代的武德要求练习者把习武同发扬祖国灿烂文化、热爱祖国联系起来，有强烈的民族自豪感，自觉维护中华民族的尊严；有宽广的心胸，以礼待人，不恃武伤人，不以强凌弱；自觉维护国家和人民的利益；养成乐于助人的美德，尊老爱幼，尊师重道，谦虚谨慎；刻苦练功，磨炼坚强的意志，培养良好的身体素质，文武双全，为社会做出贡献。新时代的武德可以为中国特色社会主义现代化建设培养有理想、有道德、有文化、有内涵的合格公民。

中华人民共和国成立后，武术得到了蓬勃发展。1958 年，中国武术协会成立。1985 年，西安举办了首届国际武术邀请赛，并成立了国际武术联合会筹委会，这是武术发展历史性的突破。1987 年，日本横滨举办了第 1 届亚洲武术锦标赛。1990 年，国际武术联合会在北京成立。在第 11 届亚运会上，武术被列为正式比赛项目。2002 年，国际武术联合会被国际奥委会正式承认，这是武术发展中的又一历史性突破。2008 年，武术比赛作为特设项目在北京奥运会期间举行，这是武术走向国际化的一个重要里程碑。2021 年，国际武术联合会正式加入国际世界运动会协会。

第二节　抖空竹

一、抖空竹的运动形式

抖空竹的运动形式主要有技巧花式演练和隔网对抗两种。

（一）技巧花式演练

从抖玩的空竹器材来看，抖空竹可分为抖双轮空竹、抖单轮空竹和抖异形空竹三种。

从所用的抖杆来看，抖空竹可分为短杆抖空竹、中长杆抖空竹、放长线抖空竹和无杆（呼啦圈）抖空竹四种。

从是否需要辅助道具来看，抖空竹可分为带彩带抖空竹和不带彩带抖空竹两种。

从参与的人数来看，抖空竹可分为单人抖空竹、双人抖空竹和团队抖空竹三种。

（二）隔网对抗

借鉴羽毛球、网球等项目的竞赛方式，抖空竹隔网对抗，对抛一支空竹，可分为单打、双打和混合双打三种形式。

二、抖空竹的技巧花样

（一）双轮空竹

1. 基本技法

（1）启动。

将绳子放在地上，将空竹放在绳子上，右手杆逆时针方向绕内线一圈，使绳子缠绕在空竹轴承上，然后右手发力，使空竹从右向左滚动，再将其顺势拉起。（图 5-2-1）

图 5-2-1

（2）调整平衡。

如果空竹在运行过程中偏向某一方向（前方或后方），就需要向相反方向调整空竹。使右手线靠近空竹碗面较高的一侧，甚至蹭到空竹碗面，直至将两侧碗面调平。（图 5-2-2）

图 5-2-2

（3）加速。

水平加速：左手杆提稳空竹，右手发力使空竹左右摆动，在空竹将要到达右手杆时，右手杆用力向左拉；在空竹将要到达左手杆时，左手杆用力向右拉。在空竹运行过程中，杆头和空竹运动的过程要形成一定的时间差。（图5-2-3）

图 5-2-3

纵向加速：使空竹位于身体右侧，左手杆提高，右手杆放低，右手杆用力向上拉空竹，左手杆配合右手杆做反方向运动，在空竹将要运行至顶点时，右手杆用力下拉空竹。（图5-2-4）

图 5-2-4

环形加速：先使空竹成加扣状态置于右下方，右手用力将空竹带到左下方，然后继续用力将空竹带到左上方，再到右上方，最后回到最初状态。在整个过程中，空竹都在左手杆和右手杆之间运动。（图5-2-5）

图 5-2-5

（4）反抄。

运起空竹调整平衡后，解扣（即将缠在空竹上的线解开一圈）。将空竹轻轻抛起，高度不超过头顶；右手从上往下绕过空竹轴心将空竹接住。此时，左右手交叉往两边绷线（图5-2-6），将空竹弹出，然后左右手恢复原状，用线接住空竹（图5-2-7）。

图 5-2-6　　　　　　　　　　　　　　　图 5-2-7

（5）正抄。

运起空竹调整平衡后，解扣。使空竹靠近右手杆，但不触碰到右手杆，将线尽量拉平，右手向右上方发力，使空竹轻轻弹起（图5-2-8）。当空竹在空中的时候，右手杆由空竹的后面向前绕一圈，然后接住空竹（图5-2-9）。

图 5-2-8　　　　　　　　　　　　　　　图 5-2-9

（6）空旋。

运起空竹调整平衡后，解扣。使空竹左右荡起。荡到左手杆附近时，左手向上发力使空竹离开线（图5-2-10）；空竹落点在右手杆附近时，右手辅助向下发力，如此往复（图5-2-11）。

图 5-2-10　　　　　　　　　　　图 5-2-11

（7）绕。

运起空竹调整平衡后，解扣。使空竹靠近右手杆，但不触碰到右手杆，将线尽量拉平，右手向右上方发力，使空竹轻轻弹起（图5-2-12）。当空竹在空中的时候，右手杆由空竹的后面向前绕一圈，然后接住空竹。（图5-2-13）

图5-2-12　　　　　　　　　　图5-2-13

（8）摆。

运起空竹调整平衡后，解扣。两手定住不动，手腕用力，使空竹在竖直平面内画圆。（图5-2-14）

图5-2-14

2. 初级花式

（1）金鸡上架。

运起空竹调整平衡后，解扣。身体向左转，左手向上用力将线拉直，使空竹滑到右手杆上，此为右手的金鸡上架（图5-2-15）；身体向右转，右手向上用力将线拉直，使空竹滑到左手杆上，此为左手的金鸡上架（图5-2-16）。

图5-2-15　　　　　　　　　　图5-2-16

（2）金鸡飞渡。

运起空竹调整平衡后，解扣。身体向左转，左手杆平举，右手杆先从左手杆上方往外绕过，然后往下绕过空竹，再向外穿出，接着，左手杆向上方拉回，最后从下方向外绕过空竹。将线一起往下放，空竹自然掉落成开线模式。（图5-2-17）

图 5-2-17

（3）望月。

运起空竹调整平衡后，解扣。使空竹左右荡，荡到右手上方时，用右手杆撑住轴承，左手将线拉紧，此为右金轮望月；荡到左手上方时，用左手杆撑住轴承，右手拉紧线，此为左金轮望月。（图 5-2-18）

图 5-2-18

（4）解脱。

运起空竹调整平衡后，解扣。身体向左转，右手杆顺势绕左手杆和空竹一圈，然后右手握双杆，左手握空竹，空竹会自然脱离线。（图 5-2-19）

图 5-2-19

（5）抛接。

运起空竹调整平衡后，解扣。两手分别向两侧发力拉线，将空竹弹出。接空竹时，右手杆高举，左手放低把线拉紧，用右手杆头瞄准空竹的轴心，使空竹掉到靠近右手杆的线上，使其顺势下滑。在某些特定情况下，也可以用左手杆接空竹。（图 5-2-20）

图 5-2-20

（6）过桥。

运起空竹调整平衡后，解扣。两手拉线，使空竹移至左肩上方，然后向后移动，使其停在左肩处，接着滑到身体右侧，再摆到身体后方，使空竹向右荡起甩一圈。此时空竹为解扣状态。（图 5-2-21）

图 5-2-21

（7）蜻蜓点水。

运起空竹调整平衡后，解扣。将左手线挂在右手杆上，右手杆提高到胸部高度。（图 5-2-22）

图 5-2-22

（8）蜘蛛结网。

运起空竹调整平衡后，解扣。将左手线挂在右手杆上，右手杆提高到胸前，左手杆将右手线向左撑开。此时，两手杆都指向正上方，然后将空竹微微向前上方抛起，保持两杆位置不变，使空竹掉到线上，两手杆同时向下，使线滑落，此时空竹成解扣状态。（图 5-2-23）

（9）猴子翻跟斗。

做左（右）蜻蜓点水动作，然后身体向右（左）倾斜90°，右（左）手用力将空竹弹出。（图5-2-24）

图5-2-23　　　　　　　　　　　　图5-2-24

3. 进阶花式

（1）绕腿。

运起空竹调整平衡后，解扣。使空竹左右荡。荡到左边的时候，右脚跨过绳子，使空竹在右脚下方摆动。两手靠近，右手向上及向外侧沿顺时针方向画圆，左手将空竹轻推到右边，如此反复配合，可让空竹持续旋转（图5-2-25）。完成动作后，使空竹停住，把脚收回。

图5-2-25

（2）抛高跳绳。

在抛起空竹的基础上，用两手杆做跳绳动作，然后接空竹。（图5-2-26）

图5-2-26

（3）绕手。

运起空竹调整平衡后，解扣。右手线搭在右手外侧，右手杆、右臂与右手线围成等边三角形，左手杆抬高，使空竹左右来回荡，荡到左手杆时，左手向右前方发力，提起空竹，用右手线接住空竹。如此往复。（图5-2-27）

图 5-2-27

（4）单手旋风。

运起空竹调整平衡后，不解扣。做右蜻蜓点水，在轴承的竖直平面内使左手杆荡起并放出。当解扣解到一圈时，右手顺势逆时针加扣，随后右手在1点钟到12点钟方向向上发力。（图5-2-28）

图 5-2-28

（5）内回旋。

运起空竹调整平衡后，解扣。使空竹荡起，并在右手内侧和左手外侧之间逆时针转动，左腕发力画圆。（图5-2-29）

图 5-2-29

（二）单轮空竹

1. 基本技法

（1）启动（地面启动法）。

使空竹的轴尖向上，将其放于身体右前方的地面上，用距右手杆约 20 厘米的线在空竹轴承的线槽处顺时针绕缠两圈。两手（左手高、右手低）用力向外撑，拎起空竹。右手轻轻上提，左手慢慢松线，使空竹沿线向左手杆头缓慢滚动。左手杆头逐渐放低，使线从轴尖处滑脱一圈，形成左外右内的交叉状。右手缓缓向上拉起，左手配合下送，身体随着空竹的运行缓慢转身，始终保持身体正对空竹轴尖部分。两手做打鼓状，保持空竹的正常运行。（图 5-2-30）

图 5-2-30

（2）调整平衡。

当空竹出现一头低一头高的情况时，需要调整空竹的平衡来维持空竹的正常运行。通常用右手调整空竹平衡。当空竹的发音轮高于轴尖部分时，右手向正对发音轮的 10 点钟至 2 点钟方向发力，将发音轮压到平衡位置；反之，当出现轴尖部分高于发音轮时，右手向正对轴尖的 12 点钟至 2 点钟方向发力，将轴尖压到平衡位置。（图 5-2-31）

图 5-2-31

（3）加速（提拉抖法）。

启动空竹后，将空竹调整到距离右手杆 30～40 厘米的线上，使其悬停于右腿膝关节的斜前方。右手带动空竹向右斜上方提起，左手微微拉紧线，被动跟随右手。待空竹快要回落时，左手主动回拉线，右手微松线主动跟随下落，使空竹回到原始位置。随后，两手微微拉紧线，为下一周期的提拉加速做好准备。身体与空竹运行路线约成30°。（图 5-2-32）

图 5-2-32

（4）加扣与退扣。

保持身体正对轴尖。将左手杆横于胸前，杆尖微向内，右手杆垂直对准空竹的发音轮。将左手杆高高提起，使空竹滑行到右手杆前，两手成"顶天立地"状。右手杆带动线，绕轴尖顺时针包绕线槽为加扣。将右手杆高高提起，使左手杆缓缓下落，使空竹滑行到左手杆前，两手成"顶天立地状"。左手杆带动线，从发音轮外侧顺时针退出线槽为退扣。也可做左手加扣，右手退扣。（图 5-2-33）

图 5-2-33

2. 初级花式

（1）加速（鲁班拉锯）。

启动空竹，保持身体正对轴尖。将左手杆横于胸前，使右手杆垂直正对空竹的线槽。右臂外旋，带动空竹平行于身体向左水平摆动，在空竹还未到达左摆的极限位置时，右臂内旋，带动空竹平行于身体向右水平摆动，在空竹还未到达右摆的极限位置时，右臂外旋，带动空竹平行于身体向左水平摆动，如此往复就能快速提高空竹的转速，使其达到稳定状态。（图 5-2-34）

图 5-2-34

（2）拉月。

加速空竹达到稳态后，调整线处于开扣状态，使空竹悬停于左腿膝关节外侧，保持左手低、右手高的状态，使空竹轴尖朝向身后，身体与发音轮平行。右手向上、向右拉动空竹，使空竹沿线从左手杆杆头向右手杆杆头滑出一个饱满的上弧，同时右腿向右手拉动方向上一大步。（图5-2-35）

图5-2-35

（3）狮子摇头。

运用提拉抖法加速空竹达到稳态后，身体左转，顺左手回拉空竹，右手定位在头顶上方，左手以左肩为圆心带动空竹在身体左侧画圆，左手摆到头顶上方时固定，身体右转，右手以右肩为圆心带动空竹在身体右侧画圆。左右往复，完成动作。（图5-2-36）

图5-2-36

3.进阶花式

（1）正平盘丝。

运用提拉抖法加速空竹达到稳态后，顺左手回拉空竹，身体左转至对准空竹轴尖，使左手杆与身体和发音轮平行，杆尖微向内。右手先向左下方发力带动空竹，随即向上、向右提拉空竹，同时，左手在发音轮方向做退扣动作，然后使空竹从左向右沿线滑行。当空竹滑到右手杆杆头处时，右手在轴尖方向做加扣动作，为下一周期的盘丝动作做好准备。（图5-2-37）

图 5-2-37

（2）反平盘丝。

反平盘丝的动作与正平盘丝大致相同，两者区别在于反平盘丝是右手在发音轮方向做加扣动作，左手在轴尖方向做退扣动作。（图 5-2-38）

图 5-2-38

（3）正立盘丝。

立盘丝是横向的圆周运动。

运用提拉抖法加速空竹达到稳态后，顺左手回拉空竹，使线绷紧，右手杆杆尖抵住空竹线槽，使空竹轴尖在右小腿侧正对身后，保持左手高、右手低的状态。随即，向左转身，并缓慢抬高右手至两杆成水平状态，利用旋转产生的离心力使空竹达到轴尖向下的稳态。向左继续转身，右手向左侧水平发力，使空竹沿线向左滑行，当空竹滑行到左手杆杆尖时，左手在发音轮方向做退扣动作。随即，绷紧线，使空竹沿线向右滑行。当空竹滑行到右手杆杆尖时，右手在轴尖方向做加扣动作，为下一周期的盘丝动作做好准备。（图 5-2-39）

图 5-2-39

（4）反立盘丝。

反立盘丝的动作与正立盘丝的动作大致相同，两者区别在于：反立盘丝是右手在发音轮方向做加扣动作，左手在轴尖方向做退扣动作。（图 5-2-40）

图 5-2-40

体育思政课堂

空竹在中国有悠久的历史，明代《帝京景物略》一书中就有关于空竹玩法和制作方法的记述，明定陵也有出土的文物为证，可见，抖空竹在民间流行的历史至少在 600 年以上。2006 年，抖空竹经中华人民共和国国务院批准列入第一批国家级非物质文化遗产名录。

抖空竹不仅是对身体素质、意志力等方面的锻炼，还是对中华优秀传统文化的学习和弘扬。同时，参与者相互切磋和探讨，共同进步，能获得愉悦的心理体验，进而更加热爱生活、积极进取。

第三节 舞龙、舞狮

一、舞龙运动基本技术

（一）"8"字舞龙类动作

"8"字舞龙类动作是指运动员将龙体在人体左右两侧交替做"8"字形环绕的舞龙动作，可快可慢，可原地进行，可行进间进行，也可利用人体组成多种姿态。"8"字舞龙类动作种类很多，难度较大，在舞龙动作中具有重要的地位，贯穿于舞龙表演的全过程。因此，"8"字舞龙类动作是舞龙教学中的重点和难点。

要求：龙体运动轨迹圆顺，人体造型姿态优美，动作体现速度和力量；每个动作左右均不少于 4 次。

1. 原地"8"字舞龙

动作说明：全体队员取大八字步成一路纵队站立，龙体在队员两侧做"8"字环绕舞龙 4 次以上。

2. 跪步舞龙

动作说明：全体队员取大八字步成一路纵队站立，龙体在队员两侧做"8"字环绕舞龙 1 次后，降低身体重心，单膝着地成跪步，龙体不停顿，继续在队员两侧做"8"字环绕舞龙 4 次以上。

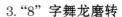

3."8"字舞龙磨转

动作说明：全体队员成一路纵队站立，龙头面对龙体做"8"字舞龙。以龙体的第五节为中心，顺（逆）时针磨转一周，同时完成6～8次"8"字舞龙动作。

要求：龙形圆顺，磨转流畅连贯。

4. 靠背舞龙

动作说明：全体队员取大八字步成一路纵队站立，3号、5号、7号、9号队员向后转身，分别与2号、4号、6号、8号队员背对背成人字形斜靠状，龙体在队员两侧快速"8"字舞龙6次以上。

要求：转换时无停顿现象。

5. 直躺舞龙

动作说明：全体队员取大八字步成一路纵队站立，龙体在队员两侧做"8"字环绕舞龙1次后，各节队员快速依次仰卧在地，前一节队员正好躺在其后面队员的腹部，随龙头躺地做"8"字舞龙6次以上。

要求：动作连贯不停顿，龙体不互相碰撞，不拖地。

6. 站腿舞龙接挂背舞龙

动作说明：在站腿舞龙时，下面队员马步站立，上体前倾，两臂尽力前伸，在以手为中心的大立圆内做"8"字舞龙，两手以拧龙杆为主，龙杆运行前后的幅度一定要小；上面队员的两脚紧扣其下面队员的腰腿部，屈膝内扣贴紧其肩背部，上体尽力弯曲前倾，"8"字舞龙动作的上下幅度要大。接着，上面队员屈膝下坐于其下面队员的腰背部，两腿紧扣在下面队员的腋窝下，后仰，挂背舞龙。要注意的是，下面队员前后之间要适当加大距离。

要求：站腿要稳，队员前后距离要适中，龙体舞动不可停顿。

（二）游龙类动作

游龙类动作是指运动员较大幅度奔跑游走，通过龙体快慢、高低、左右变化中的起伏行进，展现龙的婉转回旋、左右盘翻、屈伸绵延等动态特征。

要求：龙体在行进中遵循圆、曲、弧线的规律运动，运动员随龙体协调地起伏行进。

1. 单侧起伏小圆场

动作说明：龙珠引龙体逆时针方向走小圆场，同时龙体在队员右侧快速地大幅度上下起伏。

要求：队员互相靠近，身体重心随龙形变化而变化，龙体上下起伏流畅，不可前后牵扯，也不可出现塌肚现象。

2. 快速矮步跑圆场越障碍

动作说明：龙珠引龙体逆时针方向快速矮步跑小圆场，同时龙体做小幅度起伏；龙珠右侧平端，珠杆做反方向运动，龙头带领各节跳跃龙珠障碍。

要求：队员越过龙珠时，身体重心恰好在最高位置，龙体也要在最高位置。越龙珠时，不要碰踩龙珠，队员越过龙珠后要继续匀速前进，不要有停顿动作。

3. 快速跑斜圆场

动作说明：龙头起伏一次后正向跑斜圆场。动作可分两步进行。

要求：① 龙体成圆。龙头要内扣咬住龙尾，为保持龙形饱满，各节要尽量将龙杆向外撑开。② 成一斜圆。要达到此目的，首先，要把握好一个最低点和一个最高点。在最低点，每把都要把龙杆放到最低，同时身体重心也要降到最低；在最高点，每把都要将龙杆上滑，两手持龙杆举至最高点，同时脚尖踮起，身体重心升至最高点。其次，在最高点和最低点之间龙杆要匀速均衡，每把龙杆在两点之间始终处在上升和下降的运动过程中，绝不可出现"拖龙"现象。

4. S形游龙

动作说明：龙珠引龙体快速左右曲线起伏成S形行进，改变方向3个以上。

要求：龙体圆顺，避免出现龙体塌肚现象。

5. 骑肩双杆起伏行进

动作说明：龙珠引龙体聚中，3号、5号、7号、9号队员一人两杆骑在2号、4号、6号、8号队员肩上，在龙珠引导下，龙头带领龙体做右侧上下单侧起伏，行进2周以上。

要求：队员上下肩时要迅速，龙体运动要顺畅。

（三）穿腾类动作

穿腾类动作是指龙体运动路线成纵横交叉形式，龙珠、龙头、龙节依次在龙身下穿过，称为"穿越"；龙珠、龙头、龙节依次在龙身上越过，称为"腾越"。

要求：在做穿越和腾越动作时，龙形应保持饱满，速度均匀，运动轨迹流畅，穿腾动作要轻松利索，不碰踩龙体、不拖地、不停顿。

1. 穿龙尾

动作说明：龙珠引龙体逆时针方向跑圆场成圆后，带领龙体穿越第8节龙身行进。

要求：在穿越过程中，9号队员要向内、向龙头靠拢，不可向外打开。

2. 穿龙尾跳龙头

动作说明：正向起伏小圆场，龙头在最低点内扣起伏一次后穿龙尾（有个小停顿），同时，全体队员向内靠拢依次穿龙尾，龙头在穿过龙尾后换把转向，矮步端龙，3号、5号、7号、9号队员依次跳跃过龙珠和龙头。

要求：跳跃过龙头和龙珠时，不要碰踩龙杆。

3. 龙穿身

动作说明：在龙头到达第6节龙身之前，第6节队员引龙体左右跑动，保持龙形活跃；在龙头穿越之后，第6节队员顺龙势下滑龙杆，第7节、8节、9节队员换把矮步依次从第6节龙身前穿过。

要求：在龙头穿越的过程中，龙体要保持活动，不要出现"死龙"现象。

4. 龙脱衣

动作说明：在快"8"字舞龙中突然静止，组成一个曲线造型，而后，双数队员向右、单数队员向左，成两路纵队站立，在龙珠的带领下，龙头从两排龙身下依次穿过结成"疙瘩"。当8号、9号队员正好穿过时，再由龙珠引龙体原路折回穿过龙身，自然解开龙身"疙瘩"。

要求：在穿越过程中，前后队员要排成一条直线，龙头要把握好折回的时机。

5. 穿八五节

动作说明：龙珠引龙体逆时针方向跑圆场成圆后，带领龙体穿越龙尾反向行进，紧接着依次穿越第8节、第5节龙身；当3号队员穿过第8节龙身后，6号、7号、8号队员分别跳跃第1节、第2节、第3节龙身，随龙头行进。

要求：龙头穿越后要内扣行进，使龙体紧缩，不可让龙体打开程度太大。

6. 快腾进

动作说明：龙珠左转弯穿越第4节龙身，6号、7号、8号、9号队员分别腾越第1节、第2节、第3节、第4节龙身，反复3次以上。

要求：龙体一环扣一环，始终保持一个半环。

7. 慢腾进

动作说明：龙头穿过第5节龙身后，端龙直线行进接慢腾进。龙珠引龙体矮步端龙行进，龙珠左转弯举珠腾越第4节龙身，龙头腾越第5节龙身随珠而行，2号、3号、4号队员分别交叉越过第6节、第7节、第8节龙身。龙珠右转弯引龙体重复以上腾越动作。

要求：速度要慢，龙形要饱满。

（四）翻滚类动作

翻滚类动作是指龙体成立圆或斜圆状运动，展现龙的腾越、缠绞的动态姿势。龙体做立圆或斜圆状连续运动，当龙身运动到舞龙者脚下时，舞龙者迅速向上腾起依次跳过龙身，称为"跳龙动作"；龙体同时或依次做360°翻转，舞龙者利用滚翻、手翻方法越过龙身，称为"翻滚动作"。

要求：滚翻动作必须在不影响龙体运动的速度、幅度和美感的前提下完成，难度较大，技术要求较高，龙体运动轨迹要流畅，龙形要圆顺，运用翻滚技巧动作要准确规范。

1. 快速逆向跳龙行进

动作说明：龙头带领龙节，在龙珠的引导下，举龙快速行进；逆时针方向连续舞2次立圆行进；各龙节迅速依次跳跃龙身随龙头行进。

要求：队员在跳龙时要举龙杆至最高点。

2. 大立圆螺旋行进

动作说明：龙头在内侧，队员的身体重心随龙体的起伏而起伏，顺时针方向舞大立圆3次，使龙体连续螺旋状翻转行进。

要求：龙形旋转立圆一致，队员腾越龙身轻松利索，不碰踩龙体，不拖地。

3. 360°斜圆盘跳龙

动作说明：全体队员成一列纵队站立，做"8"字舞龙2次后，龙头面对龙节逆时针方向舞斜圆；当龙身舞到脚下时，各节队员迅速从龙身上依次跳过。如此反复3次以上，使龙体连续斜盘翻转。

要求：队员在跳跃龙身时一定要依次完成，不要碰踩龙体，不要同时跳跃，越过龙体后要将龙杆向后一节队员脚下扫送。

4. 360°螺旋跳龙

动作说明：龙头面对龙节顺时针方向舞立圆；当龙身舞到队员脚下时，各节队员迅速从龙身上依次跳过，如此反复 4 次以上，使龙体连续螺旋翻转。

要求：龙形要饱满，不拖地，螺旋要圆顺。队员跳跃时不可碰踩龙体。

5. 快速螺旋磨转

动作说明：龙头面对龙节顺时针方向舞立圆；当龙身舞到队员脚下时，各节队员迅速从龙身上依次跳过，如此反复 6 次以上，同时以 5 号队员为轴心，龙体逆时针方向成磨盘状边舞边转一周。

要求：龙形要饱满，不拖地，螺旋要圆顺。队员跳跃时不可碰踩龙体。磨转时，前后队员要成一条直线站立。

（五）组图造型类动作

组图造型类动作是指龙体在运动中组成活动的图案或相对静止的造型。

要求：活动图案构图清晰，静止造型形象逼真，以形传神，以形传意；与龙珠配合协调，组图造型连接要紧凑，解脱要利索。

1. 龙门造型

动作说明："8"字舞龙，龙头高抛从 5 号队员前穿过，然后自打一个结，同时，龙尾从 5 号队员后穿过，再从 8 号队员前穿过打一个结。第 4 节、第 5 节、第 6 节成一条直线。接着，4 号、6 号队员跪步扶龙杆撑地，5 号队员蹲下放龙身，使第 4 节、第 5 节、第 6 节龙体成 V 字造型。7 号、9 号队员靠拢弓步相对，8 号队员立于他们腿上，1 号、2 号、3 号队员动作同 7 号、8 号、9 号队员动作。然后，龙珠空翻从第 5 节跳进，成龙门造型。

要求：龙门两边高度相同，中间不要出现塌肚现象。

2. 高塔盘造型

动作说明：龙体在龙珠的引导下走圆、紧缩，龙头迅速站于 2 号队员肩上，组成螺旋高塔盘造型，接着顺时针方向原地自转一周。

要求：龙头站肩要迅速稳定。

3. 蝴蝶盘花造型

动作说明：首先，龙头高抛换把，端龙内扣，龙头、龙尾相接成圆场高擎龙。然后，9 号队员换把下滑龙杆，端龙反向内扣走弧线，5 号队员不动。4 号、6 号队员与 5 号队员靠拢成一条直线，单跪步龙杆撑地，龙头和龙尾高擎龙相接，其余各节向内，龙珠靠拢成团身龙舟造型。然后，龙珠从内跳出，1 号队员上 3 号队员肩，9 号队员上 7 号队员肩，2 号、8 号队员将龙杆向外撑出，其余各节动作基本不变。接着，1 号、9 号队员跳出龙身，同时，其余各节内扣靠拢，成蝴蝶盘造型。龙珠纵叉中间戏龙头。最后，全体起身，2 号队员引龙体向龙尾包卷，成高低双龙盘解开造型。

要求：队员身体要尽可能地隐藏于龙体之后。

4. 龙出宫造型

动作说明：龙头内扣，全体队员高擎龙向外撑开成一个高空龙盘，龙头从第 5 节后贴龙身向外穿出戏珠，同时第 9 节队员上到第 8 节队员的肩上，拧把高翘龙尾。然后，龙头复位成龙出宫造型。龙头先由第 7 节开始贴龙身向左戏龙珠，同时，全体正向旋转少许，龙尾从后转到侧面（旋转 90° 左右），接着，龙尾复位，龙头从第 5 节龙身上跳出。

要求：首尾相戏配合要默契，与音乐伴奏要协调。

5.大横"8"字花慢行进

动作说明：龙珠引龙体左右上下起伏缓慢行进，整个龙体组成明显的大横"8"字花图案，重复4次以上，做到慢而不断，柔中带刚。

要求：首尾相连，成一个完整"8"字形，横"8"字两边圆大小一致。在移动过程中，龙体要始终保持大横"8"字花图案不变。

6.龙头高翘造型

动作说明：跳过龙尾后，龙头矮步单侧起伏向龙尾靠拢，龙头起身内扣，原地拧把外转，龙头转动一周盘龙。第2节、第3节、第4节队员高擎龙迅速靠拢龙头，组成一个龙盘。第4节队员两腿前后开立微屈，第5节、第6节队员全蹲，与第4节所成的一条直线和由第7节、第8节、第9节所成的一条直线的夹角为30°～40°。同时，第7节、第8节、第9节队员俯身屈腿做波浪形运动。

要求：龙头高翘，首尾相望。队员身体要尽可能地隐藏于龙体之后。

二、舞狮运动基本技术

（一）南狮基本技术

1.手型和手法

（1）狮头握法及动作。

狮头握法包括狮棒握法和狮舌握法，是握狮棒动作与握狮舌动作的协调与配合。

狮棒握法及动作：右手手掌摊开，手心朝内，虎口朝上，拇指同其余四指卷握横木中间。狮子神态除通过身法、步法表达之外，主要依靠眼神的变化。狮子眼睛的睁与闭，以及眨眼所表现的眼法，都是通过主握横木的右手手指拉动连接狮子眼睑的绳子得以实现的。（图5-3-1、图5-3-2）

狮舌握法包括单手正握法、单手反握法、双手正握法、双手反握法、开口式与合口式，各方法的动作如下。

单手正握法：以右手为主握手（即狮棒握法），左臂前臂托横木，左手五指张开，掌心向下，以拇指托狮舌，其余四指在狮舌上方，手背朝上握狮舌中间或一侧部位。（图5-3-3）

图5-3-1　　　　　　　　　　图5-3-2　　　　　　　　　　图5-3-3

单手反握法：以右手为主握手，单手反握法与单手正握法相反，即左手五指张开，掌心朝上，拇指与其余四指分握狮舌上下面。

双手正握法：两手从横木下穿过，以两前臂托住两侧横木。双手正握法握的部位与单手正握法握的部位相同，握于狮舌两侧头角处。

双手反握法：握法与单手反握法相反（即两手掌心向上），握的部位相同，以肩为主要着力点托住狮头。

开口式与合口式：狮子口的开合主要是通过狮舌的上下摆动来完成的。开口式多用于舞中架、下架狮时。根据狮的神态来确定张开口的大小、角度及狮舌动的程度。合口式一般用于舞高架狮时或狮神态的洗、擦、提等动作。

（2）狮尾握法及动作。

腰带的抓握是狮尾握法及动作完成的基础。狮尾握法主要包括单手握法和双手握法两种，相应的狮尾动作有摆尾和掀被两种。

单手握法及动作：狮尾队员用一只手（通常为右手）抓握狮头队员同侧手髋骨处腰带。单手握法通常在狮头队员不起跳的时候使用，另一只手可结合抖臂做摆尾的动作。（图5-3-4）

图 5-3-4

双手握法及动作：狮尾队员用两只手分别抓握狮头队员同侧髋骨处腰带。双手握法既可用于狮头队员有腾起动作，如上单腿、上双腿、高举等时候，也可用于狮头不起头的状态，如配合膝关节的屈伸，两手肘关节做外展掀狮被动作来体现狮子气息的变化。

抓握腰带：狮尾队员两手虎口朝前上方，拇指与其余四指从狮头队员两侧髋骨处抓握腰带。狮尾队员可以利用除拇指以外的其余四指从上往下把狮头队员的狮裤一部分卷到手心，以增强抓握的舒适性和稳定性。

2. 步型和步法

步型是指在舞狮运动中，根据狮子形态的不同，舞狮者两腿按一定要求所展示出的一种静止姿势，即脚呈现的式样或类型；步法是指在舞狮运动中，脚步移动的方式方法，展示脚步移动的方向、幅度大小、速度快慢等时空过程。

按照两腿与两脚的空间位置不同，可将步型分为左右开步式、前后错步式、交叉辗转式、双脚并立式和独立式五种。

（1）左右开步式，即两脚向左右两侧横向分开的步型。

两移步：从基本步站立姿势开始，上体不动，左右脚交替移约一脚掌。

大四平步：两脚左右开立，略宽于肩，两腿弯曲，两大腿成水平，上体正直，收腹挺胸。

铲步（仆步）：右腿弯曲，全蹲，身体重心在右腿，左腿向右侧前伸，大小腿成一条直线，脚掌内扣；左与右动作相同，方向相反。

跃步：从基本步站立姿势开始，下蹲用力蹬地，向左右上方跃起，落地后还原。

（2）前后错步式，即两脚前后纵向分开的步型。

行礼步：从基本步站立姿势开始，以左为例，两脚用力蹬地向上跃起，在中线落地，身体重心在右腿，成左虚步；右虚步与左虚步动作相同，方向相反。

弓步：右腿弯曲，大腿与地面平行，上体正对前方，成前弓后箭形。

跪步：从基本步站立姿势开始，左腿弯曲，大小腿的夹角约成90°，右大腿弯曲，大小腿的夹角小于90°，右膝关节和右脚指向地，上体稍前倾，身体重心在右脚；左与右动作相同，方向相反。

虚步：左腿弯曲，身体重心在左腿，右腿微屈，右脚脚尖前点地。左腿在前称左虚步，右脚在前称右虚步。左与右动作相同，方向相反。

小跑步：从基本步站立姿势开始，一脚脚跟提起，另一脚前脚掌着地，左右脚交替小跑前移。

跳步（小跳步）：两腿用力蹬地，向前方跳起，腾空的同时稍向左转，两脚落地成侧向马步。

（3）交叉辗转式，即两腿前盖后插或原地转形成交叉的步型。

麒麟步：腿弯曲，身体重心在两腿；左与右动作相同，方向相反。

插步：从基本步站立姿势开始，身体重心移至左脚，右脚提起经左腿后向左腿的左后方插步，左右腿成交叉状；左与右动作相同，方向相反。

（4）双脚并立式，即两脚靠拢站立的步型。

开合步：从基本步站立姿势开始，两脚蹬地，两腿向左右分开宽于肩，两脚蹬地，两腿并拢完成动作的过程，上体保持基本姿势。

（5）独立式，即一腿支撑身体，另一腿离开地面悬空的步型。

吊步：在左虚步的基础上，提起左腿，支撑腿微屈，左大腿在体前约与地面平行，膝关节放松，小腿自然下垂，左脚脚尖绷直；左与右动作相同，方向相反。

探步：从左虚步开始，左腿屈膝提起，左大腿约与地面平行，以右腿膝关节为轴，小腿前伸，脚尖前点；左与右动作相同，方向相反。

鸡独立步：左腿屈膝提起，大腿约与地面平行，大小腿弯曲所成夹角小于90°，左脚脚尖绷直，上体稍前倾；左与右动作相同，方向相反。

3. 身型与身法

身型即体型；身法是身型的各种展示方法。狮子的外部形态展示和神态表现是通过扮演狮子的队员的身型及其变化来实现的。单一的身型和身法构成了舞狮动作中的基础动作和简单的技巧动作。

（1）腾起。

动作说明：狮头队员下蹲用力蹬桩面，向上跃起，狮尾队员在狮头队员跃起的同时把狮头举起，然后落下还原。

动作要点：狮头队员垂直向上跃起，狮尾队员顺势伸直手臂并夹紧。

（2）高举。

动作说明：狮头队员下蹲用力蹬桩面，向上跃起，狮尾队员在狮头跃起的同时把狮头队员举起，狮头队员在狮尾队员头顶保持提膝收腹、身体微后仰的稳定姿态数秒或更长时间。

动作要点：当狮尾队员将狮头队员举起时，狮尾队员两手手腕和手臂内旋用力夹紧，以增强动作的稳定性和持久性。狮头队员用力蹬地，垂直起跳，在空中，身体后仰并收腿，滞于空中，不要挺肚子，头不要后仰。

（3）坐头。

动作说明：狮头队员下蹲用力蹬桩面，向上跃起，狮尾队员在狮头队员跃起的同时把狮头队员举起，并轻放于头上，狮头队员左膝高抬，左脚脚尖绷直；右膝下垂，右脚脚尖绷直。

动作要点：狮尾队员要点同上，狮头队员坐于狮尾队员头上，左脚提起，右脚紧贴狮尾胸部，躯干自然挺直。

（4）单桩坐头。

动作说明：单桩坐头方法同坐头方法，只是狮头队员和狮尾队员各占一根桩柱。

动作要点：同坐头。

（5）钳腰。

动作说明：狮头队员下蹲用力蹬桩面，向上跃起，狮尾队员在狮头队员跃起的同时，两手把狮头队员后移至体前，狮尾队员直立，狮头队员大腿紧夹狮尾腰部，左右脚相扣。（图5-3-5）

动作要点：狮头队员向上跃起以后，狮尾队员迅速将狮头队员拉至体前；狮头队员两脚扣于狮尾队员后腰，迅速夹紧，收腹抬头。

（6）上单腿。

动作说明：狮头队员下蹲用力蹬桩面，向上跃起，狮尾队员在狮头队员跃起的同时，右脚移至狮头队员右脚桩面，成弓步；狮头队员下落，右脚（脚尖外展）站于狮尾队员右大腿上，左大腿与地面约平行，小腿自然下垂。（图5-3-6）

动作要点：狮头队员下落时，小腿可稍微弯曲，以缓冲下落时的力量，左脚提起，放松脚踝。狮尾队员两手用力夹紧狮头队员腰部，用力托住狮头队员，使其缓慢下落。

图5-3-5　　　　　　　　　图5-3-6

（7）上双腿。

动作说明：狮头队员下蹲用力蹬桩面，向上跃起，狮尾队员在狮头队员跃起的同时，两手将狮头队员稍后移，狮头队员下落，两脚（两脚脚尖内扣）分别站在狮尾队员的左右大腿上。（图5-3-7）

动作要点：狮头队员垂直起跳，在站腿的瞬间，两腿微屈，站稳后，两腿再伸直；狮尾队员夹紧狮头队员腰部，用托劲使其缓慢下落，并屈膝下蹲，以缓冲狮头队员的落脚力量。

图 5-3-7

（二）北狮基本技术

1. 狮头、狮尾基本握法

（1）狮头握法。

根据狮头嘴巴的设计来确定狮头的握法（以穿洞把柄的铁丝来控制狮头嘴巴的张合为例）。（图 5-3-8）

（2）狮尾握法。

狮尾有双手扶位、单手扶位和脱手扶位三种握法。

双手扶位：狮尾队员两手虎口朝上，拇指插入狮头腰带，其余四指并拢，握住扶位狮头队员腰带。（图 5-3-9）

单手扶位：狮尾队员一手扶位狮头队员腰带，另一手扶位狮被或摇动尾巴。（图 5-3-10）

脱手扶位：狮尾队员两手松开狮头队员腰带，扶位狮被两侧下摆。

图 5-3-8   图 5-3-9   图 5-3-10

2. 狮头基本手法

（1）摇。

两手扶头圈，交替做上下回旋动作。手的动作成立圆。（图 5-3-11）

（2）点。

两手扶头圈，身体向左侧回旋，与地面约成45°，左右手上下交替运动；右侧动作与左侧动作相同，方向相反。

（3）摆。

两手扶头圈，上左步时，狮头队员摆至左侧，身体重心移至左腿；行走时，右侧

图 5-3-11

动作与左侧动作相同，方向相反。

（4）错。

两手扶头圈，然后两手拉至狮头队员右侧做预摆动作，右手与右腰同时齐发力，摆至身体左侧，成马步，身体重心移至右腿。右侧动作与左侧动作相同，方向相反。此为形态亮相动作之一。

（5）叼。

一手扶头圈，另一手用前臂托头圈，手伸至狮嘴中央处拿绣球。

3. 舞狮基本步法

（1）行步。

狮头、狮尾队员微蹲，迈步时，狮头队员先迈左脚，狮尾队员先迈右脚，节奏一致。

（2）跑步。

要求同行步，节奏要快。

（3）盖步。

狮头队员向右盖步时，左脚经右向前先向右跳扣步，同时右脚向右跳半步亮相，狮尾队员与狮头队员动作相同；向左盖步时，动作相同，方向相反。

（4）错步。

狮头、狮尾队员向身体斜后约 45° 的方向先左脚后右脚同时退步。

（5）碎步。

狮头、狮尾队员同时向左或向右小步平移，节奏快，动作一致。

（6）颠步。

狮头、狮尾队员按逆时针方向跳步行进，狮头队员迈左脚时，狮尾队员迈右脚，步法协调一致。

4. 引狮员基本动作

（1）弓步抱球。

动作说明：并步上举引狮球，右腿（左腿）向右（向左）迈出一步，右腿（左腿）屈膝，大腿接近水平，左腿（右腿）挺膝伸直，左脚（右脚）脚尖稍内扣，上体稍向右（左）转，双手或单手托住引狮球于身体左（右）侧，稍高于头，目视前方。（图 5-3-12）

动作要点：上体要求挺胸、立腰；抱球、转头同时完成。

图 5-3-12

（2）马步探球。

动作说明：并步上举引狮球，左腿（右腿）向左前方（右前方）迈出，成半马步状，左手（右手）拿引狮球向左、向下、向右抡臂至左侧，手腕做小绕环动作，右手（左手）做相应的配合动作，目视引狮球。（图 5-3-13）

动作要点：上体挺胸、立腰、不弓背；探球手腕要灵活自如。

（3）高虚步亮球。

动作说明：并步上举引狮球，身体稍右转，右脚向右后侧撤一小步站直挺胸，同时，左脚脚尖前点地，右手拿引狮球上举于右侧，左手按于左髋处，上体保持正直，目视狮子。（图5-3-14）

动作要点：上体挺胸、立腰、不前倾；亮球与转头动作一气呵成。

图5-3-13　　　　　　　　　　　　　　　　　图5-3-14

5. 舞狮技术动作

（1）形态动作。

【亮相】

动作说明：狮头队员成偏右（偏左）马步，狮头由右（左）下向上、向左（向右）下摆头；同时，狮尾队员向左（向右）仆步配合。（图5-3-15）

动作要点：狮头队员摆头与狮尾队员仆步配合要同时到位，动作整齐一致。

【卧式】

动作说明：狮头队员摆头，两腿打开，夹角约成90°，取坐姿，大小腿间夹角约成130°。吸气时，使狮头由左下向右上、向前摆转；同时，狮尾队员右手支撑地，左手一手拉扶狮头队员腰带成侧倒姿势，随吸气动作左手肘关节慢慢向上抬起，使狮肚成球状；呼气时，狮头队员使狮头由右上向下、向左摆转，同时，狮尾队员左手肘关节慢慢放下。（图5-3-16）

动作要点：吸气与呼气时，狮头队员动作与狮尾队员动作要缓慢，协调一致。

图5-3-15　　　　　　　　　　　　　　　　　图5-3-16

【高举（转体90°、180°）】

动作说明：狮头队员一脚预抬给信号，两脚同时落地充分向上弹起，上跳，头稍向后倾，躯干与下肢在空中成V字形，两脚脚背绷直；狮尾队员在狮头队员原地上跳时借力上举，两臂伸直稍向后倾，下落时，狮尾队员后撤步使狮头队员垂直下落，向左向右摆头亮相。（图5-3-17）

动作要点：头尾发力要配合协调，动作舒展。

图 5-3-17

【侧滚翻】

动作说明：狮头队员原地震脚给信号，狮头狮尾队员同时向左（或右）滚翻，滚翻时的着地顺序：向左（或右）将身体重心降到足够低—左（右）小腿外侧着地—身体左（右）侧着地—依惯性翻滚起，狮尾队员滚翻时单手抓左（右）狮被。（图 5-3-18）

动作要点：狮头队员原地震脚时，震左脚则向左翻，震右脚则向右翻，头尾滚翻配合要协调、整齐。

图 5-3-18

【金狮直立】

动作说明：狮头队员原地挺直上跳，切勿翘臀，脚踝内扣，同时，狮尾队员借力上提，使狮头队员脚踝内侧顺着两肋下滑至大腿髂骨窝处，成马步支撑。（图 5-3-19）

动作要点：起跳、上提要协调一致，马步支撑要平稳。

图 5-3-19

（2）神态动作。

【楞相】

动作说明：两手扶头圈，拉狮头面向身体做轻微预摆，然后由斜向上约 45° 方向摆至身体左侧，动作幅度要小。

【美相】

动作说明：两手扶头圈，使狮头做上下回旋，身体要协调。

2. 学习提示

（1）徒手跳：站在原地徒手模仿整个动作过程。

（2）单个动作练习：每次只跳一个动作就停下来，再重新开始。

（3）连续动作练习：初学者可以连续跳，1～2个八拍为一组，间歇练习。

3. 重点和难点

把握开脚或合脚过绳的时机和节奏。

4. 易犯错误及纠正方法

易犯错误：开脚或合脚过绳的时机把握不准；控制不住绳子的节奏。

纠正方法：由合到开时，先打开两脚再过绳；由开到合时，先合两脚再过绳。

（四）弓步跳

在基本摇绳姿势的基础上，两手持绳向前摇，当绳子被摇至空中时，两脚前后分开成弓步，当绳子打地快过脚时，两脚并拢跳过绳，一拍一动，完成弓步跳。（图5-4-4）

1. 动作要领

（1）手臂保持基本的摇绳姿势，控制手臂摇绳节奏。

图 5-4-4

（2）脚步打开时，前脚落地，膝关节弯曲角度为30°～60°，后腿必须伸直且后脚脚跟不能着地；两脚的间距为20厘米左右。

（3）由并脚到弓步时，绳子要先过脚；由弓步到并脚时，要先并脚再过绳。

2. 学习提示

（1）徒手跳：站在原地徒手模仿整个动作过程。

（2）单个动作练习：每次只跳一个动作就停下来，再重新开始。

（3）连续动作练习：初学者可以连续跳，1～2个八拍为一组，间歇练习。

3. 重点和难点

把握弓步跳过绳的时机和节奏。

4. 易犯错误及纠正方法

易犯错误：弓步跳与过绳的时机把握不准；控制不住绳子的节奏，把握不住弓步与并脚的时间差。

纠正方法：由并脚到弓步时，绳子要先过脚再做弓步；由弓步到并脚时，要先并脚再过绳。

（五）并脚左右跳

在基本摇绳姿势的基础上，绳子过脚置于空中时，两脚并拢向左右两边跳。一拍一动，左右两边各跳四次，称为并脚左右跳。（图5-4-5）

1. 动作要领

（1）手臂保持基本的摇绳姿势，控制步法节奏。

（2）并脚左右跳时间间隔不宜过长，左右跳步的位置，距离与肩同宽为宜，左右跳时一直保持并脚。

图 5-4-5

（3）并脚左右跳时，绳子先过脚，脚再落地。

2. 学习提示

（1）先做徒手动作练习，再分手摇绳，并脚左右跳，接着，单手带绳摇与两脚左右跳动。

（2）并脚左右跳时，两手手腕注意放松，自然柔和地摇绳，手与脚的节奏注意做到一摇一跳、一左一右。

（3）并脚左右跳时，踝关节与膝关节注意放松，控制好节奏与时机，做到前脚掌着地，富有弹性；注意保持身体直立，目视前方，面带微笑。

3. 重点和难点

把握并脚左右跳过绳的时机和节奏。

4. 易犯错误及纠正方法

易犯错误：并脚与过绳的时机把握不准；控制不住绳子的节奏，把握不住并步向左跳与向右跳的时间差。

纠正方法：并步跳的方向转变时，绳子先过脚再换方向并脚跳。

（六）左右钟摆跳

两手持绳向前摇，当绳子被摇至空中时，一只脚向一侧摆动，另一只脚直立跳跃过绳，一拍一动，左右两边各跳 4 次，完成左右钟摆跳。（图 5-4-6）

左右钟摆跳

图 5-4-6

1. 动作要领

（1）手臂保持基本的摇绳姿势，控制手臂摇绳节奏。

（2）两脚分开时，一只脚落地并跳过绳子，另一只脚抬至空中。反之为另一侧动作，一拍一动。

（3）脚步成钟摆时，绳子先过脚，两脚再分开。

2. 学习提示

（1）先做徒手动作练习，再分手摇绳，两脚左右钟摆跳，接着手脚一起配合。

（2）做左右钟摆跳时，两手手腕注意放松，自然柔和地摇绳，手与脚的节奏注意做到一摇一跳、方向一左一右。

（3）做左右钟摆跳时，下肢部位踝关节与膝关节注意绷直摆动，控制好节奏与时机，落地时做到前脚掌着地，富有弹性；注意保持身体直立，目视前方，面带微笑。

3. 重点和难点

把握左右跳过绳的时机和节奏。

4. 易犯错误及纠正方法

易犯错误：两脚过绳的时机把握不准；控制不住绳子的节奏，把握不住左右钟摆的时间差。

纠正方法：做钟摆跳时，绳子先过脚，再做钟摆跳。

（七）前后打绳

两手持绳，身体直立，当身体转向一侧时，手腕发力，随身体摆动侧向摇绳，绳子向前打地，当身体转向另一侧时，手腕发力，绳子随身体摆动向后打地，完成此动作，反之为另一个方向起始的动作。一拍一动，完成前后打绳动作。（图 5-4-7）

1. 动作要领

（1）两手控制绳子的摆动方向，使其由前向后或由后向前。

（2）绳子随身体转动而摆动。

2. 学习提示

（1）徒手跳：原地徒手模仿整个动作过程。

（2）单个动作练习：每次只打前或打后就停下来，再重新开始。

图 5-4-7

（3）连续动作练习：把前后动作衔接起来，两手手腕放松，自然柔和地摇绳，控制节奏。

3. 重点和难点

把握前打绳和后打绳的时机和节奏。

4. 易犯错误及纠正方法

易犯错误：绳子挑不过身体；控制不住绳子的节奏；后打绳时，绳缠在脚上。

纠正方法：手腕发力挑绳子；绳子打地的同时身体转动。

（八）前后打绳左右并步

两手持绳，身体直立，当身体转向一侧时，手腕发力，随身体摆动侧向摇绳，绳子向前打地，同时出左脚，与肩同宽。当身体转向另一侧时，手腕发力，绳子随身体摆动向后打地，同时出右脚并左脚，反之为另一个方向的起始动作。一拍一动，完成前后打绳左右并步动作。（图 5-4-8）

图 5-4-8

1. 动作要领

（1）两手控制绳子的摆动方向，使其由前向后或由后向前。

（2）绳子随身体转动而摆动。

2. 学习提示

（1）徒手跳：原地徒手模仿整个动作过程。

（2）单个动作练习：每次只打前或打后就停下来，再重新开始。

（3）连续动作练习：把前后动作衔接起来，两手手腕放松，自然柔和地摇绳，控制节奏。

3. 重点和难点

把握前打绳和后打绳的时机和节奏。

4. 易犯错误及纠正方法

易犯错误：绳子挑不过身体；控制不住绳子的节奏；后打绳时，绳缠在脚上。

纠正方法：手腕发力挑绳子；绳子打地的同时身体转动。

（九）前后打绳交叉步

两手持绳，身体直立，当身体转向一侧时，手腕发力，随身体摆动侧向摇绳，绳子向前打地，同时右脚向左跨一步，与左脚成交叉步。当身体转向另一侧时，手腕发力，绳子随身体摆动向后打地，左脚向左跨，与肩同宽，反之为另一方向的起始动作。一拍一动，完成前后打绳交叉步动作。（图5-4-9）

图5-4-9

1. 动作要领

（1）两手控制绳子的摆动方向，使其由前向后或由后向前。

（2）绳子随身体转动而摆动。

2. 学习提示

（1）徒手跳：原地徒手模仿整个动作过程。

（2）单个动作练习：每次只打前或打后就停下来，再重新开始。

（3）连续动作练习：把前后动作衔接起来，两手手腕放松，自然柔和地摇绳，控制节奏。

3. 重点和难点

把握前打绳和后打绳的时机和节奏。

4. 易犯错误及纠正方法

易犯错误：绳子挑不过身体；控制不住绳子节奏；后打绳时，绳缠在脚上。

纠正方法：手腕发力挑绳子；绳子打地的同时身体转动。

二、双人花样

双人单绳是指两名跳绳者利用一根绳子，在绳子的摇动中，跳绳者在绳中或绳外完成各个转体、跳跃等动作，以此展现个人良好的身体素质和高超的绳技。

（一）带人跳双摇

带人者持绳，两人同向站立，也可面对面站立，协调配合，绳子同时过两人身体为完成一次动作。跳绳者可位于带人者体前或体后，可延伸出跳绳者原地做转身等花样的动作。（图5-4-10）

图5-4-10

1. 动作要领

两人节奏一致，配合协调。

2. 学习提示

（1）徒手跳：带人者与被带者进行原地徒手有节奏地跳跃，培养良好的节奏感。

（2）带绳练习：初学者开始采用两弹一跳，即带人者与被带者并脚跳跃两次，绳子过脚一次；熟练掌握以后，采用一弹一跳，即带人者与被带者并脚跳跃一次，绳子过脚一次。

3. 重点与难点

被带者开始进绳的时机和两人节奏一致的跳跃。

4. 易犯错误及纠正方法

易犯错误：被带者进绳时机不对，带人者摇绳过快，两人跳跃的时机不对。

纠正方法：绳由空中向下打地时，被带者就往里面进，两人同时起跳，放慢摇绳速度。

（二）双人和谐跳

双人和谐跳（"V"）：两名跳绳者各握绳子一端，并排站立，右边的人右手握绳，左边的人左手握绳。将绳子置于两人身后，两人同时摇绳，同时过绳。

1. 动作要领

两人摇绳节奏一致，配合协调，起跳时机一致。

2. 学习提示

两名跳绳者先原地并排各握一根短绳有节奏地练习，再各握绳子一端，慢速练习同摇跳。可从两弹一跳并脚跳开始练习，再过渡至一弹一跳并脚跳练习。熟练后，可以加快摇绳速度。

3. 重点与难点

两人同时起跳及同时摇绳的节奏。

4. 易犯错误及纠正方法

易犯错误：起跳时上体前倾，导致动作不美观；摇绳节奏不一致。

纠正方法：两人身体直立，原地徒手有节奏地跳跃；多进行摇绳练习，摇绳与起跳动作协调一致。

（三）一人内转 360° 跑

一人内转 360° 跑（"O"＋内 360）：两名跳绳者各握绳子一端，并排站立，右侧跳绳者进绳跳一次，然后原地向内转体一周，回到进绳之前的位置跳跃过绳；接着左侧跳绳者重复此动作，两人轮流进行练习。（图 5-4-11）

1. 动作要领

后转身者在向下送绳给先转身的同伴跳时开始转身，转到180° 时，手臂上举，回到原位后摇绳给自己跳。转体时，保持摇绳节奏不变。

图 5-4-11

2. 学习提示

（1）单人练习：两人分别握一根短绳，做向内转体一周的练习，目的是培养良好的节奏感。

（2）对转身动作熟练后，再练习两人依次跳，之后尝试做向内转体一周的练习。

3. 重点与难点

送绳与起跳的节奏，以及转身时节奏的变化。

4. 易犯错误与纠正方法

易犯错误：转身时摇绳节奏过快，导致跳绳者失误；转完之后手没有上举。

纠正方法：转身速度慢一点，手臂动作与转身动作协调一致。

（四）两人内转360°跳

两人内转360°跳（"360"）：两名跳绳者各握绳子的一端，并排站立，两人把绳子由后向前摇动，两人同时一起向内转体一周，回到初始位置，转身时，绳子在中间打空。（图5-4-12）

1. 动作要领

两人动作要同步，特别是转身和摇绳动作；转体后两手随绳子转动的惯性打开成初始位置；转体与摇绳节奏一致，不要因为转体而忘记摇绳。

图5-4-12

2. 学习提示

两人先做徒手向内转体一周练习，要求转身的节奏一致，再各握绳子一端慢速练习。

3. 重点与难点

转身与摇绳同步进行，转回之前手要上举。

4. 易犯错误与纠正方法

易犯错误：两名摇绳者中的一人转体过快，导致摇绳速度加快，节奏不一致。

纠正方法：两人多进行徒手向内转体一周的练习。

（五）直摇跑

直摇跑（"O"）：两人两手持两绳并排站立，假设左边的人为A，右边的人为B，A、B将内侧手（A的右手与B的左手）持的手柄相互交换，听到指令后两人同时用同侧手（A、B同时出左手或右手）将置于最后面的绳子向上摇起。当绳子被摇至最高点时，再将另外一只同侧手的绳子向上摇起，并且两人依次跳过各自一方的绳子。（图5-4-13）

1. 动作要领

（1）两前臂在体侧依次做圆周运动，并且贴近身体。

（2）在摇绳的过程中，两手臂的夹角保持在180°左右。

（3）两人在跳的过程中，同侧手的动作要一致。

图5-4-13

2. 学习提示

（1）徒手轮臂练习：原地徒手模仿整个动作过程。

（2）摇绳练习：两手各握一根短绳，由后向前依次轮动绳子，要求绳子打地的节奏相同。

（3）跳空绳练习：掌握摇绳的节奏后，试着绳子打地一次跳动一次，速度尽量慢。

（4）踩绳练习：掌握摇绳和跳绳的配合节奏后，做将摇起的绳子左右依次踩住的练习。

3. 重点和难点

重点在于能否掌握好摇绳和跳绳的节奏，难点在于如何在跳的过程中运用手腕发力。

4. 易犯错误及纠正方法

易犯错误：容易将绳子摇成同步起落。

纠正方法：多进行摇绳练习，在摇绳的过程中体会绳子的打地节奏。

（六）交叉跳

交叉跳（"C"）：在直摇跳的基础上，当绳子摇过头顶后，两人同时将左手（右手）手柄向右（左）在体前做交叉贴于腹部，绳子过脚后再同时将右手（左手）手柄向左（右）在体前做交叉贴于左手（右手）前臂上，先左手（右手）翻腕，使手柄向下跳过向左（右）打开，再右手（左手）翻腕，使手柄向下跳过向右（左）打开，还原成直摇。（图5-4-14）

图 5-4-14

1. 动作要领

（1）两前臂在体前做交叉时要贴近身体。

（2）交叉时，手腕活动要充分。

（3）始终保持好节奏。

（4）跳的时候要连续跳两次。

2. 学习提示

（1）徒手交叉抡臂练习：原地徒手模仿整个动作过程。

（2）摇绳练习：两手各握一根短绳，在体前做交叉摇绳跳练习，要求绳子打地的节奏相同。

（3）跳空绳练习：掌握摇绳的节奏后，试着绳子打地一次跳动一次，速度尽量慢。

（4）踩绳练习：掌握摇绳和跳绳的配合节奏后，做将摇起的绳子左右依次踩住的练习。

3. 重点和难点

重点在于能否掌握好摇绳和跳绳的节奏，难点在于如何在跳的过程中运用手腕发力。

4. 易犯错误及纠正方法

易犯错误：容易将绳子摇成同步起落或缠在一起。

纠正方法：多进行摇绳和固定交叉摇绳的练习。

三、多人花样

（一）进出绳

两名摇绳者相对而立，手持长绳，拉开适当的距离后由内向下、向外、向上摇绳。跳绳者可面对绳子，也可斜对着摇动的长绳，当长绳被摇至最高点时，跳绳者向前小碎步调整并把握时机进绳，当长绳即将打地时起跳，长绳过脚即完成一次动作。跳绳者落在正中央，以相同的节奏在长绳里完成相应的动作，动作完成后绳子被再次摇起，在绳打地前，跳绳者往前跳出并小碎步离开，即完成出绳。（图5-4-15）

1. 动作要领

跳绳的节奏与摇绳的节奏要协调一致。进出绳是跳进和跳出。

2. 学习提示

（1）徒手跳：摇动长绳，跳绳者原地有节奏地跳跃，培养良好的节奏感。

（2）跳荡绳练习：摇绳者将绳子相对自己左右荡起，在跳绳者进绳后，以相应的节奏起跳，让绳子从自己的脚下荡过。这主要练习跳绳的节奏和起跳的时机。

3. 重点与难点

重点在于跳绳者进出绳的时机。难点在于跳绳者动作做得是否熟练和进出得自如。

4. 易犯错误及纠正方法

易犯错误：进绳时机不对，跳绳者小碎步进绳后再起跳；出绳时，最后一跳落地后再小碎步跑出。

纠正方法：当绳子被摇至最高点时，跳绳者跳进绳中，完成动作后再跳出。

图 5-4-15

（二）绳中绳

跳绳者手持短绳正对摇绳方向做好准备，两名摇绳者相对而立，手持长绳，拉开适当的距离后由内向下、向外、向上摇绳。当长绳被摇起后，跳绳者观察长绳摇动的节奏，绳子打地再次起摇时，跳绳者跟着起动短绳，节奏、方向与长绳一致。当长绳被摇至最高点时，跳绳者往前走，同时寻找时机，长绳从最高点下落时，看准时机起跳，让长绳与短绳同时过脚，即完成一次绳中绳。（图 5-4-16）

1. 动作要领

短绳的节奏要和长绳一致。

2. 学习提示

初学者的节奏应适当放慢，当绳往上摇时，摇绳者两手举高可降低摇绳速度。

3. 重点与难点

重点在于摇绳者起动短绳的时机。短绳的节奏和长绳的节奏要保持一致。难点在于动作做得是否熟练。

4. 易犯错误及纠正方法

易犯错误：短绳起动时的节奏偏快或偏慢。

纠正方法：绳中绳分开练习，跳绳者可直接在长绳中跳绳的位置上跟着长绳的节奏跳短绳，熟悉之后再组合绳中绳动作。

图 5-4-16

（三）绳网

三组或三组以上的绳子一一对应，然后绳子和摇绳者相互交错，使各条绳子相交于一点，绳子统一向外起摇。待绳子转动稳定后，跳绳者找准时机进绳，完成相应的跳绳动作后停绳，然后抓取长绳交点处向上举高。与此同时，摇绳者迅速移动到跳绳者的周围，下蹲将绳子拉直，形成绳网。（图 5-4-17）

1. 动作要领

起动摇绳的节奏和继续摇绳的节奏要保持一致。

2. 学习提示

（1）绳网的绳应稍长，大概在 6～9 米。

（2）绳子和摇绳者相互交错，使绳子相交于一点。

3. 重点与难点

重点在于起动摇绳的节奏和继续摇绳的节奏要保持一致。难点在于能否熟练起动摇绳和控制摇绳。

4. 易犯错误及纠正方法

易犯错误：摇绳的节奏混乱。

纠正方法：多进行摇绳练习，增强摇绳的节奏感。

图 5-4-17

（四）交互绳

1. 正摇绳

两名摇绳者相对站立，左右手各持一条绳（绳长相等），两人依次向内交替摇绳。

（图5-4-18）

（1）动作要领：两名摇绳者相对站立，距离小于绳长，两臂胸前屈肘，两手分别持绳柄的两端，手心相对，使手柄上翘约45°，以肘关节为轴，前臂带动手腕，依次交替向内摇绳，绳子弧度饱满，一上一下节奏相同。

（2）学习提示：① 先徒手模拟摇绳，再做两人单手摇一绳的练习。② 匀速进行摇绳练习。

（3）重点和难点：摇绳节奏匀速。

图5-4-18

2. 转身交叉摇绳

一人正常摇绳，另一人做转身交叉摇绳，转身者向右转身。（图5-4-19）

（1）动作要领：转身者在左手绳子接触地面时向上摇，左手由左向右，经前到右，右手不变，同时身体向右转约180°，完成转身交叉摇绳。

（2）学习提示：徒手模拟摇绳转身，另一人配合转身者完成转身摇绳。

（3）重点和难点：把握转身时机。

图5-4-19

体育思政课堂

跳绳是中华民族的传统体育项目之一，历史悠久，源远流长，花样繁多，老少皆宜，是一项简单易行的全身运动。它集活动、娱乐于一身，融健康、美育于一体，对人们身心健康的发展有较大的促进作用。

据文献记载，早在1000多年前的唐代，民间就有这一娱乐活动，那时跳绳被称为"透索"。每年中秋节，人们都会以"透索"为戏。宋代称跳绳为"跳索"。明代的《帝京景物略》一书中称跳绳为"跳白索"，并生动地描述了当时的跳绳活动："二童子引索略地，如白光轮，一童子跳光中，曰跳白索。"清代的《有益游戏图说》一书也有跳

大学体育俱乐部实践教程

绳活动的记载，那时人们称跳绳为"绳飞"。中华民国以后，跳绳才有了现在的名字，并在民间和各类学校普遍开展。

花样跳绳是近年来国内新兴的体育运动项目，它是在汲取中华民族传统跳绳运动的精华和结合现代表演项目特色的基础上发展而来的，融汇街舞、体操、武术、杂技、音乐等元素，在绳艺、绳技、绳舞、绳操等方面使跳绳者的个性得到淋漓尽致的展现，更加突出了其休闲、娱乐、趣味、健身等效果。花样跳绳已成为花式繁多、新颖别致、动感十足、深受青少年喜爱的时尚运动之一。

第六章
其他体育俱乐部指导

第一节　户外体育

一、400 米障碍跑

（一）400 米障碍跑的目的

400 米障碍跑是大学生体育训练项目之一。400 米障碍跑训练能发展大学生的奔跑、跳跃、攀越、支撑、平衡等基本技能，并能提高大学生的速度素质、耐力素质和灵敏素质等身体素质，培养大学生勇敢顽强、坚忍不拔的意志品质，为其未来走向职场打下良好的身体基础。

（二）障碍物的组成及通过顺序

400 米障碍跑全程共有七个障碍物（跨桩、壕沟、矮墙、高板跳台、独木桥、高墙和低桩网），须正反各通过一次。

通过顺序：100 米跑—绕过标志旗转弯—跨越三步桩—跨越壕沟—跨越矮墙—通过高板跳台—通过独木桥—攀越高墙—钻爬低桩网—绕过标志旗转弯返回—跨越低桩网—攀越高墙—绕行独木桥下立柱—通过高板跳台—钻越矮墙洞孔—跳下攀上壕沟—跨越五步桩—绕过标志旗转弯—100 米跑到终点。

400 米障碍跑的出发可采取站立式或蹲踞式起跑方法，不得使用起跑器。

发令员发令时使用发令枪（哨）和发令旗。鸣枪或鸣哨的同时，上举的发令旗立即向下挥动。发令员口令分"各就位"，鸣枪或鸣哨。发出"各就位"的口令后，发令员应等所有受测者身体稳定时，再鸣枪或鸣哨。当认为起跑不公允或有人犯规时，发令员应鸣哨召回所有受测者重新组织起跑。受测者在起跑过程中，累计出现两次犯规，将被取消测试资格。

（三）400 米障碍跑场地设置

1. 障碍物规格

（1）跨桩：由 5 个直径 30 厘米、高出地面 10 厘米的跨桩组成。右边 3 个跨桩的中点相距 2.3 米，距离跑道中线 30 厘米，第一跨桩中点距端线 5 米。左边两个跨桩的中点相距 2.3 米，距离跑道中线 60 厘米，第一跨桩中点距端线 6.15 米。

（2）壕沟：长、宽、深各为 2 米，沟壁为垂直面。

（3）矮墙：宽 2 米、高 1.1 米、厚 20 厘米，洞孔宽 50 厘米、高 40 厘米、孔下缘距地面 60 厘米，设于矮墙左侧。

（4）高板跳台：高板高 1.8 米、长 2 米、宽 50 厘米、厚 5 ～ 8 厘米；高台高 1.5 米，长、宽各 1 米；低台高、长、宽各 1 米；高板、高台、低台间隔 1 米。

（5）独木桥：长 5 米，高 1.3 米，桥平面宽 10 厘米，斜板长 2 米，宽 20 厘米；桥下立柱间隔 1 ～ 1.3 米，柱应涂上红白相间的颜色。

（6）高墙：宽、高各 2 米，厚 20 厘米。

（7）低桩网：由 12 根立桩相对排成两列，列距 2 米，前后桩距 1 米，桩高出地面 50 厘米，每对立桩间有弹性材料拉直成横线构成桩网，网下地面以松柔的沙层为宜。

（8）转弯旗：旗杆高 1.5 米，直径约 5 厘米。

2. **障碍跑场地**

400 米障碍跑场地如图 6-1-1 所示。

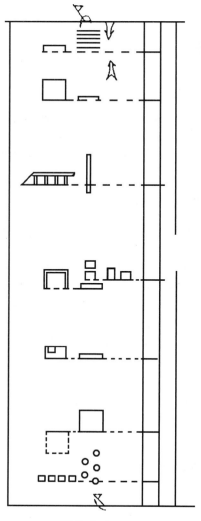

图 6-1-1

（四）400米障碍跑应注意的问题

（1）应根据个人能力，划分好各段跑进速度的比例，并注意运用各种通过技术，合理地分配体力。

（2）在前100米平地直跑中，注意速度要适宜，动作要省力，为后300米跑保存体力。

（3）在障碍物之间的跑进中，要调整好步幅，通过障碍之前，跑的动作要轻松、协调，具有明显的加速节奏，以便产生较大的向前速度，提高通过效率。

（4）通过障碍物后，由于着地的冲力较大，要注意降低身体重心缓冲落地。

（5）注意调整全程中的呼吸节奏。

（6）在后100米平跑中，要注意加大摆臂幅度，增加呼吸深度，以最快速度冲过终点。

（7）注意采取安全措施，通过有困难和重点的障碍物时要加强保护。

（五）通过400米障碍物的规则

通过各障碍物时，应符合下述规定。

1. 跨越三步桩

跨越三步桩时，每桩必须踏一脚，身体任何部分不得触及两条标志线及地面。

2. 跨越壕沟

跨越壕沟必须从壕沟前后边之间的上方空间越过，如掉入壕沟应爬上来重新通过。

3. 跨越矮墙

跨越矮墙必须从矮墙上方越过，不得从低于矮墙上沿水平面的高度越过。

4. 通过高板跳台

通过高板跳台必须从高板上方越过，依次由高跳台、低跳台跳下地面，身体不得触及高板的两侧立柱。

5. 通过独木桥

从引桥登上桥身，通过独木桥，跳下时，身体必须完全落在桥头标志线以前的地面上。

6. 攀越高墙

攀越高墙时，须从高墙上方越过，不得从低于高墙上沿水平面的高度越过。

7. 钻爬低桩网

钻爬低桩网必须从低桩网下通过。碰断或碰落网线，必须重新通过低桩网。

8. 跨越低桩网

跨越低桩网必须从网线上方越过，不许用脚踩、腿压网线的方法通过。碰断或碰落网线，必须重新通过。

9. 绕行独木桥下立柱

绕行独木桥下立柱必须依次从桥下4个支柱间隔之间钻过。

10. 通过高板跳台

通过高板跳台必须依次从低跳台、高跳台、高板上方越过。不得从低于这3个障碍上沿的水平面越过。

11. 钻越矮墙洞孔

钻越矮墙洞孔必须从洞孔钻过。

12. 跳下攀上壕沟

跳下攀上壕沟必须跳下壕沟，再攀上壕沟。

13. 跨越五步桩

跨越五步桩时，两脚必须依次踏在5个桩面上通过。身体任何部分不得触及前后两条标志线及它们之间的地面。

二、攀岩

攀岩是一项新兴的、受年轻人欢迎的极限运动，又称"勇敢者的运动"。

（一）攀岩的特点

（1）挑战性：攀岩运动作为一项极限运动，对人的身体素质、意志力和毅力都具有较高的挑战性。

（2）危险性：开展攀岩运动的场地和环境决定了其具有一定的危险性，因此在攀爬中要严格按照要求进行攀登保护。

（3）场地和运动形式的特殊性：开展攀岩运动的场地和运动形式不同于其他体育运动项目。攀岩场地包括但不限于悬崖、峭壁、裂缝、岩壁等，并且岩面大都具有一定的仰角或俯角，岩壁的造型及岩点的形状千变万化，从而形成了攀岩运动形式的多样性、高空作业的非常规性、技术操作的复杂性等特点。

（4）创造性：攀登线路大多在自然岩壁或人工岩壁上，其线路变化、支点的设置具有极强的创造性。

（二）攀岩的主要技术

1. 探点技术

探点技术包括换手技术、换脚技术、手部交叉技术、转肩锁点技术等。

2. 固点技术

固点技术包括手部固点技术、脚部固点技术、移动技术等。

（三）攀岩的教学训练

1. 动作示范教学

动作示范教学是攀岩教学的主要手段。示范时，教师要动作规范，并做到耐心热情、因人而异、因材施教。

2. 完整和分解教学

采用完整教学法进行教学时，重点是使学生掌握基本的动作技术结构；分解教学法是将攀岩的基本技术动作分解成几个小动作来教学。

（四）攀岩的力量训练

攀岩对身体的力量要求较高。有效地开展力量训练，是提高攀岩水平的重要保证。力量训练一般分为上肢力量训练和下肢力量训练两种。

（五）攀岩的主要装备

攀岩的主要装备可以分为个人装备和攀登装备。

个人装备指的是安全带、下降器、安全铁锁、绳套、安全头盔、攀岩鞋、镁粉和镁粉袋等。

攀登装备指的是绳子、铁锁、绳套、岩石锥、岩石锤、岩石楔，有时还要准备悬挂式帐篷。

（六）攀岩的基本要领

（1）抓：用手抓住岩石的凸起部分。

（2）抠：用手抠住岩石的棱角、缝隙和边缘。

（3）拉：在抓住前上方牢固支点的前提下，前臂贴于岩壁，抠住缝隙，手臂用力使身体向上或向左右移动。

（4）推：利用侧面、下面的岩体或物体，以手臂的力量使身体移动。

（5）张：将手伸进缝隙里，手掌或手指张开，抓住岩石的缝隙，以此作为支点，移动身体。

（6）蹬：用前脚掌内侧或脚趾的蹬力把身体支撑起来，减轻上肢的负担。

（7）跨：利用自身的柔韧性，避开难点，以寻求有利的支点。

（8）挂：用脚尖或脚跟挂住岩石，维持身体平衡，使身体移动。

（9）踏：利用前脚掌下踏较大的支点，减轻上肢的负担，使身体移动。

三、水上救护

水上救护也称溺水救护。它是指水上发生溺水事故时，救护者或溺水者所采取的救护措施。溺水，根据水的性质，可分为海水溺水与淡水溺水两类。

（一）水上救护的主要阶段

水上救护的整个过程可分为四个阶段。

第一阶段是使溺水者脱离水环境（水面营救）。

第二阶段是基础生命支持（现场急救）。

第三阶段是高级生命支持（医院抢救）。

第四阶段是持续生命支持（医院治疗）。

（二）水上救护的自救方法

自救是自身力所能及的救生方式，如出现手指、脚趾痉挛，喝水和呛水等现象时，必须保持镇静，不要慌张，首先要及时呼救，同时进行自救。自救的方法如下。

1. 手指痉挛

痉挛手握拳，然后用力张开，这样反复做几次，直到痉挛现象消失。

2. 脚趾痉挛

先吸一口气仰浮于水面，屈痉挛脚趾的腿，手用力上下按压痉挛脚趾，直到痉挛现象消失。

3. 小腿痉挛

先吸一口气仰浮于水面，用痉挛腿对侧的手握住痉挛肢体的脚趾，并向上体方向拉，同时用同侧手掌压在痉挛肢体的膝关节上，帮助痉挛腿伸直。

4. 喝水、呛水

游泳时喝水、呛水，千万不要慌张，应马上停止游进，利用踩水将头露出水面，进行呼吸调整，直到呼吸正常。

（三）水上救护的他救方法

1. 间接救护

间接救护是救护者利用救生器材，对较清醒的溺水者施救的一种技术。

游泳场所一般都应备有救生圈、竹竿、木板、泡沫、轮胎、绳索、输氧设备等。下面介绍几种常用的救护器材及其使用方法。

（1）救生圈：最好在救生圈上系一条绳索，当发现溺水者时，可将救生圈掷给溺水者。如在江河中，可向溺水者的上游掷去，待溺水者抓住后将其拖至岸边。

（2）竹竿：溺水者离岸、船较近时，可把竹竿伸给溺水者，切勿捅戳，待溺水者抓住竹竿后将其拖至岸边或船边。

（3）绳索：在绳索的一头系一漂浮物，将绳子盘成圆形，救护者握住绳子的一端，然后将盘起的绳子掷在溺水者的前方，使溺水者握住绳子上岸。

（4）木板（或一切可浮物）：在没有其他救护器材的情况下，木板也可作为救护器材。可将木板掷给溺水者，也可扶木板游向溺水者，然后将溺水者拖带上岸。

2. 直接救护

直接救护是救护者不借助任何救生器材，徒手对溺水者施救的一种技术。

直接救护大致分为入水前观察、入水、游近溺水者、水中解脱、拖运、上岸、岸上急救等过程。

救护者在入水后迅速靠拢溺水者。一般采用速度较快的抬头自由泳，也可采用头不入水的蛙泳，以便观察溺水者。当游到离溺水者 2～3 米时，稍停一下，观察溺水者的情况，然后深吸一口气采用潜泳技术接近溺水者，以保证自身的体力。如溺水者面向自己，则潜入水中，一种方法是游到溺水者的身旁，两手扶住其髋部，将其转至背向自己，然后进行拖运。另一种方法是正面游近溺水者后，用左（右）手握住溺水者的左（右）手，用力向左（右）边一拉，借助惯性使溺水者身体转动 180° 背向自己，然后进行拖运。如溺水者背向自己，可直接游近溺水者，急停后一手托其腋下，使其口鼻露出水面，一手夹其胸部，做好拖带的准备，并有效地控制住溺水者。

3. 现场急救

将溺水者救上岸后，首先应观察溺水者的溺水情况，然后再决定是否做现场急救。具体应按以下步骤进行。

（1）判断有无意识。轻拍溺水者肩部，大声呼喊溺水者，判断其有无意识，5 秒内完成。

（2）求援、呼救。现场呼救，或尽快拨打急救电话；若有他人在场，则请其拨打急救电话求援。求援时，一定要讲明地点、联系电话、现场情况等。

（3）帮助溺水者处于正确体位。使溺水者仰卧于水平硬面，解开其衣物，确保血液回流。

（4）判断大动脉搏动。专业人士：摸颈动脉脉搏，在喉结左右约两指处，单侧触摸，力度适中，时间不超过10秒。非专业人士：立即开始胸外按压。

（5）30次胸外按压。

当确定溺水者已无脉搏或已无呼吸时，救护者应迅速对其进行胸外按压。以下以救护者跪于溺水者右侧为例。救护者找到溺水者两乳头连线中点，左手在下，两手交叉相握，两臂垂直于地面，肩部和腰部发力，两臂垂直向下按压。按压要平稳、有规律，掌根要始终贴于按压点，不能抬离，以免改变正确的位置。

按压深度：成年人至少为5厘米；儿童和婴儿不小于其胸部前后径的1/3。按压频率：$100 \sim 120$次/分。注意：必须垂直向下按压胸骨，且此法不可用于健康者。

（6）清除口腔异物、开放气道。胸外按压30次后，救护者需检查溺水者口腔内是否有分泌物、假牙等异物，并将其清除。之后，使溺水者气道打开。方法：救护者一手下压溺水者额头，另一手食指和中指上抬溺水者下颌。

（7）口对口人工呼吸。人工呼吸有口对口、口对口鼻和口对鼻三种方式。最常用的是口对口人工呼吸。胸外按压30次后，进行2次口对口人工呼吸，即按压与通气比例为30：2。方法：救护者深吸气，以自己的口包住溺水者的口，即密封式口套口，缓慢吹气入肺。吹气时，救护者左手拇指和食指轻捏溺水者鼻翼，并目视溺水者胸部的起伏，每次吹气后松开捏鼻的手。

（8）循环动作。救护者应持续进行心肺复苏，直到溺水者有呼吸、脉搏或溺水者已抵达医院接受救治为止。若救护者感到疲劳无法进行心肺复苏时，溺水者仍未恢复呼吸、脉搏，则应马上更换救护者，确保心肺复苏不间断。

体育思政课堂

时代呼唤英才，希望在于青年，当代大学生是祖国的未来和希望，加强当代大学生的身体素质和思想素质的培养，提高大学生的见识和胸怀是当今社会发展的需要，也是大学生自身发展的需要。

进行户外体育教育对增强大学生体质、塑造大学生顽强意志品质具有重要意义，还能为大学生未来走向职场打下坚实的身体基础。大学生是青年的代表，最具有活力和战斗力，是社会主义建设者和接班人。对大学生进行户外体育教育是需要的，也是必要的。户外体育在提高当代大学生身体素质的同时，也能够使其进一步陶冶情操、增长见闻，增强其克服困难、直面挑战的勇气，提高同伴之间的团队合作精神。

第二节 定向越野

拓展：定向
越野简述

一、定向越野基础知识

（一）定向地图

定向地图是地形图的一种，它利用等高线表示山的形状和高度，利用各种颜色表示前进的难易程度、植物分布，利用各种符号表示地表的特征。

1.定向地图的比例尺

定向地图的比例尺主要作用是量算实地距离，还可以用来了解地图的精细度。比例尺为1∶1000的地图可用于百米定向；比例尺为1∶5000的地图可用于公园定向；比例尺为1∶10000的地图可用于标准距离定向。

2.定向地图的符号

（1）地物符号。定向地图的地物符号由图形和颜色组成。

黑色：表示人造景观，如建筑物、道路、小径、岩石（大石头、悬崖峭壁）等。

棕色：表示地形，用等高线表示地貌，用符号表示山丘、小坑等。

蓝色：表示水，如湖泊、溪流、泥沼等。

绿色：表示植被（绿色越深，表示越难通过）。

白色：表示普通林区，易通过。

黄色：表示空旷地，易奔跑。

紫色：表示线路。

（2）地貌符号。定向地图的地貌符号包括小丘、小洼地、土崖、冲沟、陡坡、土垣等表示地面详细形态的专门符号。

3.地图上的线路

进行定向运动，识图是基础，用图是关键。在使用地图时，先图外、后图内，先地物、后地貌，先注记、后符号，先主要、后次要。（图6-2-1）

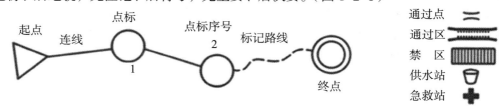

图 6-2-1

（二）指北针、检查卡、点标和电子计时系统

1.指北针

指北针（图6-2-2）是定向运动中的合法工具，其主要作用是辨别方向、标定地

图、确定站立点与目标点的方向。使用指北针时，必须要水平放置。

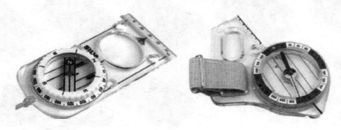

图 6-2-2

2.检查卡

检查卡是选手到达点标的凭据，包括机械检查卡和电子检查卡（图 6-2-3）两种。指卡是电子检查卡，是电子计时系统中选手身份的唯一标识，选手将其佩戴在手指上，用来记录自己在各点标的信息。

图 6-2-3

3.点标

点标是在特征物、特征点或其附近放置了点标旗（图 6-2-4）、打卡器（图 6-2-5）或点签器（图 6-2-6）的地方。

图 6-2-4　　　　　　　　图 6-2-5　　　　　　　　图 6-2-6

4.电子计时系统

电子计时系统如图 6-2-7 所示。

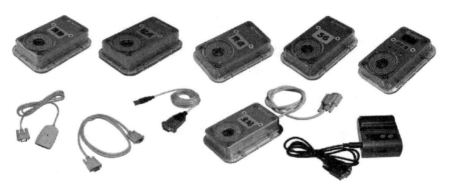

图 6-2-7

二、定向越野基本技术

定向越野的基本技术包括定位与定向、快速行进、判读地貌、选择路线、捕捉点标、越野跑等技术。

（一）定位与定向

定向越野的实质就是用最短的时间到达规定的目标点。要想尽快到达目标点，就要学会判定方位，标定地图，并能够确定站立点在地图上的位置。在此基础上确定目标点的方向和位置，迅速找到目标点。

1. 判定方位

判定方位是指辨明方向，这是使用地图的前提。在野外，我们可以利用指北针、地物、太阳、手表等来判定方位。

2. 标定地图

标定地图就是给地图定向，使地图的方位与实地的方位一致。通过标定地图，就可以将地图上的地物、地貌符号与实物的地物、地貌一一对应。常用的标定地图的方法有概略标定、利用指北针标定和利用地物标定等。

（1）概略标定地图。实地正确地辨别方向之后，将地图的上方对向实地的北方，地图即已标定。

（2）利用指北针标定地图。利用指北针标定地图时，通过转动地图，使指北针的红色指针与地图磁北线的方向吻合或平行，地图即已标定。

（3）利用地物标定地图。① 利用直长地物标定地图：直长地物是指较长的线状地物，如铁路、公路、土垣、沟渠、高压线等。② 利用明显地形点标定地图：在实地找出一个与地图上地物符号对应的明显地物，如小桥、亭子、独立的建筑等，然后转动地图，使地图上的站立点至目标的连线与实地的站立点至目标的连线重合，地图即已标定。

3. 确定站立点

确定站立点在地图上的位置是定向运动的一项基本技能。其主要方法是通过标定地图，将地图与实地的地物、地貌进行逐一对照，以确定自己的站立点。

（1）直接确定。当自己所处的位置在明显地形点上时，只要从地图上找出该地形点，站立点即可确定。这是常用的确定方位的方法。

（2）利用位置关系确定。当站立点位于明显地形点附近时，可以利用相对位置关系来确定站立点。利用位置关系确定站立点主要依据两个要素：一是站立点至明显点的方向；二是站立点至明显点的距离。在地形起伏明显的地方，还可以结合高差情况进行确定。

（3）利用交会法确定。当站立点附近无明显地形点时，可以利用交会法确定站立点位置。按照不同情况，交会法又可以具体分为90°法、截线法、连线法、后方交会法、磁方位交会法等。这些方法的优点是不需要判断或测量距离也能确定出较为准确的站立点位置。当站在线状地物上时，可以利用90°法、截线法和连线法等来确定站立点位置。

4.确定目标点

在进行地图与实地对照时，以及在运动中需要明确运动方向和运动路线时，都要确定目标点的图上位置。

（1）目估法。当目标点在明显地形点上时，从地图上找出该明显地形点，即目标点的图上位置。

（2）关系法。当目标点较多且附近没有明显地形点时，多采用关系法确定目标点的图上位置。

（3）前方交会法。当目标点较远且附近又无明显地形点时，可在两个站立点上用前方交会法确定目标点的图上位置。

（二）快速行进

1.用拇指辅行法行进

在行进中，不断转动地图，使地图与实地方向一致，并将拇指压在站立点上，做到"人在地上走，指在图上移"。（图6-2-8）

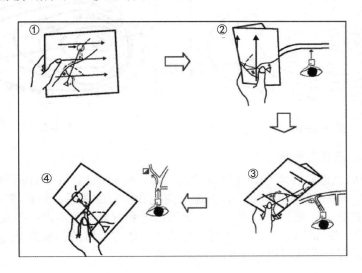

图6-2-8

2.沿地形地貌行进

选择参照物（如河流、小路、围墙、房屋、独立树、石碑及等高线等）可以提供安全、快捷的路线。其方法是按所跑路线的顺序，分段、连续或一次性地记住前进方向上经过的地形点、两侧的特征物等内容，使实地的情景不断地与记忆内容"叠印"，做到"人在地上跑，心在图上移"。

3.行进技巧

（1）借线法行进。利用道路、围栏、高压线等线状地物，将它们作为行进的导引。沿着线状地物行走犹如扶着楼梯的扶手行走，因此，有人称此方法为"扶手法"。（图6-2-9）

（2）借点法行进。借点法行进就是利用明显的地物地貌点控制方向，向前行进。当点标附近有高大、明显的参照物时，可采用此方法。（图6-2-10）

（3）水平位移法行进。当站立点与点标在同一高度上时，可沿等高线行进，但要确保站立点与检查点之间可以通行。（图6-2-11）

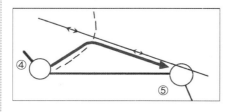

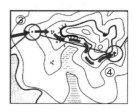

图6-2-9   图6-2-10   图6-2-11

（4）提前绕行法行进。当站立点与点标之间有较大的障碍时，可提前选择最佳路线。直线跑：上山过山顶，下山找目标，缺点是要艰难地翻过山顶（图6-2-12）。提前绕：沿着山向前跑，虽然路线较长，但不必爬山；沿着山脊向前跑：虽然路线比直线长些，但是不需要太多的攀爬。（图6-2-13）

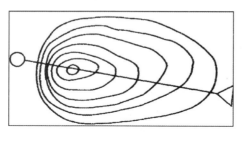
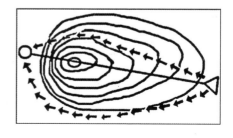

图6-2-12   图6-2-13

4.行进中应注意的问题

经过岔路口、道路转弯点和居民地进出口时，应对照地形；遇到实地地形变化与地图不一致时，应仔细对照全貌，分析地形变化和位置的关系，然后准确地判定站立点的位置和行进方向，做到有疑不走、有矛盾不走和方向不明不走；当发现走错路时，应立即对照地形，回忆所走过的路，判明是从什么地方走错的、偏离原定路线有多远，再根据情况另选迂回路线或返回原地后再继续前进。

（三）判读地貌

通过地图上的等高线及相关的注记，运动员可以了解地貌的很多信息。例如，通过等高线可以了解山坡的陡缓，通过高程注记可以了解山体的高度等。

1.山的各部形态

地貌千姿百态、千差万别，但都是由特定的基本形态组成的。这些基本形态包括山顶与凹地、山脊与山谷、鞍部、山坡、小丘等。

（1）山顶与凹地。相对于周围地面，突高隆起的部分叫作山，山的最高部位叫作山顶。表示山顶的等高线成小的闭合环圈。山顶依其形态可分为尖顶、圆顶和平顶三种。

相对于周围地面凹陷，且经常无水的低地叫作凹地，大面积的凹地叫作盆地。表示凹地的等高线是一个或数个小闭合环圈。为了区别凹地与山顶，表示凹地的环圈都有加绘示坡线。示坡线是指示斜坡降落方向的短线。（图6-2-14）

（2）山脊与山谷。山脊是从山顶到山脚的凸起部分，很像动物的脊背。下雨时，雨水落在山脊上向两边分流，因此山脊最高处的棱线叫作分水线。山谷是山脊之间的低凹部分，是聚水的地方，因此地势最低的凹入部分的底线叫作合水线。

（3）鞍部。鞍部是相连两山山顶间的凹下部分，其形如马鞍。鞍部由一对表示山脊和一对表示山谷的等高线显示。（图6-2-15）

图6-2-14

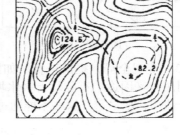

图6-2-15

（4）山坡。山坡是山体的倾斜部分，近似一个斜面，根据外形可分为等齐坡、凸形坡、凹形坡、阶状坡等。

（5）小丘。小丘是体积较小且只能以一条等高线表示的小山包。

2.地貌起伏的判断（上坡与下坡）

地貌起伏的判断是根据等高线的形状来判断山体的坡向。山脊、山垄等地面隆起部分的等高线图形，其凸出部分总是朝着下坡方向，而山谷、凹地的等高线图形则相反，其凸出部分总是朝着上坡方向。等高线由疏变密为上坡方向，等高线由密变疏为下坡方向。根据等高线的示坡线判断斜坡的坡向，顺示坡线方向为下坡方向，逆示坡线方向为上坡方向。根据等高线的注记判断斜坡的坡向，朝着字头方向为上坡方向，背着字头方向为下坡方向。

（四）选择路线

定向地图上各点标的连线是提供方位的直线，然而，沿这条方位直线一般是不可能直接到达的，必须依照地图上各种符号和色彩的提示，进行路线选择。不同的人技术水平、体能状况不同，所选择的路线也不尽相同。

1.选择路线的标准

选择路线的标准是省体力、省时间、最稳妥和最能发挥自己的特长、尽量不失误或减少失误，能够顺利完成赛程并最终夺取胜利。

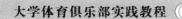
2.选择路线的原则

（1）有路不越野。比赛地图现实性强，道路标示较详细。利用道路有利于在运动中进行图地对照，有利于在运动中随时明确站立点的图上位置，不易迷失方向，还可省力节时。如图 6-2-16 所示，最佳的运动路线：从出发点出发，先沿大路向东到岔路口，然后再向北沿小路到①号点标。

（2）选近不选远。如图 6-2-17 所示，虽然从①号点标到②号点标有路可选，但距离太远，因此，不宜采用。两点标之间，地形较平坦，树木不多，直接越野为最佳路线。

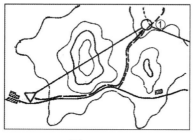

图 6-2-16

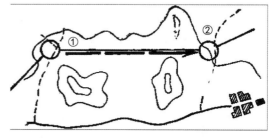

图 6-2-17

（3）统观全局，提前绕行。如图 6-2-18 所示，从②号点标到③号点标，既无道路可利用，又因途中有陡坎、大水塘及难登的高地。因此，在选择运动路线时，要分析整个地形，尽量避开这些不能通过的地段，提前做好绕行准备。

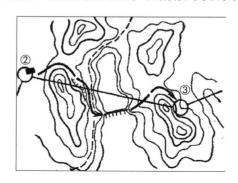

图 6-2-18

（4）走高不走低。选择路线时，若选择了越野，则应尽量在高处行进，避免在低处行进，这是因为地势高，视野好，便于确定站立点和保持正确的行进方向；高处通风、干燥，荆棘、杂草、虫害及其他危险少；人们都习惯在高处行走，高处常常会有行人踏出的小路，利用它便于提高行进速度。

（五）捕捉点标

捕捉点标是决定定向越野比赛胜负的一项关键性技能。当接近点标时，应对点标的实地准确位置做出分析和判断，并考虑采用何种方法捕捉它。常用的方法有定点攻击法、提前偏差法、距离定点法、地貌分析法等。

1.定点攻击法

当点标设在明显或较大的地物、地貌点上或附近时，可采用定点攻击法。首先将这些明显的地物、地貌设为攻击点，然后根据这一攻击点与点标的相对方位、距离关系寻找点标。如图6-2-19所示，从③号点标到④号点标，沿着小路行进，目标是建筑物，找到建筑物后，在建筑物的北面就能找到点标。

2.提前偏差法

当点标设在线状地物（如大路、沟渠或河流）的一侧时，可采用提前偏差法。首先根据地形条件，选择线状地物为目标点，然后提前偏离点标，跑到线状地物上，再根据线状地物与点标的位置关系找到点标。如图6-2-20所示，点标为山脚下的小屋，可以用指北针直接定位该点标，但很有可能跑偏而错过目的地。用指北针定位在小屋偏右、两山鞍部的方向，当跑到山脚下、地势开始明显升高时，再沿等高线向左边水平位移，就可找到点标。

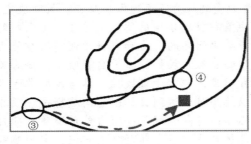
图6-2-19

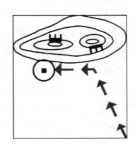
图6-2-20

3.距离定点法

当点标处于地势较平坦、无路和植被较多等以细碎特征为主的地貌中时，可以采用距离定点法。首先要以周围的地物、地貌特征为攻击点，利用指北针瞄准目标点方向，然后结合步测、目测等方法测算距离，一步步地接近点标。如图6-2-21所示，点标位于细碎地貌特征之中，情况复杂。选择小路交会处作为攻击点，沿小路到达攻击点后，在地图上量出攻击点至点标的距离（换算成步数），用指北针仔细地测定点标的方向，沿此方向捕捉⑤号点标。

4.地貌分析法

在地貌有一定起伏的区域内，当点标设在低小地物附近时，可采用地貌分析法。采用这种方法时，首先根据地图上点标与地貌的关系位置，分析出实地相对应的关系位置，再依据这种关系位置来寻找到点标。如图6-2-22所示，首先跑到位于点标西南方的山顶，在山顶位置通过地图与实地对照，判断出点标在东北方山脊处，然后沿山脊下山寻找，即可发现⑨号点标。

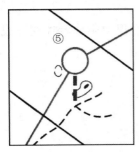
图6-2-21

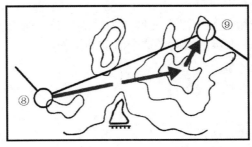
图6-2-22

（六）越野跑

掌握越野跑的技术也是决定定向运动成绩优劣的重要因素之一。定向运动中的越野跑实际上是一种长距离的间歇跑。由于在途中常常需要停下来看图和辨别方向，在崎岖的道路上不可能始终保持均匀的跑速，越野跑总是体现出走、跑和停相互交替的间歇跑的特点。

体育思政课堂

定向越野是一项非常健康和益智的体育项目，是集智慧与体能并重的一项运动。它不仅能强健体魄，还能培养人独立思考、分析解决问题的能力，良好的逻辑思维能力，独立解决困难的能力，在体力和智力受到压力下迅速做出反应、果断决定的能力。

在定向越野中，正确的判断力和决策往往比单纯的体能更重要。定向越野是一项学生体育项目，它能培养学生独立分析解决问题的能力和良好的逻辑思维能力；定向越野是一项休闲体育项目，它能使人回归自然，放松身心，自我娱乐，融洽关系，增加乐趣；定向越野是一项精英人才体育项目，它富于挑战性，参与者要勇于尝试从未尝试过的方案，并要求从身体到大脑以最高时效达到目标；定向越野是一项非常重要的世界体育项目，拥有自己的世界锦标赛；定向越野是一项自然环境体育项目，它教会你如何在自然中把握自己的行为，爱护自然，遵守郊野公园守则；定向越野是一项低花费的群众性体育项目，所需的只是一张好的定向地图和一个指北针，服装可以是定向专业套装，也可以只是普通运动服装；定向越野是一项探险寻宝体育项目，给你惊险刺激的人生经历；定向越野是一项广交朋友的社交性体育项目，在运动中，不论男女老少、种族背景、文化阶层、社会地位，均可相互交流，共享人生。

参与定向越野时，参与者需要克服大自然中的一些困难，可以磨炼意志，提高处理复杂问题的能力，提高保护环境的意识，不断提高综合素养。

第三节　拓展训练

一、高空项目

（一）空中断桥

空中断桥是一个以个人挑战为主的项目，整个过程须挑战者独立完成。"断桥一小步，人生一大步"浓缩了这个活动的精华。

1.项目类型

个人心理类挑战项目。

2.场地

拓展训练基地。

3. 器材

10.5 毫米保护绳 1 条、铁锁 3 把、全身安全衣 1 件、半身安全衣 1 件、安全帽 1 顶、手套 1 双。

4. 人员要求

10 人及以上。

5. 项目目标

（1）挑战自我，战胜自我。

（2）克服心理恐惧，增强自信心。

（3）提升控制和决断能力，学会换位思考。

6. 项目组织

（1）召集学生到场地，宣布项目名称和进行方式。

（2）讲解安全衣、安全帽、保护绳、铁索等器材的使用。

（3）讲解保护与帮助的方法。

（4）每一名学生在上器械前，保护绳及安全衣要经本队保护人员和教师检查。

（5）每一名学生在上器械前，全队除 3 名保护者外，其余人员集中围成一圈，手拉手高呼激励性话语。

（6）要求学生跃出前先将保护绳向前打，在起跳前起跳脚尽可能地站在断桥的前端，起跳时一定要果断。

7. 注意事项

（1）必须穿安全衣和戴安全帽，并在有下方保护的情况下，方可上器械。

（2）活动中不可移动身上的保护装置。

（3）如果学生极度恐惧不敢跃出，教师可穿戴安全装备，在断桥上进行引导，必要时可缩短断桥距离或拉扶学生过桥，但在返回时一定要求学生自己完成。

8. 引导讨论

（1）对比看别人做与自己站在桥上的感受是否相同。

（2）突破心理障碍瞬间的感受与过程。

（3）突破心理障碍与发挥自身潜能、抓住机遇、获得成功之间的关系。

（4）相互理解和相互鼓励的重要性。

9. 组织及点评

（1）根据学生的实际情况制订不同的挑战目标，确保每一名学生都能获得成功体验，进而在恰当的时机引导学生学习任务定向目标，帮助学生养成任务定向目标的习惯。

（2）根据学生的讨论及作业，在恰当的时机引入心理暗示理论，运用理论联系实际的方法，帮助学生学会运用积极的心理暗示语。

（3）要点指引。本着心理挑战最大、体能冒险最小的原则，每项活动对受训者的心理承受力都是一次极大的考验，最终真正实现个人某些心理障碍的跨越，与此同时体会到个人的发展潜力。

（二）垂直天梯

垂直天梯是一个两人共同挑战、协同配合的项目。此项目具有一定的难度和心理冲击力，需要消耗较大体力。想要获得新高度，就需要互相帮助，既要有"甘为人梯"

的精神，也要做到"吃水不忘挖井人"。

1. 项目类型

两人合作类项目。

2. 场地

拓展训练基地。

3. 器材

10.5 毫米保护绳 2 条、铁锁 6 把、扁带 1 条、"8"字环 2 个、全身安全衣 2 件、半身安全衣 2 件、安全帽 2 顶、手套 2 双。

4. 人员要求

10 人及以上。

5. 项目目标

（1）体会相互合作的重要性。
（2）通过全队学生相互帮助、鼓励，增强团队精神。
（3）体验经过艰苦努力登上高峰时的成就感。

6. 项目组织

（1）宣布活动名称并让队长进行人员分配，即确定体验搭档。
（2）指定队长给学生分工。
（3）宣布评分标准：2 人共同攀上每一根圆木计 10 分。
（4）讲解规则：不可利用保护绳和两边系圆木的钢缆攀登。

7. 注意事项

（1）检查所有器材是否完好无损，两个上保护点相距 1.5 米，各用两条绳。下保护点由学生保护，每根主绳应有 3 名保护学生。
（2）每组学生攀登前须经检查员或教师检查，保护者要按照规范动作及时收绳。
（3）每 3 组学生做完后要检查保护绳，攀登者要着长衣裤，放绳时不可过快。
（4）可根据学生具体情况和时间情况设置辅助绳。
（5）积极调动大家参与集体活动。

8. 引导讨论

（1）预想与实际有无差距；确立目标与成功之间密不可分。
（2）体会与同伴和保护者合作的重要性。
（3）挑战自我，体验成功的感受。
（4）复杂或困难的目标可通过分解目标的方法减轻心理压力。

9. 组织及点评

（1）采用合作学习法，使每名学生都能获得成功体验。
（2）运用组内异质、组间同质将学生分组并进行组间竞赛。
（3）引导各组队长将小组任务根据本组成员的实际情况进行分配，由每名成员负责完成其中的一部分，小组的成绩以个人测验分数的总和或小组成员的平均分计算。
（4）根据学生的讨论及作业，在恰当的时机引入目标设置理论，运用理论联系实际的方法帮助学生学会制订科学、合理的目标。
（5）根据学生的讨论及作业，引导学生分析活动中每对搭档的搭配是否合理，

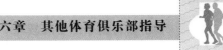

本组学生是否能发挥出自己的最大潜力，进而让学生深刻理解资源合理配置的重要性。

二、中低空项目

（一）穿越电网

穿越电网是一个典型的穿越型团队合作项目。在这个项目中，每名学生都需要做最大的努力，否则某个人的放松将会给别人造成更大的麻烦，甚至会让所有的人前功尽弃。

1. 项目类型

团队配合类项目。

2. 场地

在相对开阔的地带，选择两棵主干高 2 米以上的树或有同样高度的其他支撑物。

3. 器材

一张 4 米宽、1.6 米高的绳网，绳网中有 15 ～ 20 个高低、大小、形状各不相同的洞，最小的洞可勉强通过比较瘦小的学生。

4. 人员要求

10 ～ 20 人。

5. 项目时间

40 分钟。

6. 项目目标

（1）增强团队精神。

（2）体会计划和精心操作的重要性。

（3）认识每个人在团队中的角色及其作用。

7. 项目组织

（1）将"电网"挂在两棵树或其他支撑物之间。

（2）将学生集中于"电网"一侧，介绍项目名称和活动要求。

（3）说明活动要求后，全队学生开始从"电网"的一侧，在不触动"电网"的情况下，穿越到另一侧。穿越必须在规定的时间内完成。

（4）要求每个"网洞"只能通过 1 人，如触网则须返回，另选取其他"网洞"通过。用过的"网洞"作废。

（5）未通过的和已通过的学生，不得返回至另一侧帮忙。

（6）所有学生只能从"电网"中的"网洞"通过，这样方为有效，从其他地方通过无效。

8. 评分标准

（1）团队在规定的时间内全体通过"电网"得 100 分。

（2）在规定的时间结束后，团队每剩 1 人扣 10 分。

9. 注意事项

（1）此项目可锻炼学生的决策能力和操作能力。为避免学生草率地开始，匆匆通

2. 场地

拓展训练基地。

3. 器材

无要求。

4. 人员要求

10 人及以上。

5. 项目目标

（1）体会合作的重要性。

（2）在帮助、鼓励下通过钢索。

（3）体验经过艰苦努力达成目标后的成就感。

6. 项目组织

（1）宣布活动名称并让队长进行人员分配，即确定体验搭档。

（2）确定记录人员，负责记录器械上同学的言语、表情等。

7. 引导讨论

（1）对比看别人做与自己站在钢索上的感受是否相同。

（2）突破心理障碍瞬间的感受与过程。

（3）当自己要松开器械上的保护点，借助同伴的身体来保持平衡，并寻找新的平衡点时的心理感受是怎样的？你认为此时的想法是否有利于你完成所有的科目？

（4）在市场经济体制下，一生仅从事一项工作的机会越来越少，从水上双人钢索项目的某个细节找到一些相似点，并通过自己做项目体验来指导自己今后的工作和生活。

8. 组织及点评

（1）采用合作学习法，使每名学生都能获得成功的体验。

（2）根据学生的讨论及作业，引导学生分析活动中每对搭档的搭配是否合理，本组学生是否都能发挥自己的最大潜能，进而让学生深刻理解合理配置资源的重要性。

（3）根据学生的讨论及作业，结合当今就业形势加以引申和分析。

（二）水上独木桥

水上独木桥是一个典型的个人挑战与团队合作相结合的项目。在挑战过程中，除了自身的努力，团队的支持起着至关重要的作用。想要成功，最佳的方法之一就是融入团队。相信队友、目标一致、相互配合、不怕苦难才是获胜的关键。

1. 项目类型

个人心理挑战类项目。

2. 场地

拓展训练基地。

3. 器材

无要求。

4. 人员要求

无要求。

5. 项目目标

（1）克服心理恐惧，建立自信心。

（2）体验成功的感受，增强自我控制和自我决断的能力。

（3）树立换位思考的理念，激发自身潜能。

6. 项目组织

（1）召集学生，宣布项目名称和进行方式。

（2）在每一名学生上器械前，队长带领全队人员围成一圈，手拉手高呼激励性话语。

7. 引导讨论

（1）对比看别人做与自己站在桥上的感受是否相同。

（2）突破心理障碍瞬间的过程与感受。

（3）突破心理障碍、发挥自身潜能与抓住机遇、获得成功之间的关系，相互理解和鼓励的重要性。

（4）在整个活动中，你觉得最困难的是什么？

8. 组织及点评

（1）鼓励小组中最有胆量的同学先进行尝试，帮助学生树立自信心。

（2）对于有严重恐水症的学生，要适当降低标准，多鼓励，让学生树立任务定向目标，超越自我，获得成功的体验。

（3）通过学生体验，引导学生明确心理暗示的重要作用，引导学生建立积极的心理暗示语。

体育思政课堂

良好的团队精神和积极进取的人生态度，是现代人应有的基本素质，也是现代人人格特质的两大核心内涵。在现代社会，人类的智慧和技能在这种人格力量的驾驭下，迸发出耀眼的光芒。对此，拓展训练功不可没。利用户外自然环境对人进行培养的户外训练方式起源于第二次世界大战期间的海上生存训练，战后逐渐演变成一种面向现代社会的户外训练方式。

我国的拓展训练与西方国家盛行的拓展训练（OutwardBound，简称OB）有直接联系。我国的拓展训练参照了以OB为基础发展起来的体验教育模式，在模拟自然环境的情况下，降低活动风险，体验经过设计的户外活动项目，最终形成了具有中国特色的体验学习体系。

由于拓展训练在培训领域的潜在价值和效果得到了广泛的认可，在发展历程中，拓展训练正如它的名字一样，在不断"拓展"。如今，拓展训练已经由课程产品发展成为一种教育理念和学习模式，得到了教育系统的认可，并应用到许多相关的领域，成为我国户外体验式教育的主打品牌。

参与拓展训练，参与者可以认识更多的朋友，并与其和睦相处，友爱互助，提高人际关系处理能力。此外，拓展训练还可以提升参与者的心理素质，进而提高参与者的综合素养。

第四节　游　泳

蛙泳动作教学

一、游泳基本技术

（一）蛙泳基本技术

蛙泳要求身体成俯卧姿势，两肩与水面平行，两腿在同一水面弯曲，向外翻脚并做蹬腿动作，两手在水面下收回，从胸前伸出，蛙泳在游进时应尽量保持身体成较好的流线型姿势，充分发挥手臂和腿的推进作用，以达到最佳的游进效果。

1. 身体姿势

蛙泳在游进时，身体随着头、手、腿动作的变化在不断变化。一个完整的蛙泳动作做完后，身体应成流线型漂进，具体应为展胸、收腹、稍塌腰、腿并拢、臂伸直，两臂并在头两侧，颈部稍紧张。

2. 腿部动作

蛙泳的腿部动作是推动身体前进的主要动力。它的主要动作可分为收腿、翻脚、蹬夹水和滑行四个阶段。这四个阶段紧密相连，是一个完整的动作。

（1）收腿。

收腿是为翻脚、蹬夹水创造有利条件的前提，因此，收腿应该在尽量减少迎面阻力的原则下，将腿收至最有利于蹬夹水的位置。收腿前，两腿是并拢伸直的，开始收腿时，两腿随着吸气的动作自然向下，同时两膝自然逐渐分开，小腿向前回收。回收时，两脚放松，脚跟向臀部靠拢。收腿结束时，大腿与躯干成130°～140°角。（图6-4-1、图6-4-2）

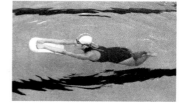

图 6-4-1　　　　　　　　　　　　图 6-4-2

（2）翻脚。

在蛙泳腿的技术中，翻脚动作特别重要，它直接影响到蹬夹水的效果。收腿即将结束时，脚仍向臀部靠近，两脚向外侧成八字形翻开，脚趾分别指向两边，勾脚尖，翻开后，脚掌内侧和小腿内侧面对蹬水方向。初学者脚往往翻得不到位以至影响蹬夹

水效果。（图6-4-3、图6-4-4）

图6-4-3　　　　　　　　　　　图6-4-4

（3）蹬夹水。

蹬夹水是蛙泳前进的主要动力。蹬夹水一方面应由大腿发力，先伸髋关节，使小腿尽量保持垂直对水的有利位置，向后做蹬夹水的动作；另一方面伸膝关节和踝关节，边伸边夹，直到夹拢。蹬夹水的动作实际上也是一个连续的完整动作，两腿往两边蹬开后像收扇子一样弧线夹拢，不能蹬完后停顿一下再夹拢。这是许多初学者最容易犯的错误。蹬夹水的速度是从慢到快，力量是由小到大。（图6-4-5至图6-4-8）

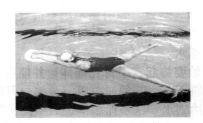

图6-4-5　　　　　　　　　　　图6-4-6

图6-4-7　　　　　　　　　　　图6-4-8

（4）滑行。

蹬夹水结束后，两腿并拢伸直向前自然滑行，腰部下压，两脚脚跟接近水面，滑

一段距离，一般是滑行 1～2 秒。当滑行速度降低时，再进行第二个周期的动作。（图 6-4-19 至图 6-4-23）

图 6-4-19　　　　　图 6-4-20　　　　　图 6-4-21　　　　　图 6-4-22　　　　　图 6-4-23

爬泳教学

（二）自由泳基本技术

1. 身体姿势

自由泳的身体姿势是身体俯卧水面，与水面保持水平，背部和臀部的肌肉保持适度的紧张，头部与水面平行，两眼看池底前下方，身体围绕身体纵轴有节奏地转动 35°～45°。

2. 腿部动作

自由泳打腿的主要作用是维持身体平衡和配合划水动作。要求两腿自然并拢，两脚稍内旋，踝关节放松，以髋关节为轴，由大腿带动小腿和脚掌，两腿交替做鞭打动作。两脚脚尖上下距离为 30～45 厘米，膝关节屈度为 140°～160°。

3. 手臂动作

自由泳手臂划水动作可分为入水、抱水、划水、出水和空中移臂五个主要部分。

（1）入水。

入水是伸展手臂的水中定位动作。肘关节略屈并高于手，手指自然伸直并拢，掌心朝向侧下方，拇指先入水。入水点在肩的延长线上或在身体中线与肩延长线之间，整个手臂入水的顺序为手、前臂、上臂。

（2）抱水。

手臂入水后，在积极向前下方插入的过程中，手掌从向斜外下方转向内后方并开始屈腕、屈肘，肘高于手。抱水结束时，手掌已经接近垂直对水，肘关节屈至 150° 左右。（图 6-4-24）

（3）划水。

划水动作过程可分为拉水和推水两个部分。紧接抱水阶段进入拉水，这时要保持抬肘，并使上臂内旋；同时继续屈肘，拉水至肩的垂直平面后，即进入推水部分，这时肘关节的屈度为 90°～120°。上臂保持内旋姿势，带动前臂，用力向后推水。同时，使肩部后移，向后推水有个从屈肘到伸臂的加速过程，手掌沿从内向上、从下向上的动作路线加速划至大腿旁。整个划水动作，手的轨迹始于肩前，继到腹下，最后到大腿旁，成 S 形。

（4）出水。

划水至大腿之后，掌心转向大腿，手指向上先划出水面，手肘稍微弯曲，手臂放松，上臂带动前臂上提手肘部位，掌心转向后上方，整个出水过程必须连贯不停顿，并且快速。（图6-4-25）

图6-4-24   图6-4-25

（5）空中移臂。

完成出水动作之后，手肘处于上提状态。此时，手肘高于手臂，向身体前方移臂，手臂放松，动作自然连贯。（图6-4-26）

4. 臂腿和呼吸的配合

自由泳时，一般是在两臂各划水一次的过程中进行一次呼气。右臂入水开始慢吐气，右臂划水至肩下，开始向右侧转头。右臂推水即将结束时用力呼气。右臂出水时，张嘴吸气，至空中移臂的前半部为止，开始转头还原。然后，直至手臂入水结束，有一个短暂的闭气过程，面部转向前下。头部稳定时，右臂入水，再开始下一次慢慢呼气的过程。（图6-4-27）

图6-4-26   图6-4-27

5. 完整配合

自由泳的完整配合有多种形式，常见的是6次打腿、2次划水、1次呼吸。初学者适合学习完整的配合技术。（图6-4-28至图6-4-30）

图 6-4-28

图 6-4-29

图 6-4-30

二、游泳安全与救护

（一）游泳的安全卫生常识

游泳是一项深受人们喜爱的体育活动。游泳具有调节人体机能、增强抵抗力等作用，是男女老幼皆宜的健身运动。在游泳时，应自觉遵守游泳安全和卫生守则，防止发生意外事故和传染疾病。

（1）选择安全卫生的人工游泳场所，池水经常消毒、排污和过滤，清晰度较高。

（2）游泳前严格体检，患有心脏病、高血压、癫痫、活动性肺结核、传染性肝炎、红眼病、精神病、中耳炎等疾病者及发烧、有开放性创伤者，都不宜游泳。妇女在月经期游泳要采取卫生措施，未采取措施不宜下水。

（3）饮酒、饱食后、饥饿、过度疲劳时都不宜游泳。

（4）游泳前要做准备活动，它能使身体更好地适应水的温差刺激和游泳活动的需要，防止发生肌肉痉挛和拉伤。

（5）游泳时应戴泳镜，以免两眼被氯气侵入或被细菌感染。

（6）游泳时应掌握正确的呼吸方法，用嘴吸气，避免呛水。

（7）游泳中耳朵进水时，应将头偏向进水一侧，并用同侧的脚连续震跳，使水流出；或者将头偏向进水一侧，用手掌紧压耳郭，屏住呼吸，然后迅速拿开手掌，反复几次，可使水流出。

（8）游泳中发生肌肉痉挛时，要保持镇静，不要紧张。在浅水或离岸较近时，应立即上岸进行处理；在深水或离岸较远时，应大声呼救，同时进行自救。

（二）游泳救护

1. 接近溺水者

接近溺水者是指救护者在发现溺水情况后，由岸（船）边跳入水中准备赴救的过程。

（1）入水方法分两种：在熟悉的水域或游泳池中，可采用鱼跃式（头先入水）的出发动作，其优点是速度快（图6-4-31）。在不熟悉的水域，可采用八一式（跨步式）

的出发动作（图6-4-32）。

（2）游近溺水者：指救护者在入水后迅速靠拢和控制溺水者并做好拖带准备的过程。一般采用速度较快的抬头自由泳，也可采用头部入水的蛙泳，以便观察溺水者。

（3）游到距离溺水者2～3米处时，深吸一口气，采用潜水技术接近溺水者，以保持自身体力。如溺水者面向自己，一种方法是潜入水中，游到溺水者身旁用两手扶住溺水者的髋部，将溺水者转至背向自己，然后进行拖带。另一种方法是正面游近溺水者后，用左（右）手握住溺水者的左（右）手，用力向左（右）边一拉，借助惯性使溺水者身体转180°，背向自己，然后进行拖带（图6-4-33）。如溺水者背向自己，可直接游近溺水者，急停后，一手托其腋下，使其口鼻露出水面，一手夹住其胸部做好拖带准备，从而有效地控制溺水者。

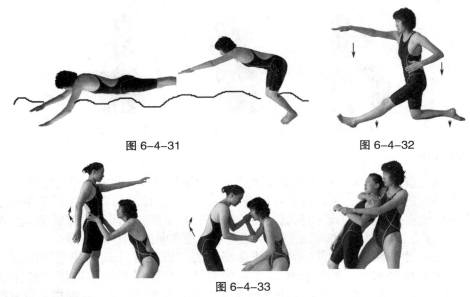

图6-4-31　　　　　　　　　　　　　图6-4-32

图6-4-33

2.水中解脱法

水中解脱法是救护者在接近或寻找溺水者时被溺水者抱住后施行解脱，并进行有效控制溺水者的一项专门技术。

（1）虎口反抓解脱法：虎口是指拇指与食指之间的部位。救护者的臂部（单臂或双臂）被溺水者抓住时，可握紧两拳向溺水者的虎口方向外旋，两肘内收，并紧接着反抓溺水者的右肘和右臂前臂，同时将溺水者右臂拧向背后，使其背向自己，随即拖带。（图6-4-34）

（2）托肘解脱法：当溺水者从前面或后面抱住救护者的颈部，救护者用一手托住溺水者一侧肘部，另一手握住溺水者同侧手腕，同时将托肘部的手用力向上推，抓腕的手用力向下拉，即可解脱，随即拖带。（图6-4-35）

图6-4-34　　　　　　　　　　　　　图6-4-35

（3）推扭解脱法：当被溺水者从前上方拦腰抱住时，救护者一手按住溺水者的后脑，另一手托住溺水者的下颌，向外扭转溺水者的头，并顺势把溺水者转至背向自己，然后进行拖带。（图6-4-36）

（4）扳指解脱法：救护者扳动溺水者右手一指，用左手抓住溺水者左手的一指，分别向右向左用力拉开（图6-4-37），然后放开溺水者的一只手，趁势转至溺水者背后进行拖带。

（5）外撑解脱法：当被溺水者从背后连同两臂拦腰抱住时，救护者两腿用力向下蹬夹水，连同溺水者一起在水中升高身体位置。当头出水后深吸一口气，然后突然下沉，同时用两臂向外撑的方法进行解脱（图6-4-38），随后转到溺水者背后进行拖带。

图6-4-36　　　　　图6-4-37　　　　　图6-4-38

3. 拖带法

拖带法是指救护者采用侧泳或反蛙泳进行水上拖带溺水者的一项专门技术。

（1）侧泳拖带法：一种是救护者侧卧水中，一手扶住溺水者，另一手在体侧划水，两腿做侧泳、蹬剪水的动作前进。另一种是一手抄腋下，同侧髋部紧贴溺水者的背部，另一手在体侧划水，两腿做侧泳、蹬剪水的动作前进（图6-4-39）。

（2）反蛙泳拖带法：单手或双手扶住溺水者，以反蛙泳动作使身体前进。拖带时，一种是仰卧水面，两臂扶住溺水者的两颊，两腿做反蛙泳动作使身体前进（图6-4-40）。另一种是仰卧水面，两手的四指放在溺水者的两腋下，拇指放在肩胛骨上，腿做反蛙泳动作使身体前进（图6-4-41）。

图6-4-39　　　　　图6-4-40　　　　　图6-4-41

（三）肌肉痉挛自救

肌肉痉挛是游泳运动中经常遇到的一种突发状况。解决肌肉痉挛的有效方法，是将痉挛部位的肌肉拉长伸展，然后进行按摩使痉挛缓解。

1. 手指肌肉痉挛解救法

先将手握拳握紧，然后用力伸开，伸直。反复几次，痉挛就能缓解。（图6-4-42）

2. 小腿肌肉痉挛解救法

先伸直患腿，脚背绷直，一手按住膝关节或小腿部位，踝关节屈，一手抓住脚趾用力后扳并蹬直患腿（大腿后面肌肉痉挛解救法与此相同），反复几次，痉挛就能缓解。（图 6-4-43）

图 6-4-42

图 6-4-43

体育思政课堂

　　游泳运动是最受人们喜爱的体育健身项目之一，是将水浴、空气浴和日光浴三者结合的运动。它老幼皆宜，尤其受广大青少年的喜爱。在历届奥运会中，游泳作为金牌大户，竞争十分激烈。近年来，游泳的各项世界纪录不断被刷新，吸引了大批观众，成为世界体育关注的焦点。

　　现代游泳运动起源于英国。1828 年，英国在利物浦乔治码头修建了世界上第一个室内游泳池。1896 年雅典奥运会，游泳被列为竞赛项目之一，设有 100 米、500 米和 1200 米自由泳 3 个比赛项目。1900 年巴黎奥运会，仰泳被分列出来。1904 年圣路易斯奥运会，蛙泳也被分列出来。1912 年斯德哥尔摩奥运会，女子游泳被列入比赛项目。1956 年墨尔本奥运会又增加了蝶泳项目。从此，竞技游泳姿势定型为四种泳姿。

　　进入 21 世纪以来，我国游泳运动呈现出良好的发展势头。我国游泳运动员达到国际水平的人数明显增加。2008 年北京奥运会，我国在游泳项目上获得 1 枚金牌、3 枚银牌、2 枚铜牌。2012 年伦敦奥运会，我国在游泳项目上获得 5 枚金牌、2 枚银牌、3 枚铜牌。2016 年里约热内卢奥运会，我国在游泳项目上获得 1 枚金牌、2 枚银牌、3 枚铜牌。2020 年东京奥运会，我国在游泳项目上获得 3 枚金牌、2 枚银牌、1 枚铜牌。

　　学习游泳的过程是一个克服畏惧心理、战胜自我的过程。游泳可以提升人的自信心和耐力，从而更好地学习和生活。

第五节　跆拳道

一、跆拳道基本技术

（一）实战姿势和步法

1. 标准实战姿势

左脚在前叫作左势，右脚在前叫作右势。

（1）动作规格：两脚前后开立，与肩同宽，前脚脚尖约 45° 斜向右前方，后脚脚跟抬起，膝关节微屈，身体重心在两脚之间。上体自然直立，约 45° 斜向右前方，两手握拳，拳心相对，两臂弯曲置于胸前，头部直立向前，目视正前方。

（2）动作要领：身体自然，肌肉放松，膝关节松而不懈，富有弹性。

（3）易犯错误：全身紧张，肌肉僵硬，身体重心偏前或偏后，不利于起动，膝关节不弯曲，缺乏弹性。

2. 跆拳道的基本步型

跆拳道的步型是指在跆拳道的练习和实战过程中所采取的站立姿势和脚步形状。基本步型有多种，每种站法都跟后面的步法动作有着直接的联系。基本步型是练习跆拳道必要的和基本的姿势。练习者一定要按规格要求练习每一种步型。（图 6-5-1）

（1）并步：两脚并拢，身体直立，两脚内侧贴紧并拢。

（2）开立步：也称自然站立。两脚左右开立，与肩同宽，两脚脚尖微外展，两臂自然背后，两手轻握拳，身态自然。

（3）准备式：两脚分开，与肩同宽，两脚脚尖微外展，两手握拳抱于腹前，拳面相对，拳心向内。

（4）马步：也称骑马式站立。两脚左右开立，大于肩宽，两脚平行，挺胸立腰，上体正直；屈膝下蹲，两手握拳收于腰间，身体重心在两脚之间。

（5）侧马步：也称半月立。以马步站法为基础，上体向侧（左或右）转，前腿屈膝略内扣，身体重心偏重于前脚。

（6）弓步：也称前屈立步。两脚前后开立，相距约一步半；前腿屈膝，后腿伸直，后脚与前脚的延长线约成 30° 角；前腿膝关节和脚背垂直，身体重心偏于前脚。

（7）前行步：也称高前屈立。两脚前后开立，姿态和平时向前走路时相似，步幅不大，身体重心偏于前脚。

（8）三七步：也称后屈立。两脚前后相距稍大于肩宽，后脚脚尖外展约 90°，后膝屈曲，前膝微屈，脚尖朝前。

（9）虚步：也称猫足立。身体姿势和三七步相似，只是前脚脚尖点地，脚跟提起，两膝微内扣，身体重心落于后脚。

（10）独立步：也称鹤立步。一腿直膝站立，脚尖外展约 90°；另一腿屈膝上提，脚贴于支撑腿内侧或膝窝处。

（11）交叉步：也称交叉立。它有两种形式：一种是一脚向另一脚的后面插步，脚尖着地，两腿膝关节交叉叫后交叉步；另一种是一脚向另一脚前面插步，脚尖着地，两腿膝关节交叉叫前交叉步。

并步　　　　开立步　　　　准备式　　　　马步　　　　侧马步　　　　弓步

图 6-5-1

前行步　　　三七步　　　　虚步　　　独立步　　　交叉步

图 6-5-1（续）

3. 跆拳道的基本步法

跆拳道是一种以腿法为主的武技，在实战中，步法的灵活运用对充分发挥腿的威力、取得实战的胜利具有极其重要的意义。脚法使用时多以后腿进攻，因此，跆拳道的步法具有鲜明的特点，即身体重心落在两脚之间或偏于前腿，而且身体姿势大都以侧向站立，以便保护身体和正中的要害部位，使后腿通过拧腰转髋发力，增加击打的力量和速度。

跆拳道的步法在实战中具有极其重要的意义。第一，步法是连接技术动作的关键环节。在跆拳道实战中，不论是进攻，还是防守，绝大多数动作都是在运动中完成的，因此需要灵活、快速、敏捷、多变的步法连接技术，以保证后面技术动作的完成和发挥。第二，灵活多变的步法移动，可以使对方的进攻或防守落空，同时使自己抢占有利的攻击或防守位置，为反击创造条件。第三，灵活多变的步法可以保持身体姿势的平衡，身体在相对平衡的状态下，能够更有力、更有效地攻击对方，以达到攻击目的。第四，灵活机智地运用多种步法，可以给对方造成心理压力，使对方产生无所适从的感觉，为战胜对方创造条件。

跆拳道在实战中常用的基本步法包括以下几种。

（1）前进步：由标准实战姿势开始，两脚成斜马步，两手握拳置于腹前。前进时，后脚蹬地向前迈步，身体侧转成另一侧斜马步，可连续进行。这是前进步的一种——上步。注意拧腰转髋。前进时，后脚蹬地，前脚向前滑行称为前滑步；后脚蹬地，前脚向前跳跃称为前跃步。前滑步和前跃步都属于前进步，是主动进攻时采用的步法。也可用于假动作，配合手臂的动作进行，便于快速接近对方。

（2）后退步：由标准实战姿势开始，前脚的前脚掌用力蹬地，后脚先退后一步，前脚随即后退，两脚及身体仍保持原来姿势。若前脚掌蹬地后，后脚沿地向后滑行一步，前脚随即同样向后滑行一步，两脚及身体仍保持原来姿势，称为后退滑步。这种步法可以拉开与对手的距离，避开对方的进攻，为反击动作做准备。

（3）后撤步：由标准实战姿势开始，以后脚前脚掌为轴，前脚抬起向后经后脚内侧向后撤一步，形成与原来相反的实战姿势。后撤步可根据实战需要左右变化，调整与对方的相对距离，准备进行攻击或反击。

（4）侧移步：由标准实战姿势开始，两脚前脚掌同时向左右侧蹬地，使身体向左（右）侧移动，离开原来的位置。向左移称为左移步，向右移称为右移步。侧移步的作用是避开对方的有力攻击，移动到对方的侧面，准备进行反击。

（5）跳换步：由标准实战姿势开始，两脚同时蹬地使身体腾空，空中两脚前后交换，同时转体；落地时，身体姿势成另一侧的准备姿势。跳换步的腾空不宜过高，略离地面即可；换步时，要拧腰转髋，迅速敏捷，其目的是干扰对方的攻防思路，选择适宜自己进攻的方位，转换自己身体的得分部位，使对方不能得分，同时争取反击的空间和时间，马上转入进攻。

（6）弧形步：由标准实战姿势开始，前脚的前脚掌原地蹬踱地面，后脚同时向左（右）蹬地后右（左）跨一脚，成为和原来准备姿势不同方向的准备姿势。向左跨步称为左弧形步（左环绕步），向右跨步称为右弧形步（右环绕步）。

（7）前（后）垫步：由标准实战姿势开始，后（前）脚向前（后）脚并拢的同时，前（后）脚蹬地向前（后）迈（退）步，仍成原来的实战姿势。垫步动作的要点是后（前）脚向前（后）要迅速，不等后（前）脚落定，前（后）脚就要蹬地前（后）移动，前（后）脚移动的垫步动作要迅速、轻捷、连贯，要快速接近或远离对方。后面的连接动作，无论是进攻还是防守，都要连续迅速，可在垫步过程中做动作，不给对方任何机会。

（8）前冲步：由标准实战姿势开始，后脚向前迈进一步，身体姿势同时转正，随即前脚向前冲一步仍成为实战姿势。可连续冲几步成实战姿势。

前冲步的动作要点是两腿动作要连贯快速，类似加速冲刺。前冲步步幅要小、频率要快，灵活多变，是主动追击对方的有效步法。连续动作要轻捷快速，给对方造成慌乱，也可采用向后退的类似方法避守。

（二）跆拳道的腿法

跆拳道运动

1. 前踢

（1）动作规格。

由左势实战姿势开始，右脚向后蹬地，身体重心前移至左脚。右脚蹬地顺势屈膝提起，左脚以前脚掌为轴外旋约 90°，同时，右腿迅速以膝关节为轴伸膝、送髋、顶髋，把小腿快速向前踢出，力达脚尖或前脚掌。踢击目标后，右腿迅速放松收回，落回原地仍成左势实战姿势。（图 6–5–2）

图 6–5–2

（2）动作要领。

膝关节上提时，大小腿折叠，膝关节夹紧，小腿和踝关节放松，有弹性。踢击时，顺势往前送髋。高踢时，往上送髋。进攻部位：腹部、肋部、胸部、颌部。

（3）易犯错误。

直腿上撩，大小腿没有折叠，膝关节未夹紧。上体后仰过大，失去平衡。踢击目标时，向前用力，与推踢动作混淆。

2. 横踢

（1）动作规格。

右脚蹬地，身体重心移至左脚，右脚屈膝上提，两拳置于胸前。左脚前脚掌踱地内旋，髋关节左转，左膝内扣。随即左脚脚掌继续外旋 180°，右腿膝关节向前抬至

水平状态；小腿快速向左前横踢出。击打目标后，迅速放松收回小腿。右脚落回，成实战姿势。（图6-5-3）

图6-5-3

（2）动作要领。

膝关节夹紧，向前提膝，尽量走直线；支撑脚外旋180°；髋关节往前顺，身体与大小腿成直线，严格注意，击打的力点为正脚背；踝关节放松，击打的感觉是"面团""鞭梢"。进攻部位：头部、胸部、腹部、肋部。

（3）易犯错误。

膝关节未夹紧，大小腿折叠不够。外摆的弧形太大。上体太直、太往前、身体重心往下落。踝关节不放松，脚内侧击打。

3. 后踢

（1）动作规格。

以左脚脚掌为轴内旋90°，身体重心移至右脚，屈膝收腿直线踢出，身体重心前移落下。

（2）动作要领。

起腿后，上体与腿折叠成一团。动作延伸，用力延伸。转身、提膝、踢腿一次性完成，不能停顿。

（3）易犯错误。

上体、大小腿不折叠，直腿往上撩。转身、踢腿有停顿，不连贯。击打成弧线，旋转发力。肩、上体跟着旋转，容易被反击。

4. 下劈

（1）动作规格。

由标准实战姿势开始，右脚蹬地，身体重心前移至左脚。同时，右腿以髋关节为轴屈膝上提，两手握拳置于胸前。随即充分送髋，上提膝关节至胸部，右小腿以膝关节为轴向上伸直，将右腿直举于体前，右脚过头。然后放松向下，以右脚脚后跟（或脚掌）为力点劈击，一直到落地，成右势实战姿势。（图6-5-4）

图6-5-4

（2）动作要领。

腿尽量往高、往头前举，要向上送髋，身体重心往高起。脚放松往前落，落地要有控制。起腿要快速、果断。踝关节要放松。进攻部位：头部、脸部、锁骨。

（3）易犯错误。

起腿不够高，不够充分，身体重心不往高起。踝关节紧张，下压太用力。身体重心控制不好、腿控制不好，落地太重。上体后仰太多。

5. 推踢

（1）动作规格。

由标准实战姿势开始。右脚蹬地，身体重心前移，右脚以髋关节为轴提膝前蹬，用右脚脚掌向前蹬推，力点在脚掌，推力向正前方。

（2）动作要领。

提膝后尽量收紧膝关节；身体重心往前移，利用身体的质量为力量。推的时候，腿往前伸展，送髋。推的路线水平往前。推踢的攻击目标是腹部。

（3）易犯错误。

收腿不紧，直腿起，容易被阻截。上体太直而使身体重心往下落，腿不能水平前推。上体过于后仰，身体重心不能前移，不利于衔接下一个技术。

6. 勾踢

（1）动作规格。

由左势实战姿势开始，右脚向后蹬地，身体重心前移至左脚，左脚支撑，右腿屈膝提起。左脚以前脚掌为轴，脚跟向内旋转约180°，右腿膝关节内扣，右腿向左前方伸出，伸直后用脚掌向右侧用力屈膝鞭打，然后右腿顺势放松屈膝回收，落回原地成实战姿势。

（2）动作要领。

起腿后，右腿屈膝抬过水平，然后内扣。右脚要随转体尽量向左前伸展。右脚脚掌向右鞭打时要屈膝扣小腿。鞭打后顺势放松。进攻部位：头部、面部、胸部。

（3）易犯错误。

提膝后直接向前方伸直右腿，没有做屈膝内扣动作。鞭打后不放松，落地姿势改变。

7. 双飞踢

（1）动作规格。

两人由闭势实战姿势开始，攻方先用右横踢攻击对方左肋部，同时，左脚蹬地起跳，身体腾空右转，腾空高度在膝关节以上，但不宜过高。左脚起跳后，在空中用左横踢迅速踢击对方胸部或腹部（图6-5-5）。左右脚交换，右脚落地支撑，左脚横踢目标后迅速前落，成左势实战姿势。

图 6-5-5

（2）动作要领。

右腿横踢目标的同时，左脚蹬地起跳。左脚起跳后，迅速随身体右转横踢目标。两腿在空中交换，右脚先落地。进攻部位：肋部、胸部、腹部、头部。

（3）易犯错误。

右横踢和左脚起跳时机不对，或早或晚。右横踢和左横踢之间间隔过长。

8. 后旋踢

（1）动作规格。

由实战姿势开始，两脚以两脚脚掌为轴均内旋约180°，身体右转约90°，两拳置于胸前。上体右转，与两腿拧成一定角度。右脚蹬地，将蹬地的力量与上体拧转的力量合在一起，将右腿向后上以髋关节为轴直腿摆起，右腿继续向右后旋摆鞭打，同时上体向右转，带动右腿弧形摆至身体右侧，右腿屈膝回收（图6-5-6）。右脚落至右后成实战姿势。

（2）动作要领。

转身、旋转、踢腿连贯进行，一气呵成，中间没有停顿。击打点应在正前方，成水平弧线。屈膝起腿的旋转速度要快。进攻部位：前额、胸部。

图 6-5-6

（3）易犯错误。

转身、踢腿中有停顿，二次发力。起腿太早，最高点不在正前方。上体往前、往侧、往下，破坏平衡。

（三）跆拳道的防守

跆拳道的主要防守方法有三种：一是利用闪躲、贴近等方法，通过脚步的移动，使对方的进攻落空；二是利用格挡的方法阻截对方的进攻；三是以攻对攻，用进攻的方法阻止对方的进攻。

1. 利用闪躲、贴近等方法进行防守

闪躲就是当对方进攻时，通过脚步的移动，向左右两侧或向后闪躲，从而使对方的进攻落空。而贴近就是当对方进攻时，快速上步与对方靠贴在一起，使对方由于距离过近而无法发挥进攻的威力。例如，当乙方使用后腿下压技术进攻甲方时，甲方向左侧或右侧移动身体，避开对方的下压进攻；当乙方前旋踢进攻时，甲方可快速后撤一步或是立即上前一步，贴近乙方，使其不能用规则允许的踝关节以下的部位击打得分。

2. 利用格挡的方法进行防守

按照防守方向来划分，格挡的方法基本上有向上格挡、向（左右）斜下格挡和向（左右）斜上格挡三种（图6-5-7）。一般来说，运动员采用格挡的方法是出于以下原因：一是对方进攻速度较快，自己来不及使用闪躲、贴近等方法时，下意识地用格挡进行防守；二是已预测到对方使用的技术，使用针对性的格挡是为了迅速做出反击动作，使格挡成为转化攻防的连接技术，为比赛得分创造条件。

向上格挡　　　　　　向（左右）斜下格挡　　　　　向（左右）斜上格挡

图6-5-7

3. 利用进攻的方法进行防守

利用进攻的方法进行防守就是在对方进攻的同时，防守者也使用进攻的方法，以攻代守。这种防守的方法在当前跆拳道比赛中被广泛使用，原因在于，当对方进攻时，身体重心发生了移动，必然会有一个调整身体重心的阶段，防守者抓住此阶段实施进攻动作，往往会使得进攻者无法快速回撤身体而陷于被动或失分。此时防守者的进攻动作属于后发制人的动作，与平常使用的进攻动作在移动方向或身体姿势上有一定的差别。

二、跆拳道基本战术

跆拳道比赛的战术原则是制订战术计划、实施战术方案必须遵循的准则。主要的战术原则有以下几种。

1. 根据跆拳道比赛技术动作的特点和功能设计战术

技术是实现战术的基础，战术又是通过一定的技术动作实现的，不同技术动作的组合，表达了不同的战术意图。因此，根据跆拳道比赛技术动作的特点和功能设计战

术是合理、有效地发挥技术的战术原则之一。它能使我们从跆拳道技术的整体性、相对独立性、相关性、动态性、有序性和互变规律性的系统观点出发，正确地制订战术，而不是孤立地、片面地只考虑某一个战术环节和某一个战术动作的技术因素，产生单一的战术方案。跆拳道比赛的技术以踢法为主，制订战术时要根据踢法的不同形式、方位、远近、高低及动作之间的联结规律，按照不同动作的不同作用，充分运用竞赛规则允许的条件，制订不同的战术方案。

2. 攻防兼顾的战术原则

跆拳道的比赛紧张、激烈、刺激，如果比赛中一味讲究进攻或单纯防守，就会攻防失调、顾此失彼。因此，在比赛中一定要遵循攻防兼顾的原则，在瞬息万变的激烈对抗中临危不乱，保持合理的攻防节奏。攻防兼顾原则的运用是根据比赛时的具体情况灵活应用的，比赛时，如果面对的是强于自己的对手，就要加强防守，运用防守反击战术与对手对抗；如果面对的是弱于自己的对手，就要采取主动进攻战术，争取主动战胜对方。如果两人功力相当时，要攻防兼顾，充分发挥智能，运用合理的战术，做到有序进攻，稳妥防守，抓住战机，猛烈进攻。

3. 利用控制与反控制原则

在跆拳道比赛中，经常会遇到这样的情况，一名运动员虽然具有较好的专项身体素质和较高的技战术水平，但是在比赛中却被对方控制得不能有效发挥，他的一举一动都被对方有效控制，因而导致比赛失败。这种控制就是运用技战术扼制对方进攻的有效方法。如果控制能力好，运用技战术合理，就会占据比赛的主动和优势；相反，就会处于被动和劣势。如果具有更强的反控制技战术，就可以变被动为主动。

4. 灵活多变原则

跆拳道赛场上的局势是千变万化的，比赛时如果利用为数不多的战术，甚至采用固定的战术，容易被对方摸到规律，使自己陷入被动挨打的局面。因此，在设计战术和进行战术训练时，要根据比赛中可能发生的情况，多考虑几种战术组合及其相互之间的衔接配合和变化运用。利用多种技战术方法，最大限度地体现不同的进攻方向和进攻点。利用比赛场上的时间、空间、角度、方向和位置，以及真假动作的交替变化，即利用一切可以利用的条件和规则，设计和练习灵活多变、多种形式的战术组合，而且这些战术一定要有针对性和实效性。

5. 根据对方的实际情况设计战术

只有正确地认识自己，清楚地了解对方的实际情况，才能百战百胜。跆拳道比赛中同样需要运用这一策略。要想战胜对方，就要了解对方的具体实力和各种优缺点，然后针对这些具体情况设计相应的战术，实现运筹帷幄、决胜于比赛之中的战略战术意图。因此，在双方比赛前一定要全面了解对手的具体情况。

体育思政课堂

跆拳道由品势、搏击和功力检验三个部分组成。它以技击格斗为基础，以修身养性为核心。练习跆拳道可以强身、防身，能够磨炼意志，培养顽强果断、吃苦耐劳的精神和礼让谦逊、宽厚待人的美德。

中国的跆拳道运动自1995年起开始发展，虽然起步较晚，但是发展较为迅速。1998年，在第14届亚洲跆拳道锦标赛上，贺璐敏为中国赢得了第一枚亚洲跆拳道比赛金牌，实现了中国在该项目正式国际比赛中金牌零的突破。1999年，在加拿大埃特蒙多举行的世界跆拳道锦标赛上，中国运动员王朔战胜了多名世界跆拳道高手，获得女子55公斤级冠军。这是中国跆拳道运动员获得的第一个世界冠军。2000年，在悉尼奥运会女子跆拳道67公斤以上级比赛中，中国运动员陈中力克群雄，获得冠军，这是中国运动员获得的第一枚奥运会跆拳道金牌。2002年，《2002年全国跆拳道精英挑战赛竞赛规程》出台，标志着中国跆拳道运动正式走上了商业化道路。2004年，中国跆拳道协会正式成立。2016年，中国男子跆拳道运动员赵帅获得里约奥运会跆拳道男子58公斤级冠军，实现了中国男子跆拳道奥运会金牌零的突破。2017年，赵帅夺得2017年世界跆拳道锦标赛男子63公斤级冠军，这也是中国运动员获得的首枚世界跆拳道锦标赛男子项目冠军。在2020年东京奥运会上，中国运动员赵帅获得跆拳道男子68公斤级铜牌。

参考文献

[1] 杨文轩，陈琦. 体育概论 [M]. 2版. 北京：高等教育出版社，2013.

[2] 杨鄂平，徐自升. 体育与卫生健康 [M]. 北京：北京体育大学出版社，2012.

[3] 唐觅. 科学运动手册 [M]. 北京：新华出版社，2016.

[4] 杨菊贤. 亚健康的发生与预防[J]. 上海预防医学杂志，2001，13（1）：9-10.

[5] 沈红书，沈鸿梅，杨静. 论精神养生[J]. 中国民族民间医药，2010（2）：58-59.

[6] 陈忠. 我国传统养生体育的理论研究[J]. 上海体育学院学报，2002，26（5）：43-45.

[7] 《田径》教材编写组. 田径 [M]. 北京：高等教育出版社，1994.

[8] 孙庆杰. 田径 [M]. 2版. 北京：高等教育出版社，2001.

[9] 林志超. 大学体育标准教程 [M]. 4版. 北京：北京体育大学出版社，2011.

[10] 易勤，郭晶. 当代大学生体育教程 [M]. 2版. 武汉：武汉大学出版社，2015.

[11] 吴兆祥. 大学体育 [M]. 合肥：安徽大学出版社，2002.

[12] 黄瑶，唐伟，张桂兰. 大学体育与健康教程 [M]. 北京：北京工业大学出版社，2005.

[13] 孙麒麟. 体育与健康教程 [M]. 3版. 大连：大连理工大学出版社，2004.

[14] 孙洪涛. 大学体育与健康教育 [M]. 长沙：湖南师范大学出版社，2001.

[15] 赵公春，张伟华. 大学体育教程 [M]. 北京：经济日报出版社，2004.

[16] 王家宏. 球类运动：篮球 [M]. 3版. 北京：高等教育出版社，2015.

[17] 胡启凯. 乒乓球学练理论与实践指导 [M]. 北京：中国书籍出版社，2013.

[18] 肖杰. 羽毛球运动理论与实践 [M]. 北京：人民体育出版社，2011.

[19] 张登峰. 空竹的体育文化价值[J]. 体育文化导刊，2008（11）：43-44，47.

[20] 中国舞龙运动的社会特性和价值功能[J]. 北京体育大学学报，2004（10）：1130-1132.